KB157620

讀&TALK

독서와 토론

독서와 토론 교재편찬위원회

한올출판사

SCHRIFT. I · 비(非)라틴계 문자들

1 παντοίων ἀγαθῶν, ἅπερ
2 [illegible]
3 [illegible]
4 [illegible]
5 [illegible]
6 [illegible]
7 [illegible]
8 Французская литература
9 Французская литература
10 [illegible]
11 [illegible]
12 მაშინ პირჯვარს დაიწერსა:
13 [illegible]
14 [illegible]
15 [illegible]
16 [illegible]
17 ⲡⲉⲛⲉⲓⲱⲧ ⲉⲧ ϩⲛⲙⲡⲏⲩⲉ
18 [illegible]
19 [illegible]
20 [illegible]
21 [illegible]
22 וַיֹּאמֶר אֱלֹהִים יְהִי־אוֹר וַיְהִי־אוֹר׃
23 [illegible]
24 [illegible]
25 [illegible]
26 [illegible]
27 [illegible]
28 [illegible]
29 [illegible]
30 [illegible]
31 [illegible]
32 [illegible]
33 [illegible]
34 [illegible]
35 यत ईश्वरो जगतीत्यं प्रेम
36 আমি তোমাদিগকে বলিতেছি,
37 [illegible]
38 [illegible]
39 [illegible]
40 [illegible]
41 [illegible]
42 [illegible]
43 [illegible]
44 นั้น จะ มิ ได้ ฉิบหาย,
45 [illegible]
46 [illegible]
47 [illegible]
48 [illegible]
49 [illegible]
50 海畫有慾證充生令上
51 我們固然要同心協力,
52 하ᄂᆞ님씌서 세샹을
53 [illegible]
54 [illegible]
55 ホウニマナコヲク
56 [illegible]
57 [illegible]

1 Griechisch (Druckschrift). **2** Griechisch (Neugriechische Schönschrift). **3** Gemeingermanische Runen. **4** Gotisch. **5** Irisch. **6** Glagolitisch. **7** Kyrillisch. **8** Russisch (Druckschrift). **9** Russisch (Schreibschrift). **10** Armenisch (Druckschrift). **11** Armenisch (Schreibschrift). **12** Georgisch (Mchedruli-Druckschrift). **13** Georgisch (Schreibschrift). **14** Altägyptisch (Hieroglyphen). **15** Altägyptisch (Hieratisch). **16** Altägyptisch (Demotisch). **17** Koptisch. **18** Altkretisch (Linear B). **19** Hethitische Hieroglyphen. **20** Keilschrift. **21** Phönikisch. **22** Hebräisch (Quadratschrift). **23** Hebräisch (Rabbinisch). **24** Hebräisch (Moderne Schreibschrift). **25** Arabisch (Druckschrift). **26** Arabisch (Tunesische Schreibschrift). **27** Arabisch (Persische Schreibschrift). **28** Äthiopisch. **29** Syrisch (Estrangelo). **30** Syrisch (Serto). **31** Pehlewi. **32** Awestisch. **33** Alttürkisch (Orchon-Runen). **34** Brahmischrift. **35** Dewanagari. **36** Bengali. **37** Gudscharati. **38** Tibetisch. **39** Tamil. **40** Telugu. **41** Kanaresisch. **42** Malajalam. **43** Singhalesisch. **44** Siamesisch. **45** Birmanisch. **46** Javanisch. **47** Batak. **48** Makassarisch. **49** Balinesisch. **50** Chinesisch (Schreibschrift). **51** Chinesisch (Druckschrift). **52** Koreanisch. **53** Mongolisch (in uigurischer Schrift). **54** Kalmückisch. **55** Japanisch (Katakana). **56** Japanisch (Hiragana). **57** Japanisch (Gras-Schrift).

독서와 **토론**

책머리에

독서는 아무리 강조하여도 지나침이 없을 것이다. '책 속에 길이 있다.', '책이 사람을 만든다.'는 말은 틀린 말이 아니다.

책은 그것이 문학가의 글이든, 역사가의 글이든, 과학자나 경제인의 글이든 그들의 사상과 생각이 객관적인 것으로 제시되고 있어서 마음만 있으면 우리 손 안에 들어온다. 우리가 만일 어떤 유명한 위인들을 직접 대하여 그들의 사상과 생각을 읽어내려고 한다면 여러 조건적인 문제로 그 일은 불가능하고 불충분할 것이다. 그러나 글로 대하면 글쓴이의 가장 빛나는 사상과 생각들이 불변하는 기념비처럼 우리 앞에 놓이고 또 접하기 편하게 설명과 함께 우리 눈에 들어오게 된다.

인류 문화유산 중에 책은 그 영향력이 가장 크다. 인류가 생각하고 느끼고 행한 일이 책 속에 담겨 있다. 훌륭한 대학들이 도서관을 학교의 중앙에 두고 장서수를 자랑하는 것은 다 이 때문이다. 사실 우리는 책을 읽음으로써 인류의 생각의 깊이와 넓이와 높이를 접할 수 있고 그것의 얼마를 나의 것으로 삼을 수 있다. 삶이란 이런 것이구나! 이렇게 생각하고 느끼고 살아가는 사람들이 있었구나! 이렇게 생각하면서 자신의 존재 의의를 확인도 하고 삶의 새로운 가치를 발견하게 된다.

『리딩으로 리드하라』의 저자 이지성은 독서의 대상으로 특별히 인문고전(人文古典)을 강조한다. 다빈치, 아인슈타인, 에디슨, 처칠 등은 모두 평범한 소년이었지만 어린 시절 아버지나 어머니의 남다른 교육으로 또는 30대에 스스로의 결심으로 인문고전에 광범위하게 접하면서 생각이 달라지고 사고방식의 변화를 경험하며 세계사를 바꾼 천재가 되었다는 것이다. 그리고 미국의 유수한 대학들이 학생들로 하여금 인문고전을 읽고 에세이를 쓰고 독서토론을 하며 하나의 주제에 대해 만족할 만한 결론을 얻기까지 며칠이고 몇 주이고 시간을 할애하게 한다는 것이다.

최초의 금속활자 주조를 자랑하고 현재 세계 7위의 출판대국인 우리 한국은 해방과 6.25전쟁 이후 경제개발에 힘쓴 나머지 제쳐두었던 독서생활에 1990년대에 들어서야 눈을 돌리기 시작했다. 그리하여 각 대학이 다투어 자기 대학의 이름을 걸고 100권, 200권의 권장도서를 제시했으며 각 가정의 거실을 도서실화 하자는 운동도 사회 일각에서 일고 있다. 그리고 독서의 힘을 증명이라도 하듯이 수능시험 언어능력 우수 학생이나 천재적 기억력과 사고력을 발휘하는 영재들도 알고 보면 독서력이 뛰어난 인물들이다.

우리 대학은 2010년 교양교육의 강화 일환으로 '글쓰기' 교과와 함께 '독서와 토론' 교과를 커리큘럼으로 설정하였다. 그리하여 2011-2년 두 해 동안 교육했던 경험을 바탕으로 이 책을 저술하게 되었다.

먼저 대학생으로 읽어야 할 독서 대상을 제시하되 **1. 자아의 발견 2. 교육 3. 사랑 4. 가족 5. 삶과 죽음 6. 종교 7. 역사 8. 문화 예술 9. 과학 기술 10. 나라와 글로벌 11. 정치와 사회 12. 자본주의와 욕망 13. 미디어 세상 14. 환경과 음식** 등 14개 항목으로 구분하고 그 항목 아래 둘 이상씩 구체적인 두 책을 짝지어 제시했다. 다시 말하면, 그 14

개 항목에 따라 읽어야 할 책을 다소 유사한 점을 따라 두 권씩 짝지어 그 책의 내용과 의미를 밝히고 저자의 감상 등을 곁들여 우리가 읽어야 할 책으로 안내를 하였다.

그리고 각 항목 뒤에 생각하고 토론할 거리를 제시하여 읽은 책을 바탕으로 여러 생각과 느낌 그리고 견해들을 이야기해 보도록 했다.

이제 우리 대학생들이 이와 같은 책 내용을 지침 삼아 제시된 책을 구해 정독하고 발표나 토론을 한다면 많은 유익이 있을 것이며 책 내용에 대한 비판력과 감상력이 크게 향상할 것이다. 또한 각 항목의 서술 뒤에 '讀 & Talk'에 나와 있는 과제를 앞에 두고 그룹을 형성하여 자유롭게 토론해 보든지, 읽은 내용 내지는 자신이 발견한 지식이나 생각해 본 의미를 바탕으로 4-5분짜리 발표를 해보면 독서 내용을 수강하는 다른 학생 전체가 공유하는 이점도 얻게 될 것이다.

아무쪼록 이 책에 제시된 바를 중심으로 많은 책을 읽어 대학생활을 보다 알차고 보람 있게 향유하기를 바란다.

"하루라도 책을 읽지 않으면 입에 가시가 돋는다(一日不讀書 口中生荊棘)."

"독서는 사람을 충실하게, 담화는 민첩하게, 문필은 정확하게 만든다."(F. 베이컨)

2013. 8. 15.

천보산 자락에서

저자 일동

Part 1

독서의 의미와 방법

01 독서의 이해
02 독서의 의미
03 독서의 방법
04 독서, 그 치유의 힘

내가 가장 좋아하는 친구는
책을 선물하는 사람이다.
김병완

독서의 이해 01

- 독서란 무엇인가[1]

1. 무지(無知)에서 미지(未知)로의 초대

여생을 무인도에서 보내야 한다면 당신은 무엇을 가져갈 것인가? 각자 생각하기 나름이지만 책은 가져가라고 말하고 싶다. 이유는? 책 속에 길이 있으니까. 그렇다면 무슨 책을 가져가야 할까. 혹 10권의 책을 가져가야 한다면 무슨 책을 골라야 할까. 작가별로 고를까 아니면 장르별로 선정할까. 이도 저도 아니고, 고민하는 독자가 있다면 그래서 독

---

1) 참고문헌

마쓰오카 세이고, 김경균 역, 『창조적 책읽기, 다독술이 답이다』, 추수밭, 2010.
모티머J 애들러 · 찰스 반 도렌, 독고 앤 역, 『생각을 넓혀주는 독서법』, 멘토, 2000.
이지성, 『리딩으로 리드하라』, 문학동네, 2010.
정민, 『다산선생 지식경영법』, 김영사, 2006.
클리프턴 패디먼 · 존S 메이저, 이종인 역, 『평생독서계획』, 연암서가, 2010.
히라노 게이치로, 김효순 역, 『책을 읽는 방법』, 문학동네, 2008.
한정원, 『지식인의 서재』, 행성: B잎새, 2011.

서의 참다운 맛을 알고 싶어하는 독자라면, 당신은 의욕적인 독자라고 보면 된다.

독서는 누군가와의 인연이자 만남이다. 일본에서 독서의 신(神)으로 불리는 마쓰오카 세이고가 말했듯이, 만약 인간을 동물과 구별하는 결정적인 근거가 언어와 의미라면, 인간적인 것의 원천은 책에 있다고 할 것이다. 독서를 통해 인간은 인간다워지는 것이다. 하지만 현대인은 독서에 예민하지 않고 둔감하다. 독서가 예전에 가졌던 위상은 한없이 낮아졌다. 그 이유는 인간의 정신활동이 다양해졌고, 독서가 아닌 다른 방식으로 대상을 이해하고 정보를 습득할 수 있는 디지털 시대가 도래했기 때문이다. 그러나 더 직접적인 원인은 책을 읽고 글을 쓰는 행위가 복잡한 행위이고 이에 따른 고도의 독서 기술을 습득한다는 것이 어렵기 때문이다. 게다가 아날로그 방식으로 되어 있는 책의 편집 시스템은 2000년이 지난 오늘날에도 여전히 독자의 창조적 책읽기를 요구하니까.

독서의 목적은 두 가지로 볼 수 있다. 하나는 수기(修己)에 해당하는 책읽기다. 인생의 진리를 깨닫기 위한 방편으로 옛사람들은 독서를 했다. 일본은 에도 시대 후기에 들어서면서 곳곳에 사설 교육기관을 세웠다. 여기에서는 동야독서(冬夜讀書)라 하여 "추운 겨울밤에 독서 습관을 붙인다."는 제도가 있었다. 하필이면 왜 추운 겨울밤에 독서를 한 것일까? 맑은 정신으로 책을 읽을 때 갖게 되는 몰입의 즐거움을 터득하기 위함이다. 그런가 하면 정약용은 학문의 모든 바탕에 효제(孝悌)의 정신이 있어야 한다고 했다. 독서의 목적이 오로지 개인의 출세를 위해서라면 얼마나 이기적인가. 부모와 형제를 기쁘게 하지 않는 독서가 얼마나 많은 사람에게 도움이 될까. 비유하자면, 허허벌판에 나무가 혼자인 것 같지만 그렇지도 않다. 나무 밑에는 흙이 있고 나무 위에는 태양과 바람이 있다. 나무는 그렇게 공생한다. 그것이 자연의 이치다. 자연이 그럴진대 사람은 말하면 무엇 하랴. 그래서 이타적인 독서로 나아가야 하는 것이다. 그것이 독서의 올바른 길이다.

옛사람은 독서의 두 번째 목적을 위인(爲人)에 두었다. 위인(爲人)이란 다른 사람에게 도움이 될 수 있도록 방법을 강구하는 것이다. 예컨대 책을 읽어도 왜 독서를 하는지, 다른 이에게 어떤 도움이 되는지를 따져보는 것이다. 실학에서 말하는 실사구시(實事求是)의 정신이 그것이다. 이와 같이 독서의 목적이 분명히 설 때 비로소 독서는 중단 없이 평생을 가는 것이다.

하지만 독서의 기술을 연마하는 것은 그리 쉬운 일이 아니다. 독서의 방법도 이루 헤아릴 수 없이 많으며 무엇보다 자신의 독서취향에 맞는 방법을 발견하는 것이 중요하다.[2] 미국의 로빈슨(Robinson)이라는 학자가 제안한 SQ3R은 우리에게 친숙한 독서법이다. S(Survey)는 '훑어보기'에 해당하는 것으로 대충 제목을 보고 글 전체의 내용을 추측하는 것이다. Q(Question)은 '질문하기'로 제목 또는 소제목을 보고 여러 질문을 만들어 보는 것이다. R(Read)은 '자세히 읽기'다. 독자는 글을 읽으면서 질문에 해당하는 답을 찾아야 한다. R(Recite)은 '되새기기'다. 읽은 글의 내용을 마음속으로 되새기면서 내용을 파악하는 것이다. R(Review)은 '다시 보기'인데 독자는 이 단계에서 글 전체의 내용을 다시 정리하는 것으로 독서를 마무리한다. 또한 독자는 적극적인 자세 못지않게 독서의 고수가 되는 비법도 알아야 한다. 지금은 과거와 달리 집필과 독서가 '상호 커뮤니케이션'으로 구성되고 움직인다. 책을 통해 지식과 정보가 유통되고 소통이 이루어진다. 독자들은 이제 송수신

2) 마쓰오카 세이고, 김경균 역, 『창조적 책읽기, 다독술이 답이다』, 추수밭, 2010, 109쪽.

자의 역할을 해야 하는 것이다. 독서는 이제 저자와 독자 서로가 '자기 편집'인 동시에 '상호 편집'하는 행위라 할 것이다.

2. 독서는 왜 하는가

인생에 힘이 되어주는 이야기는 도처에 널려 있다. 우리는 이를 고전이라 부른다. 하지만 고전에서 멘토를 만나는 사람은 그리 많지 않다. 그 이유는 고전이 어렵다는 선입견도 있고, 그때그때 필요에 따라 실용적인 목적으로 독서를 하기 때문이다. 하지만 어려서부터 책읽기를 좋아하는 사람은 커서도 책을 즐겨 읽는다. 그런 과정에서 자연스럽게 인생에 대한 깨달음을 얻고 멘토를 발견하기도 하는 것이다. 이러한 사람들에게 있어서 독서의 목적은 즐거움 그 자체다. 독서의 초보자에서 고수에 이르기까지 그들이 말하는 공통점은 독서에는 즐거움이 있다는 것이다. 물론 영상매체가 주는 즐거움과 다른 종류의 즐거움이다. 디지털 시대에도 인쇄된 글은 여전히 유쾌한 즐거움을 주기에 부족함이 없다.

그런가 하면 책 속으로 여행을 하면서 우리는 자신을 알게 되고, 인생의 친구와 스승을 만나기도 한다. 〈어린 왕자〉를 읽으면서 우리는 우정에 대해 깊은 이해에 도달하기도 하고, 〈호밀밭의 파수꾼〉을 보면서 우리는 어른이 되는 과정에서 잃어버리는 순수함에 대해 성찰하기도 한다. 〈갈매기의 꿈〉은 어떤가? 먹고 사는 문제를 초월해 자신의 존재감을 확인하려는 시도를 해봄직하지 않은가. 이처럼 우리는 명작을 읽으면서 내 안의 또 다른 나를 발견하게 된다.

책을 잘 읽는 사람이든 그렇지 않은 사람이든 우리는 자신이 읽은 책을 확실히 알기 전에는 비평이 어렵다는 것을 안다. 예컨대 우리는 죽음에 대해 잘 알지 못한다. 그렇기에 삶의 의미도 잘 알지 못할 때가 많다. 이런 고민을 하는 사람에게 〈모리와 함께한 화요일〉은 유한한 인생을 아름답게 살기 위한 지혜를 제공한다. 당신이 진정 평등이 무엇인지를 알기 원한다면, 루소의 〈인간 불평등 기원론〉을 언젠가 한번 읽어야 한다고 말해주고 싶다. 물론 당시보다는 오늘의 시점에서 분석적으로 읽어야 할 것이다. 그리고 처음부터 너무 욕심을 내서는 안 된다. 조심해야 할 것은 고전을 읽는 목적이 재미 그 자체에 있다면 실망할 가능성이 높다. 이른바 명저라고 불리는 책들은 난해하고, 독자에게 친절하지도 않다. 그렇기 때문에 독자는 처음에는 통독을 하고 그 다음에는 분석적으로 읽어야 한다. 때론 비슷한 유형의 책들을 옆에 놓고 읽는 것도 좋은 독서법이다. 그렇게 하다보면 난공불락(難攻不落)으로 보였던 고전을 정복할 수도 있다.

그렇다면, 다시 묻는다. 우리는 왜 독서를 하는가? 클리프턴 패디먼은 〈평생독서계획〉이란 책에서 말하기를, 자신이 다룬 책들을 다 읽으려면 50년이 걸릴 수도 있다고 했다.[3] 어쩌면 오랜 세월이 지나야만 알게 되는 것이 독서가 아닌가 싶다. 그리고 그 답은 적극적으로 책을 읽으려는 독자가 찾아야 한다. 이 글은 다만 독서법에 관련된 여러 기술들을 소개하고, 자신의 독서 스타일을 가꾸는 데 조금이나마 도움을 줄 수 있기를 희망할 뿐이다.

3. 독서는 어떻게 하는가

어떻게 하면 책을 잘 읽을 수 있는가. 이 문제로 한 번이라도 고민해본 적이 있는가. 독서방법론에 대한 동서양의 이론들은 많지만 크게는

3) 클리프턴 패디먼 · 존S 메이저, 이종인 역, 『평생독서계획』, 연암서가, 2010, 10쪽.

심리적인 면과 방법적인 면으로 나눌 수 있다. 일반적으로 독서의 단계를 세 단계로 나누면 독서 전에 읽기 전략을 세우는 이른바 '독전술(讀前術)'과 독서를 하면서 수행하는 '독중술(讀中術)', 그리고 독서 이후에 해야 할 '독후술(讀後術)'이 있다. 그런가 하면 마쓰오카 세이고는 천의 얼굴을 한 것이 독서이기에 있는 그대로 즐기라고 권유한다. 모티머 J 애들러는 실용적 관점에서 독서의 수준을 4단계로 나누어 각각의 수준에 맞는 독서를 습득해야만 깨달음을 얻을 수 있다고 충고한다. 이렇듯 서로 상충되는 이론들이 즐비한 것이 독서법이다. 하지만 다양한 독서법에 관한 논의들을 아우르고 지식 경영을 할 수는 없는가. 이러한 의문에 다산 정약용은 현대적이고 과학적이고 논리적인 방법을 제안한다. 이 글은 독서 전략을 크게 세 가지로 나눈 전례를 따라 논의를 진행하고자 한다.

1) 독서 전 활동(독전술)

책을 읽기 전에 독자들은 무엇을 해야 하는가? 아마 이 문제를 대수롭지 않게 생각했다면 지금부터라도 생각을 달리 해야 한다. 무엇보다 심리적인 차원에서 독자들은 처음으로 책과 만나기 때문이다.

첫째, 책에 대한 선입견을 배제해야 한다. 책은 그 자체로 완결성을 지향한다. 하지만 그 자체로 완벽하지는 않다. 이 말은 좋은 책도 많은 약점을 지니고 있다는 뜻이다. 아무리 재미있는 책도 읽고 나서는 무엇인가 미흡한 구석이 남기 마련이다. 문제는 책에 대한 고정관념 때문에 책에 대한 객관적 비평이 이루어지지 못하는 경우다. 특히 책을 읽기 전에 서평을 통해 책이 갖는 문제점을 안 연후에 책을 읽지 않거나 비평가의 입장에 동조해서 책을 비판하는 경우가 이에 해당한다. 주관이 빠져버린 비평은 앵무새와 같다. 또한 저자에 대한 무한 신뢰도 문제지만, 말꼬리 잡기식의 소모적인 비판도 독서 행위를 방해하는 요소이다. 공심공안(公心公眼), 즉 객관적 태도로 선입견을 배제한 채 독서를 한다면 올바른 판단력을 기를 수 있고 책이 제기한 문제에 올바르게 접근할 수 있다.

둘째, 독서의 목적을 확립해야 한다. 앞에서도 언급했듯이 독서는 먼저 수기(修己)와 위인(爲人)의 태도를 갖춰야 한다. 그 바탕 위에서 독서의 목적을 세분하자면, 정보를 얻기 위한 읽기와 이해를 하기 위한 읽기로 나눌 수 있다. 다산은 강구실용(講究實用)의 자세로 독서에 임해야 한다고 했다. 이는 아무리 저 좋아 하는 일이라도 목표를 설정한 이후에 독서를 해야 실용적일 수 있다는 말이다. 나 자신을 발전시키고 그 힘으로 남까지 도움을 줄 수 있는 독서야말로 최상의 독서라 할 것이다. 다산은 이를 위해 본의(本意)와 본령(本領)을 나누어 설명한다. 본의란 작업의 바탕이 되는 뜻을 말하고 본령은 작업이 갖는 핵심 요지이다. 본의본령(本意本領)이 뚜렷하지 않은 독서는 알맹이와 껍데기가 뒤섞여 주제를 파악할 수 없게 된다. 다시 말해 독서의 목적을 확립해야만 저자의 의도를 파악하고 세상에 꼭 필요한 정보와 지식을 얻을 수 있다.

셋째, 본격적인 독서에 앞서 오늘의 시점에서 주체적으로 읽어야 한다. 우리가 책을 읽으면서 알아야 할 사실은 생각하는 방법일 뿐, 책 그 자체는 아니다. 책은 지식을 전달하는 매개체요 통로일 뿐이다. 한 시대의 지식은 후대에 전해지면서 변용되기 때문이다. 문제는 그러한 지식을 가능케 한 사고의 원리를 아는 데 있다. 또한 아무리 훌륭한 명저라 할지라도 오늘의 시점에서 보면 보태야 할 것과 불필요한 것이 많다. 오랜 세월에도 없어지지 않고 전수된 책에도 환골탈태를 통해 새롭게 거듭나야 할 내용이 있는 것이다. 다산은 화성 건설 당시 왕명을 받고 〈고금도서집성〉과 〈기기도설〉 등의 서적을 참고하여 기중가(起重架)를 제작하였다. 이것은 40근의 힘으로 2만 5천 근의 무게를 움직일 수 있는 기계장치였다. 정조는 다산의 보고서를 받고 입이 벌어졌다고 한다. 엄청난 경비와 인력을 절감할 수 있었던 원인은 무엇인가. 당시 조선의 기술로는 도저히 만들 수 없는 톱니바퀴형 기어장치가 아닌 도르래장치만을 이용한 새로운 기계였기 때문이었다. 이와 같은 다산의 창조적 발명은 독서에도 통한다. 오늘의 시점에서 현실에 맞게 고치고 바꾸는 주체적 독법이 있어야만 지식은 발전하기 때문이다.

넷째, 전체 그림을 파악해야 한다. 이 말은 책을 읽기 전에 독자는 책의 구조나 북 디자인에 관심을 가져야 한다는 뜻이다. 책은 기본적으로 앞면과 뒷면 날개 부분에 그 책에서 다룰 핵심 정보가 담겨 있다. 앞면에 있는 책 제목은 전체 내용과 관련된 중요한 키워드다. 제목이 평이해서도 안 되지만 너무 튀어서 손해를 보는 경우도 있다. 예를 들어 제인 오스틴의 〈오만과 편견〉을 처음 접한 독자는 이 책이 소설이라는 데 놀란다. 한 마디로 소설 제목 치고는 눈에 튄다. 하지만 결혼을 앞둔 젊은이에게 일독을 권하기에 이보다 좋은 책은 드물 것이다. 또한 책의 뒷면에는 보통 책을 추천하는 사람들이 글이 실린다. 이 또한 독자들이 본격적으로 책을 읽기 전에 빼놓을 수 없는 정보 수집의 하나다. 책날개에 해당하는 부분에는 글쓴이의 약력이나 역자 소개가 들어간다. 이처럼 책은 저마다의 존재 이유를 적재적소에 드러낸다. 이는 어찌 보면 책의 개성이 강하게 나타나는 부분으로, 독자의 호감을 사야만 오랫동안 생존할 수 있기 때문이다. 겉표지나 속표지를 읽고 난 이후에는 차례를 읽어야 한다. 책의 설계도에 해당하는 차례를 읽으면서 "이 책은 무엇에 관한 책"인지, "이 책의 구성은 어떠한지"를 파악해야 한다. 모티머 J 애들러는 이러한 단계의 독서를 '살펴보기'라 명명하였다. 그에 따르면 이러한 '체계적으로 훑어보는 기술'을 습득해야만 다음 단계인 분석하며 읽기로 나아갈 수 있다고 한다.

이 외에도 책은 최소한 두 번은 읽어야 그 내용을 파악할 수 있다. 이러한 습관이 붙지 않으면 우리는 책의 내용을 설명할 수 없거니와 잘못 이해하거나 일부만 기억하기에 온전한 독서를 할 수 없다.

또한 어려운 책에 도전하고자 하는 정신이 필요하다. 쉽고 재미있는 책만 읽으려 한다면 우리들은 결코 성숙할 수 없다. 인간은 언어적 존재이다. 이 말은 자신이 아는 만큼만의 어휘로 소통할 수밖에 없는 존재라는 뜻이다. 프란츠 카프카와 도스토예프스키의 소설들을 모르고 살 수는 있지만, 현대인의 고뇌가 담긴 그들의 소설을 읽지 않고서는 인생의 근원적인 질문을 해소할 방법은 없다고 본다.

2) 독서 중 활동(독중술)

독서에 있어서 가장 핵심적인 영역은 독중술, 즉 독서 중에 할 일이다. 책을 읽기 전에 하는 작업이 일종의 워밍업 수준의 독서 준비에 해당한다면, 독서 중에 하는 일은 독서의 본령이다. 그렇다면 책은 어떻게 읽어야 할까?

첫째, 책이 지닌 핵심 개념을 잡아야 한다. 이는 알맹이와 껍데기를 구분해야 한다는 뜻이다. 수많은 정보를 앞에 두고 독자는 혼란스러움을 느낀다. 그 혼란의 원인은 핵심 개념을 잡지 못해서이다. 파의 껍질을 벗기듯이 한겹 한겹 불필요한 내용을 배제하고 대상의 본질에 다가서면 의문을 해소할 핵심 개념에 맞닥뜨린다. 실마리에 해당하는 핵심 개념을 잡아야만 사물의 본질을 깨닫게 되고 문제의 핵심에 다가선다.

그런 연후라야 책의 내용을 제대로 파악할 수 있는 식견이 선다. 개념도 모르고 읽어가다간 내용 분류도 어렵거니와 분석 또한 어렵게 느껴진다. 따라서 책이 제시한 문제가 무엇인지 알기 위해서는 핵심 개념을 파악할 수 있어야 독법이 가능하다.

둘째, 자료를 분류할 수 있어야 한다. 수많은 정보들을 성질에 따라 분류하지 않으면 생각이 정돈되지 못하고 시간도 많이 든다. 이때 분류의 기준으로 제시되는 것이 '이게 뭘까?(what)', '왜 그럴까?(why)', '어떻게 이해할까?(how)'이다. 책을 읽으면서 이 세 가지 범주를 가지고 나누는 작업을 한다면, 하나의 대상에 대한 정보들이 그 대상의 성격에 따라 특징을 드러낸다. 많은 정보들에 떠밀려 중요한 내용을 정리할지라도 분류가 제대로 되지 못한다면 몇 년이 지나도 손을 대지 못할 수도 있다. "구슬이 서 말이라도 꿰어야 보배"라는 속담은 그냥 있는 것이 아니다.

셋째, 정해진 기준에 따라 자료를 분류했으면 분석의 과정을 거쳐야 한다. 자료가 아무리 많아도 꿸 끈이 없으면 소용이 없다. 이때 중요한 것은 논증의 형식을 취하라는 것이다. 존경하는 저자의 글이라 할지라도 저자의 견해가 무엇인지, 주장에 따른 근거가 타당한지, 또 왜 그런 주장을 하는지를 철저하게 규명해야 한다. 프란시스 베이컨은 "어떤 책은 맛보기 위한 것이고, 어떤 책은 삼키기 위한 것이다. 그러나 어떤 소수의 책들은 잘 씹어서 소화시켜야 한다."라고 말했다. 분석할 만한 가치가 있는 책들은 잘 씹어서 소화시킬 필요가 있는 것이다. 단순히 정보를 얻거나 즐기기 위한 책이 아니라면 저자의 의도를 파악하고, 행간의 의미를 추측할 수 있어야 한다. 마쓰오카 세이고는 대상을 분석할 때 미시력(微視力)과 조감력(鳥瞰力)을 교차할 것을 주문한다. 미시력이 작은 부분까지 자세히 들여다보는 관찰력이라면, 조감력은 새가 높은 하늘에서 아래를 내려다보는 것처럼 전체를 한눈으로 관찰하는 능력을 말한다.[4] 때론 현미경으로 섬세하게 대상을 들여다볼 줄도 알아야 하고, 때로는 대상으로부터 거리를 두면서 대상을 입체적으로 파악할 줄도 알아야 한다는 이야기다. 이러한 분석적 독서 과정을 통해서 독자는 대상에 대한 이해와 해답을 얻게 된다. 또한 분석에 기초한 이해가 우선되지 않은 어떠한 판단도 설득력을 얻을 수 없다.

넷째, 자료 분석에 따른 종합이 이루어져야 한다. 종합의 과정은 저자와 독자의 대화이기도 하다. 저자는 책에다 자신의 의견을 제시한 것이고, 독자는 제시된 이야기와 논제를 찾아가는 탐험가이다. 때론 저자가 만든 로드맵에 순응하기도 하지만, 때론 역행하거나 비판하기도 한다. 때론 저자가 보지 못한 가능성을 발견하기도 하지만, 미숙한 독자는 저자의 의도를 파악하지 못하고 읽기만 한다. 저자와 독자의 지적인 소통은 어떻게 해야 제대로 이루어질까? 우선 독자는 의문 엔진을 달아야 한다. 독자는 책에서 책으로, 이 장에서 다른 장으로 넘나들면서 저자가 제기한 논제를 파악해야만 한다. 한 마디로 전방위적 지식 편집인이 되어야만 종합이 가능하다. 마쓰오카 세이고는 이것을 '링크를 늘리는 편집적 독서법'이라 하였다. 독서를 진행하면서 쌓이는 정보와 지식들을 분류하고 분석하고 그에 따른 종합적인 평가를 동시에 진행하면서 독서를 하는 과정은 일견 복잡해 보이지만 아주 흥미진진한 창조적 과정이기도 하다. 또한 이러한 과정은 동시에 여러 작업을 병행하기 때문에 지식의 활용면에서도 유용하다. 문제는 자료의 양이 아니라 작업의 성격이니까.

이제는 어떻게 책을 읽는 것이 체계적인 독서에 도움이 되는지 세부적으로 살펴볼 차례다. 이는 독서 행위에 따른 기술법이라 볼 수 있다. 우선은 모든 작업은 '손으로 읽어야 한다.' 이 말은 눈으로 책을 대충

---

4) 마쓰오카 세이고, 앞의 책, 69쪽.

읽기보다는 책에 나온 중요한 정보들에 표시를 해가면서 읽으라는 뜻이다. 이는 필요한 정보를 쉽게 찾고 기억하기에도 좋다. 이를 위해서는 핵심 내용에 ① 밑줄 긋기, ② 옆줄 긋기, ③ 중요 표시, ④ 동그라미치기 ⑤ 여백에 숫자나 페이지 적어넣기 등을 해야 한다. 핵심 문장은 밑줄을 긋고, 핵심 문단에는 옆줄 긋기를 하는 것이 보통이다. 핵심어나 개념어는 동그라미치기를 하거나 중요 표시를 해서 독서카드 작업을 할 때 유용하게 활용할 수 있게 한다. 최근에는 워드 작업을 통해 중요한 내용을 입력하고, 그 이후에 편집하는 추세가 늘고 있다. 이러한 과정을 통해 하나의 책은 다른 용도로 편집되고 기억되는 텍스트가 된다.

독서 행위 과정에 필요한 다른 하나는 메모하고 따져보는 것이다. 다산이 말한 수사차록(隨思箚錄)은 그때그때 떠오른 생각을 메모하여 기록하는 것이다. 기억은 붙들어두지 않으면 시간이 지나 흔적없이 사라진다. 생각을 붙들어두는 방법으로 메모보다 좋은 것은 없다. 일찍이 수필가 이하윤은 〈메모광〉이란 수필에서 "불을 끄고 자리에 누웠을 때, 흔히 내 머리에 떠오르는 즉흥적인 시문(詩文), 밝은 날에 실천하고 싶은 이상안(理想案)의 가지가지, 나는 이런 것들을 망각의 세계로 놓치고 싶지 않다. 그러므로 내 머리맡에는 원고지와 연필이 상비되어 있어, 간단한 것이면 어둠 속에서도 능히 적어 둘 수가 있다."라고 말했다. 창작의 산고가 잠을 이루지 못할 정도로 컸기 때문일 것이다. 하지만 어디 창작만 그런 것인가. 독서의 과정에서 이루어지는 메모 역시 이와 별반 다르지 않다. 결국 남는 것은 글에 대한 감상이니까. 또한 자신이 기록한 메모가 씨앗이 되어 더 기발한 발상으로 열매를 맺을 수도 있지 않을까 싶다.

3) 독서 후 활동(독후술)

독서를 통해 주제를 파악하고 책이 갖는 성격을 분석하고 종합하였다면, 이제 남은 것은 창조적 생산 활동이다. 즉 창조적으로 소통할 수 있는 방안을 강구하는 것이다. 독서를 통해 얻은 지식은 산지식으로 활용되지 않으면 사장된다. 실용에 기초해 생각에 날개를 달아주어야만 독서는 비로소 의미를 갖는 피조물이 된다. 씨앗 하나가 풍성한 수확을 얻게 하듯이 이제 책읽기의 괴로움은 글쓰기의 즐거움으로 환골탈태의 과정을 밟는다. 이를 위해 무엇을 어떻게 준비해야 하는지 알아보자.

첫째, 문제를 정확히 파악해서 해결책을 제시해야 한다. 해결책은 이미 있는 것들 속에 숨어 있다. 실용에 기초해서 착수하기만 하면 된다. 다산은 참작득수(參酌得髓)라 하여 다양한 자료를 참작하여 정수를 뽑아야 한다고 말한 바 있다. 문제를 파악하고 현실에 적용할 수 있는 실천적 지식으로 용도가 변용되어야 한다. 아이디어를 모으고 발상을 전환하여 힘 있게 주장할 수 있어야만 독서의 보람이 생긴다.

둘째, 생각을 일깨웠다면 각성을 유도해야 한다. 다산은 주막집 노파의 말일지라도 절대로 그냥 지나치지 않고 깨달음을 얻었다. 깨달음이 없는 독서는 성장이 정지된 아이를 보는 것처럼 딱할 뿐이다. 다산과 주막집 노파의 대화는 이렇다.

> "아버지께서 나를 낳아주신 까닭에 옛 책에서는 아버지를 나를 처음 태어나게 해주신 분으로 여긴다네. 어머니의 은혜가 비록 깊지만 천지에 처음 나게 해주신 은혜가 더욱 중한 것일세."
>
> "나리 말씀이 꼭 맞지는 않습니다. 제가 생각해볼 때 초목에 견준다면 아버지는 씨앗이고 어머니는 땅인 셈이지요. 씨를 뿌려 땅에 떨어뜨리는 것은 크게 힘든 일이 아니지만, 땅이 양분을 주어 기

르는 일은 그 공이 몹시 큽니다. 하지만 조를 심으면 조가 되고 벼를 심으면 벼가 됩니다. 몸을 온전하게 만드는 것은 모두 땅의 기운이지만, 마침내 종류는 모두 그 씨앗을 따라갑니다. 옛날 성인께서 가르침을 세워 예를 제정할 적에 아마 이 때문에 그랬을 것입니다."(정민, 216쪽)

인용된 글은 주막집 노파와 유배객 다산이 나눈 대화의 한 토막이다. 논점은 부모의 은혜는 한가지인데 아버지는 그 은혜가 높고 어머니는 낮으니 어찌된 연유인지를 물었던 것. 이에 다산은 공자님처럼 아버지가 중요하다고 답변하자, 주막집 노파는 '책상물림'의 한계를 자연의 이치에 비유해 부모 모두 다 중요함을 지적한다. 다산은 주막집 노파의 경험적 설파에 정신이 번쩍 들어 그 자리에서 일어나 노파에게 예를 표했다고 한다. 배우고 아는 만큼 행동하기가 쉽지 않은데 다산은 자신의 부족함을 인정하고 예를 표했을 뿐만 아니라 대화의 내용을 정리하여 훗날 공부의 자료로 삼았다고 한다. 글은 몰라도 세상의 이치를 제대로 알고 있었던 노파의 말에 대오각성(大悟覺醒)한 다산이야말로 현대를 살아가는 우리들에게 배움에 있어서 겸손함이 무엇인지를 가르치고 있다.

셋째, 독서 이후에는 소통을 확장하는 것이다. 21세기는 지식에 기반한 정보 사회이다. 이제 IT와 독서는 분리불가분한 관계에 있다. 독서는 이제 개인적인 활동이기도 하지만 공동체와 결부되어 있다. 책의 유통도 이제 '북클럽' 활동을 통해 구입되고 있는 추세이다. 마쓰오카 세이고에 따르면, 독일의 경우 연간 2,000만 권 정도가 북클럽을 통해 유통되고 있으며, 미국에서도 북클럽 회원이 약 1,000만 명 이상이란다(마쓰오카 세이고, 258쪽). 일본은 서양과 비교할 때 북클럽의 숫자가 아주 적다고 한다. 하지만 일본은 독서강국이다. 출퇴근 시간 지하철

안에서 일본인들이 무엇인가를 읽고 있는 풍경은 이제는 익숙한 모습이다. 이렇게 되기까지 일본은 19세기 말에서 20세기 초에 활자 미디어의 전국 유통망을 설치했다. 부끄럽게도 한국은 2008년 국민독서실태조사 결과에 따르면 "성인 10명 중 3.5명은 1년에 책을 한 권도 안 읽었다."는 충격적인 조사결과가 있었다. 이제라도 늦지 않았다. 북클럽에 가입해 활동하면서 자신이 읽은 책을 타인과 공유하는 것은 디지털 시대에 적합한 독서 방식이다. 아울러 블로그에 감상문을 올리는 것도 좋은 독후 감상 활동이다. 기회가 주어진다면, 서평이나 독서체험기를 쓸 수 있는 잡지에 고정적으로 기고하는 것도 최상의 독후 활동이라 할 수 있겠다.

마지막으로, 계보적인 독서로 이어져야 한다. 이 말은 모든 책은 연결되어 있다는 뜻이다. 책을 읽다보면 주제나 내용과 연관된 다른 책을 읽게 된다. 게다가 비슷한 주제를 다룬 책 중에서도 빛을 발하는 한 권의 열쇠가 되는 키북을 발견하게 된다. 이를 보통은 고전(古典)이라 부른다. 독서가는 고전을 꾸준히 읽어야 한다. 당장에 필요한 실용서적이라든지 자기계발서는 읽으면서 우리들은 1,000~2,000년 된 지혜의 산삼은 잘 먹지 않는다. 고전 중의 고전인 〈성경〉에 무관심하고, 이는 기독교인들이나 읽는 책으로 간주한다. 하지만 모든 독서는 계보를 따른다. 새로운 책은 기존의 책에 영향을 받기 때문이다. 그리스 신화를 모르는 사람들은 신들에 관한 이야기로 치부하지만, 사실 신화야말로 인간을 알게 하는 키북이다. 모든 책은 읽음과 동시에 끝나는 것이 아니라 그 기원으로 거슬러 올라가는 작업이 후행되어야 한다. 모든 책들은 어머니에 해당하는 키북이 있는 것이다. 생각해 보라. 이 시대를 대표하는 음악 연주자인 장한나가 왜 하버드 대학교에 입학한 뒤 전공으로 음악이 아닌 철학을 선택했는지를. 또한 세계적인 첼리스트 요요마가 하버드 대학교 인문학 학부과정을 졸업한 것도 다 이유가 있을 것이다. 독서는 이제 선택이 아니라 일상이다. 일상적 차원에서 행해지는 고전 독서를 통해 우리는 시공을 넘나들며 고인과 대화를 나눌 수 있다. 고인물은 썩기 마련이다. 우리는 천재의 저작을 통해 무지(無知)에서 벗어나 미지(未知)로 여행을 하는 순례자이다. 한 번도 가지 않은 인생을 살면서 나침반과 같은 고전이 옆에 있다면 두려움은 없다. 이제 독서는 행복한 책읽기가 되어야 한다. 그 선택은 전적으로 독자의 몫이다.

결 론

프랑스의 철학자 데카르트는 "좋은 책을 읽는다는 것은 과거의 가장 훌륭한 사람들과 담소하는 것과 같다."라고 했다. 사람은 책을 만들고 책은 사람을 만든다는 말이 있듯이 이제는 독서의 날개를 달고 비상을 해야 한다. 삶의 곳곳에 숨겨진 의미들을 새의 눈으로 조망하고, 사람들이 살아가는 모습을 직접 안으로 들어가 발로 기록해야 한다. 독서는 인생의 파트너로 삼기에 부족함이 없다.

이 글에서는 독서의 과정이 수기에서 위인으로 가야함을 주장했다. 수기의 과정에는 효제(孝悌)의 정신이 근간이 되어야 하고, 위인을 위해서는 실용에 따른 실사구시(實事求是)의 전략이 필요하다고 보았다.

또한 독서의 과정을 삼분하여 독전술, 독중술, 독후술에 따른 체계적인 독서법을 제시하였다. 독서 전의 활동인 독전술은 크게 네 가지 범주로 나누어 논의하였다. 첫째는 책에 대한 선입견을 배제해야 하며, 둘째는 책을 읽기에 앞서 독서의 목적을 확립해야 한다고 보았다. 셋째는 본격적인 독서에 앞서 오늘의 시점에서 주체적으로 읽어야 하며, 넷째는 책의 전체 내용을 파악해야 한다고 보았다.

독서 중에 하는 활동인 독중술은 크게 네 개의 범주와 두 개의 실천 사항을 덧붙여 논의하였다. 첫째로는 책의 핵심 내용을 알기 위해서 무엇보다 책에 나타난 핵심 개념을 파악해야 하며, 둘째로는 자료를 분류하고, 셋째로는 정해진 기준에 따라 자료를 분석한 연후에 넷째 단계인 분석에 따른 종합이 이루어져야 한다고 설명했다. 또한 구체적인 독서 행위에 따른 기술법으로 우선은 모든 작업은 '손으로 읽어야 한다.'고 보았다. 눈으로가 아닌 손으로 책을 읽는 것은 집중력이 높아지고 무엇보다 구조적인 독서 행위를 가능하게 만든다. 또한 독서 행위에 있어서 메모의 습관이 필요하고, 이는 독후 활동에도 이어진다고 보았다.

책을 읽고 나서의 활동이라 할 수 있는 독후술도 네 가지 범주로 나누어 살펴보았다. 첫째로, 문제를 정확히 파악해서 해결책을 제시해야 할 것과, 둘째로, 생각을 일깨웠다면 각성을 유도해야 하고, 셋째로, 독서 이후에는 소통을 확장해야 하며, 넷째로, 모든 독서가 계보적인 독서로 이어져야 한다고 설명했다.

이제 처음에 제기했던 질문으로 돌아가 보자. 만약 당신이 만약 무인도에 간다면 어떤 책을 가져갈 것인가? 아직 정하지 못하였다면 지금도 늦지 않았다. 그리고 독서의 중요성에 대해 잘 모른다면 이것만이라도 기억하자. 독서는 그 자체로도 유익하지만 무엇보다 우리 정신을 살아 있게 한다고. 또한 자신의 무지를 깨달은 자만이 진정 독서인이라 부를 수 있다는 것을.

독서의 의미

02

우선, 독서는 왜 하는가? 독서는 학업을 위해서 하고, 인격수양을 위해서 하고, 정보를 얻기 위해서 하고, 시간을 즐겁게 보내기 위해서 한다면 충분한 답이 될까? 그렇다고 말할 수 있다. 우리는 여러 목적으로 독서를 한다.

독서의 중요성에 대해서는 동서고금을 통해 많은 격언들이 전해온다. 사람은 독서를 통해 중요한 것을 배운다. 곧 한 위인이 평생 동안 이룩한 지식과 지혜와 그의 진실한 사상과 아름다운 정서를 배운다. 지식과 지혜와 사상과 정서는 한 사람의 경험에서 얻어낸 매우 소중한 깨우침이나 발견에서 온 것이다. 그리하여 우리는 제한된 삶에서 전에 얻지 못한 소중한 남의 지식과 지혜와 사상과 정서를 독서를 통해 접할 수 있고, 나아가 그것들을 전체적으로 부분적으로 또는 확대하여 내 것으로 삼을 수 있는 것이다.

소크라테스가 말한 다음 내용은 독서가 왜 중요하고 필요한지를 단적으로 말해준다.

남의 책을 많이 읽어라. 남이 고생하여 얻은 지식을 아주 쉽게 내 것으로 만들 수 있고 그것으로 자기 발전을 이룰 수 있다.[5)]

안다는 것, 지식을 확충한다는 것은 한 인간의 성장에 얼마나 중요한지 새로운 책을 손에 잡고 독서를 해보면 금방 실감할 수 있다.

이 책 제1부에서는 독서에 대한 이해를 도모하고, 그 의미와 방법에 대하여 서술하였다. 제2부는 독서의 실제로서 책을 선별하고 이해하며 논점을 계발하는 것에 관하여 14장 30여 편에 걸쳐 서술하였다. 제3부에서는 발표와 토론의 기법을 설명하였으며, 부록에서는 토론의 실전에 필요한 자료들을 수록하였다.

독서의 의미

독서는 책을 읽는 행위이다. 그런데 책은 문자로 되어 있다. 따라서 독서는 문자를 읽는 행위이다. 여러분은 세계의 여러 문자 가운데 몇 나라 문자를 읽을 수 있는가? 한글과 영어의 알파벳 외에 일본 문자나 중국의 문자(簡體字)를 읽을 수 있다면 그것은 대단한 실력이다. 만약 우리가 어떤 나라의 문자에 대한 지식도 없고 읽을 수 없다면 그 문자에 대해서 문맹인 셈이다. 본 장 마지막 쪽 여러 나라 문자 중 읽을 수 있는 문자가 몇 가지 되는지 세어 보라. 문자에는 한국, 영국처럼 표음문자(表音文字)가 있는가 하면 중국과 같은 표의문자(表意文字)도 있다.

만약 문자를 읽을 수 없다면 그 문자는 어린애 그림에 지나지 않을 것이다. 마크나 로고를 보자. 마크나 로고를 보고 우리는 읽는다고 말하지 아니한다. 그런 상징물은 그 자체로써 어떤 대상을 환기시킬 뿐이

5) 김병완, 『48분, 기적의 독서법』, 미다스북스, 2013, 10쪽.

지, 그것을 우리가 읽지는 않는다. 다시 말하면 마크나 로고는 그냥 시각적인 것으로 어떤 의미에 직결되는 것이다.

그러나 독서는 문자를 음성으로 '읽는' 행위이다. 물론 묵독이라 하여 소리 나지 않게 읽는다고 하지만 사실은 그런 묵독 역시 시각적인 문자를 음성적인, 청각적인 것으로 바꾸는 작업으로서 곧 청각화하는 것이다.

왜 이런 일을 우리 두뇌는 수행하는 것일까? 문자를 읽는다고 하는 것은 정확히 무엇을 의미하는가?

우리가 듣고 말할 때, 다음 그림에서와 같이 우리 뇌에서는 발음하는 일에 브로카(Broca) 영역이, 말을 듣고 의미를 알아차리는 데 베르니케(Wernicke) 영역이 작용하는 것으로 알려져 있다. 그리고 각회 영역은 문자를 청각화하는 데 있어서 활동하는 영역으로 알려져 있다.

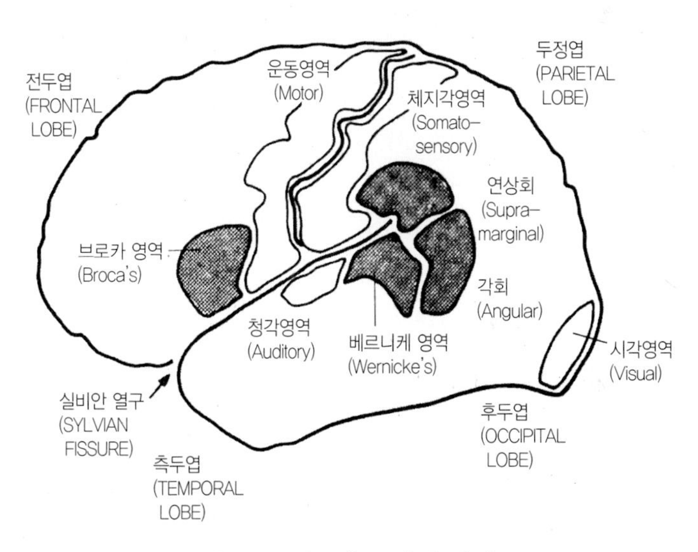

| 그림 1 | 왼쪽 뇌의 영역

유명한 언어학자 소쉬르(F. Saussure)는 사람의 언어가 소리영상(sound-image)과 개념(concept)이 연결되어 이루어졌다고 말하였다. 즉 아동이 코끼리 그림을 보고 [엘러펀트], 사자 그림을 보고 [라이온]이라 하면서 말을 익히고, 어떤 행위에 관련해서 [공 차], [우유 먹어] 라는 말을 익히듯이, 성인의 언어도 모두가 그렇게 소리영상과 개념이 신경학적으로 연결되어 있다는 것이다.

그런데 말은 컴퓨터상에서 한글자판을 두드려 보면 알겠지만 매우 작은 바이트를 차지한다. 말하자면 개념, 즉 영상과 아이콘과 동영상 또는 후각 미각 촉각 같은 것들이 큰 용량을 차지하는 것에 비하면, 말은 그 용량이 매우 작다. 즉 문자언어로서 [코끼리]가 있다면 이 [코끼리]는 컴퓨터상에서 6바이트를 차지한다. 그러나 [코끼리]에 연결된 영상은 다소 크고 작은 차이가 있지만 그래도 그것은 몇 십 k-byte가 된다.

음성언어의 장점이 여기에 있다. 그것은 두뇌에 매우 작은 용량으로 큰 용량의 개념과 연결되어 있다. 다시 말하여, 말(음성언어)은 작은 용량으로써 엄청나게 큰 용량의 개념을 상대하면서 자유롭고 쉽게 움직이는 것이다. 따라서 말은 쉽고 행동은 어려우며, 말은 자유로운데 비해 몸은 현실에 얽매여 무겁게 움직이는 것으로 생각된다.

읽는 일이란 바로 그런 것이다! 몇 개의 문자가 어떤 의미를 전달하는 음성(소리)으로 읽힐 때 그 음성에 연결되어 음성이 환기하는 개념 곧 영상이나 감각들은 매우 큰 것이다. 책 속의 별 하나가 '☆'로 그려져 있는 것보다 [별]이라 읽히는 '별'이라는 글자가 있을 때, 그 '별' – 그 음성(소리)이 환기하는 개념은 너무 큰 것이다. 곧 '별'에 관해 화자(話者)가 알고 있는 모든 경험과 지식들이 시간만 허락된다면 모두 환기될 수 있는 것이다.[6] 그리하여 "별을 보는 것은 인간의 미덕이다.", "별 하나에 추억과 별 하나에 동경과 ……", "별에도 행성과 항성이 있고 초신성이나 백색왜성 같은 것도 있다."와 같은 기억과 지식들, 또는 '별'을 올려다보고 관찰한 경험들이 모두 떠오르는 것이다.

이렇게 음성언어는 독특한 개념을 환기시켜 주며 우리의 상상을 넓혀가게 하는 것이다. 아무리 별이 '☆'처럼 그려져 빛을 발할지라도 알퐁스 도데의 소설 『별』과 같은 글 속에 나타나고 이야기되는 '별'의 의미를 다 전달할 수 없는 것이다.

'바다'라는 말을 더 예를 들어보자. 바다를 그려놓은 어떤 그림보다도 책 속에 '바다'라는 낱말이 훨씬 더 많고도 다양한 경험과 상상으로 우리를 안내하고 있는 것이다.

□ 독서의 제1단계 : 시각적 문자 → 청각적 음성언어

'읽는 일' 곧 문자를 청각적인 음성언어로 바꾼다는 일은 이와 같은 의미가 있다. 여기에 중국 문자가 있다고 해보자.

三顧草廬

이것을 읽을 수 없다면 우리는 어떤 의미를 더 알아낼 수 있겠는가? 이것을 《석 삼, 돌아볼 고, 풀 초, 집 려》자의 결합으로 보고 [삼고초려]라고 읽을 때 그 의미가 전달되는 것이지, 만약 읽지 못하면 그것은 그림으로밖에 보일 수 없다는 말이다. 또 여기 이집트의 문자가 있다.

---

6) 그러나 보통 말하기 상황에서는 담화의 흐름에 관련하여, 또는 읽기 상황에서는 이야기의 흐름에 관련하여 해당하는 사항이 탐색되어 머리에 떠오른다.

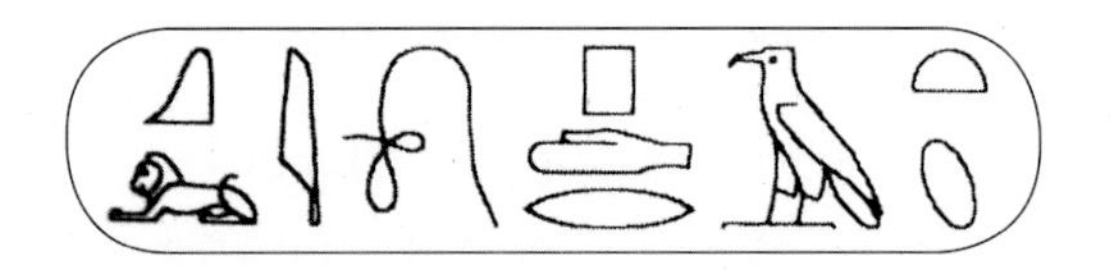

그리하여 올가미 모양 속의 문자를 [클레오파트라]라고 읽을 때 우리는 의미를 알게 되고 많은 상상을 할 수 있는 것이다. 만약 읽을 수 없다면 그것도 그림에 불과할 것이다. 이처럼 문자를 음성언어로 바꿀 때에 그 음성언어에 연결되는 개념의 크기가 빚어내는 상상의 크기와 폭은 어떤 현실적인 그림이 보여주는 것보다 훨씬 크고 넓은 것이다.

이처럼 문자를 읽어 그 속의 의미를 알아자리게 되었으면 그런 의미들이 모여 보다 큰 어떤 의미를 전달하는지 살펴야 한다. 그리하여 그 의미들이 다시 모여 어떤 주제를 전달하는지 파악해야 할 것이다. 지식정보를 전달하는 것이면 핵심적인 내용이 무엇인지 정리해 보고, 주장 논지를 펴는 것이라면 어떤 근거를 바탕으로 그렇게 주장하는지 논증의 구조를 정리해 보아야 할 것이다.

우리는 독서할 때 저자의 이런 주장 저런 주장을 종합하여 간결히 정리할 줄도 알아야 하며, 다른 주장이나 독자의 주장을 갖다가 근거삼아 비교 분석하여 저자의 주장을 평가하는 고차원적인 지적 활동도 전개해야 한다.

한편, 읽는 일과 달리 우리가 영상물을 본다고 할 때, 그것은 보는 일일 뿐이요 청각화하는 일은 없기 때문에 그것은 시각적인 유희에 지나지 않는다. 자기음성으로 바꾸는 일이 없기 때문에 자기 소리를 낼 기회가 없이 영상은 자꾸 바뀌고 또 사라지고 마는 것이다. 곧 의미 있는 발언은 한 마디 못하고 유희에 휘둘리고 마는 것이다. 책을 읽는 대신 영상물을 보는 일의 위험성이 여기에 있다.

문자	소리	문자	소리
독수리	A	들판의 오두막	H
꽃 핀 갈대	I	천을 꼰 심지	H
두 갈대	Y	거르는 체	KH
(두 사선)	Y	짐승의 배	KH
새끼 메추라기	OU	빗장	S
나선형	OU	접은 옷감	S
선 다리와 발	B	욕조	SH
동상의 받침돌	P	경사진 언덕	Q
살모사	F	손잡이 있는 바구니	K
올빼미	M	항아리	G
동물 옆구리	M	빵	T
주름진 선-에너지	N	멍에	TSH
파라오의 붉은 관	N	손 / 선 코브라	D
벌린 입	R		DJ
손을펴고팔을뻗는행위	A	※ = IR(눈), = ANKH(생명)	

| 그림 2 | 이집트 문자 알파벳

문자언어의 특성

한편 문자언어는 음성언어에 비하여 집약적이다. 말이 많이 있고 오랜 시간에 걸친 경험이 있지마는 문자언어는 그렇게 길지 않다. 때로 소설가나 수필가의 능숙한 필력이라면 사실보다도 더 세밀하고 그들의 개성과 상상력으로 인해 글의 내용이 독특한 빛깔로 번져간다고 해도, 대체로 보통의 경우, 사람들이 기록하는 문자언어는 집약적이고 압축적이고 비연속적이 아닐 수 없다. 글로 있는 사실을 세세히 다 기록할 수는 도저히 없는 것이다.

그런 까닭에 우리는 한 개인의 압축되고 집약된 글 속에서 한 사람의 생각과 느낌과 논리와 상상을 압축적으로 모두 접하게 된다. 책 속에는 한 인간의 내면이 상당한 정도로 노출되어 있는 것이다. 그리하여 글을 통해 우리는 한 인간의 은밀한 내면을 거의 다 살피게 되는 것이다. 그리하여 우리가 위대한 인물의 책을 읽으면 그 인물의 천재적인 생각과 지혜를 내 것으로 삼을 수 있게 된다. 예술가인 다빈치, 철학자인 루소, 발명가인 에디슨 같은 천재가 별 볼 일 없는 평범했던 사람이 모두 독서를 통해 천재가 되었다는, 『리딩*reading*으로 리드*lead*하라』의 저자 이지성의 말은 독서의 필요성과 중요성을 다시 한번 일깨워 준다.

좋은 글을 읽어야 하는 이유

우리가 글을 읽는다면 그 소리는 누가 듣는가? 그것은 다름 아니라 독자 자신이다. 앞서 [그림 1]에서처럼 듣는다고 할 때, 그 청각이미지에는 여러 개념이 연결되어 있기 때문에, 그 소리를 들음으로써 독자는 여러 의미개념을 떠올릴 수 있는 것이다. 청각이미지와 개념이 신비롭게 결합되어 우리 두뇌에 저장되어 있다는 말은 소쉬르의 말이었으며, 또 최근에는 신경과학자 에델만*Edelman*이 의미구조(즉 개념)가 음운구조(즉 청각이미지)가 신경학적으로 함께 연결되어 있어서 의미를 생각할 때 그에 연결된 소리이미지가 떠오르고 소리이미지를 생각할 때 의미가 떠오른다고 진술하고 있다.

이렇게 소리와 개념을 연결짓는 일은 우리가 태어나서 말을 배우면서 시작된다. 그리하여 사물이나 마음속의 감각이나 생각이 소리로써 환기되는 것이다. 말로써 마음속 감각이나 생각이 소리로써 떠오른다는 것은 어떤 의미가 있는가. 언어 즉 어휘가 풍성하면 마치 주머니가 풍성한 사람처럼 말의 씀씀이가 자유로울 수 있다. 여러 계획과 상상과 추억을 하면서 사고의 폭과 깊이와 높이를 확장할 수 있는 것이다.

□ 독서의 제2단계 : 청각적 음성언어 → 의미 연결(상상)

읽은 것은 자기 음성이고 읽으면서 자기 음성을 듣는 것은 자신이다. 자기 음성을 들으면서 생각하게 되는 것은 자신이 어린 시절부터 학습을 통해 연결시켜 둔 의미 곧 개념이나 영상 등 감각적인 것들이다. 이때 자기 음성(자기 목소리)을 듣는다고 할 때 그 음성에는 고유한 운율과 억양이 개입된 것이다. 정겨움과 애착이 가는 자기 소리이다. 정겨움과 애착을 느껴보라는 의도에서 기인한 것이다. 우리가 독서의 제1단계에서 문자를 읽어 청각으로 바꾸어 듣는 일, 즉 내가 내 음성을 듣고, 또 제2단계에서 무어라고 자기만의 생각을 전개해 가는 일은 작가와 대화를 나누거나 나를 깊이 성찰하는 일이 되는 것이다.

우리가 좋은 책 좋은 글을 읽어야 하는 이유는 바로 여기에 있다. 어떤 말과 그 개념이 감각에 노출되면 우리 뇌는 스폰지처럼 그것을 흡수하기 때문이다. 그리하여 그것이 우리의 사고와 감정과 의지를 형성하는 재료가 되는 것이다.

물론 책만이 우리의 내면을 형성하는 재료는 아니다. KBS의 〈글로벌 성공시대〉의 주인공을 보면 그들은 낯선 지구촌의 다른 지역에 가서 그가 생생하게 보고 듣는 환경 속에서 올바르고 건전한 감각과 생각으로 자기의 삶을 개척해 온 사람들이다. 그렇지만 성장기에 제한된 경험 속에서 책에서 받는 영향은 매우 큰 것이다. 성장기에 한 권의 좋은 책은 한 사람의 사상과 의지를 형성하는 큰 밑거름이 된다. 곧 자아를 형성하는 힘이 된다. 한 사람의 사상과 의지가 확고하게 확립되면 어떤 시련과 절망의 때에도 그 사상과 의지는 그 사람의 마음에 큰 위안과 용기를 제공한다. 독일의 철학자 하이데거는 포탄이 쏟아지는 전쟁 중에도 철학을 사색하였고 쿠바의 한 종교인은 억압으로 오물 한 가운데에 처해진 가운데에서 신앙심과 희망으로 기뻐하였다. 그런 사람들뿐만이 아니다. 대학생의 경우에 있어서도 시련과 역경 속에서 책에서 읽었던 명언이나 인상 깊은 에피소드, 그리고 어떤 위인의 이야기가 희망을 주는 사상의 가닥으로서 빛을 발할 수 있는 것이다.

03

독서의 방법

독서는 어떻게 하는가? 독서의 방법은 기준에 따라서 통독과 정독, 묵독과 낭독으로 구분하지만, 대학생들에게는 다음과 같이 (1) 목적에 따라서 (2) 속도에 따라서 (3) 독서하는 마음가짐 곧 태도에 따라서 독서방법을 제시하고, (4) 끝으로 의미단위 읽기에 대하여 기술하도록 하겠다.

(1) 목적에 따른 독서법

『독서의 기술』의 저자 모티머 애들러는 저자와 독자의 관계를 투수와 포수의 관계로 비유하면서, 저자가 혼신의 힘을 다하여 던진 책을 독자도 최선을 다하여 읽어야 한다고 말한다. 투수가 공을 어디로 보낼 것인지 미리 사인을 보내듯이, 저자의 그런 의도를 포수로서의 독자가 알아차리고 공을 포착해야 한다는 것이다.

우리는 그런 독서를 적극적 독서라고 부른다. 그리하여 그는 먼저 책을 읽을 때는 저자가 지식정보를 전달하려고 하는 것인지, 혹은 주장과 견해를 전달하려고 하는 것인지, 아니면 작가의 상상력으로 빚어

내는 감정을 전달하려고 하는 것인지 구분하라고 말한다. 그리하여 지식이나 정보를 전달하는 책이면 그 지식이나 정보를 찾아내는 데 목적을 두어 읽어야 하고, 철학적 사상적 주장이나 견해를 논하는 책이면 저자의 깊은 생각을 읽고 자기 생각과 견해를 종합하거나 새로운 주장을 창출하는 데 목적을 두어 읽어야 한다고 말한다. 애들러는 지식정보를 전달하는 책을 읽을 때에는 저자가 사용하는 말 중에 키워드를 찾아서 그 단어의 의미가 어떤 의미를 내포하는지 그 의미의 파장과 파급을 살피면서 결국 어떤 주장을 하는지 키센텐스(주제문)를 찾기를 권한다. 그리고 주장이나 견해를 내세우는 책을 독서할 때는 논증 과정을 정리하고 저자의 주장이 과연 타당한지 저자의 주장에 대해 나도 찬성하는지 아니면 반대하는지, 필요하다면 반론까지 제기해 볼 것을 권한다. 그리고 시, 소설, 시나리오와 같은 상상적인 문학은 그 특성에 따라 구성요소(인물, 사건, 배경)가 전체구조에 어떤 기여를 하는지 하나의 작품을 통일된 구조로 파악해야 한다고 말한다.

애들러의 견해에 따라 책을 구분하면 다음과 같다.

△ 지식 정보 전달을 위한 것 – 여행안내서 , 요리방법서
△ 주장 논증을 제시한 글 – 철학서, 논문
△ 상상 정서를 기술한 것 – 시, 소설, 희곡작품

(2) 속도에 따른 독서법

시선을 어디에 두고 독서의 속도를 이끌어가야 하는가? 오늘날은 정보의 홍수시대다. 서점가에 수많은 책들이 출판되어 나온다. 우리는 책을 읽으면서 지식 정보 중에 우리에게 필요한 것을 어떻게 취할 것인

가? 독서의 방법을, 책의 어디에 시선을 두어야 하느냐에 따라 다음과 같이 몇 가지 방법으로 나눌 수 있다.

① 훑어 읽기 ② 빨리 읽기 ③ 교과서 읽기
④ 꼼꼼히 읽기 ⑤ 판단하며 읽기

① 〈훑어 읽기〉란 날마다 대하는 신문이나 인터넷뉴스를 보는 것과 같이 신문의 한 면에서 헤드라인의 제목과 그 부제목을 읽는다든지 인터넷화면에서 제목 글씨나 움직이는 화면을 보는 일이다. 대체로 제목은 내용을 크게 암시하고 있기 때문에 보통 일반인은 제목을 통해 필요한 정보를 얻을 수 있다. 만약 그 분야에 관심이 많아 더 읽을 필요가 있다면, 그 뒤에 기술되는 기사 내용을 읽으면 된다. 신문기사는 피라미드 구조라 하여 먼저 주요 핵심내용을 제목과 부제목으로 발췌해 제시하고 다음에 기사 내용을 서술하는 식으로 배열한다.

대학생은 신문기사나 인터넷뉴스를 살피지 않으면 안 된다. 왜냐하면 세상 돌아가는 이야기를 우리는 그 같은 인쇄매체를 통해 쉽게 접할 수 있기 때문이다. 또 우리는 이런 사회 환경 속에 발을 붙이고 살아가기 때문이다. 우리가 그런 지식정보를 외면하면 상식이나 정보에 둔감한 외계인이 되고 말 것이다.

〈훑어보기〉란 우리가 새로운 책을 구입할 때도 행하는 방법이다. 책의 이곳저곳을 넘겨가면서 그 책이 무슨 내용인지 구입할 만한 책인지 결정하게 되는 것이다.

② 〈빨리 읽기〉란 눈의 시선을 페이지의 왼쪽에 두고 각 행의 첫 어구만을 죽 내려보는 방법이다. 내려보다가 좀더 확인이 필요하면

단락의 첫 문장을 읽어가기도 한다. 이 방법은 마치 만화책을 보듯이 풍선말이나 서술된 문장을 중심으로 읽어가다가 책면의 많은 부분을 차지하는 그림에, 필요하다면, 잠시 시선을 멈추어 살펴보는 방식이다.

〈빨리 읽기〉란 주로 소설 읽기에 많이 취하는 방식이다. 사건의 진행과 방향에 관심이 집중되기 때문이다. 그리고 잡지를 손에 쥐고 읽을 때도 눈에 띄는 칼럼이나 기사를 읽을 때 이 방법을 취하게 된다. 또 〈빨리 읽기〉는 대학생이 요약하기 과제를 해결할 때도 필요하다.

③ 〈교과서 읽기〉란 바로 중고 시절에 국어책을 소리 내어 읽듯이 문장 하나하나 글자 하나하나를 빠뜨리지 않고 읽는 방식이다. 그리고 거기에서 주요문장과 보조문장을 구분하며 단락 하나의 통일된 생각이 무엇인지 알아가는 일이 이 방식이다.

보통 대학생으로서는 교재를 이 방법으로 읽을 수 있겠으나 요즘 방대해진 교재는 이 일을 쉽게 허용하지 않는다. 따라서 문제되는 장(章), 절(節)을 택해서 이렇게 〈교과서 읽기〉를 하고 전체적인 내용을 잘 정리해야 할 것이다. 마치 교사의 말을 잘 듣는 모범생처럼 한 구절 한 구절을 잘 살피고 기초지식을 잘 섭렵해야 할 것이다.

그리고 교과서 읽기라고 해서 곧이곧대로 처음 문자부터 끝 문자까지 똑같은 속도로 읽어가는 것은 좋지 않다. 이 때에도 먼저 전체적으로 훑어보고 다음으로 알아보고자 하는 분야에 호기심이 가는 장, 절로 가서 전체적인 체계 속에서 핵심 되는 내용이 무엇인지 살펴봐야 한다.

④ 〈꼼꼼히 읽기〉는 전문적인 책을 대할 때 취해야 할 방식이다. 즉 화학식을 다룬다든지 고차원의 수학문제를 푼다든지 할 때는 첨자 처리된 작은 숫자 하나하나를 주의 깊게 살피지 않으면 안 될 것이다. 그리고 외국어를 번역하는 때에 어구 하나하나가 어떻게 관용구가 되어 좀 다른 의미를 전달하는지 꼼꼼히 챙겨 읽지 않으면 안 될 것이다.

⑤ 〈판단하며 읽기〉란 보다 전문적인 내용을 다룰 때 필요한 독서법이다. 예컨대 토론에 나서는 사람이 어떤 토론 자료를 읽을 때에 그에 대한 어떤 판단을 해야 할 것이며 상대의 논증에 대해서 어떤 대비책을 세워야 할 것인지 생각해가며 읽어야 할 것이다. 또한 법정에 나서는 판사나 검사, 변호사들이 근거자료나 진술이나 법조문을 이런 방법으로 읽어야 할 것이다. 하나의 사물에는 여러 가지 면이 있기 때문에 주장과 견해가 다를 수 있다. 〈판단하며 읽기〉란 그것들을 서로 비교 검토하면서 종합적으로 평가하며 읽는 고차적인 읽기인 것이다.

학생들이 배워야 할 것은 많고 처리해야 할 정보량 또한 많다. 따라서 정보를 어떻게 파악하느냐의 문제 앞에서 그저 적당히 되는 대로 읽는다는 태도보다는 배우지 않으면 안 된다는 적극적이며 긍정적인 자세로 책을 읽고, 시선을 어디에 둘 것인지 방법적인 면에도 신경 써서 독서의 효과를 기하도록 해야 할 것이다. 이런 방법적인 면을 잘 활용하여 공부에 임한다면 저 유명한 공부 방법인 SQ3R에도 적용할 수 있을 것이다.

곧 써베이*survey*는 〈훑어읽기〉, 곧 머리말과 목차를 읽고 책 속의 각 챕터*chapter*의 안내문을 읽는 일이며, 그리고 책 내용에 대한 질문*question*을 던져놓고 그 답을 찾아가는 일은 〈교과서 읽기 *reading*〉 방법을 하고, 암송*recite*하고 반복*review*하는 일은 〈판단하며 읽기〉, 곧 비교 평가하는 자세로 그 중요도를 따져가면서 공부한다면 성공적인 공부가 될 것이다.

(3) 독서의 태도에 따른 독서법

『48분, 기적의 독서법』은 3년간 1,000권의 책을 읽을 때 사고(思考)와 의식(意識)이 깨어 변화되고 세상을 보는 눈이 달라진다고 힘써 강조한다. 평범한 사람이 위인이 된 예로 저자는 일본 소프트뱅크 사장 손정의, 교보문고 창립자 신용호, 학자 겸 저술가 김용옥, 의사 겸 경제 저술가 박경철 등을 든다. 그들은 하나같이 10대 20대의 젊은 시절에 1-3년의 시간에 수천 권의 책을 독파한 사람들이었다고 한다. 특히 앞선 세 사람은 악성간염, 폐병, 관절염으로 자리에 눕게 되었을 때 그 절망의 시기에 책을 통해 인생과 사회와 세계를 새롭게 보고 삶의 길을 찾았다고 한다. 그리고 사회를 리드하는 인물이 되었다. 후자 1인은 같은 또래의 친구 집에 책이 많은 것을 보고 자극을 받아 그가 다니던 중학교 도서관의 책을 거의 다 섭렵한 것이 바탕이 되어 오늘날 시골마을의 의사이면서 경제전문가의 위치에 서게 되었다. "독서는 일가(一家)를 이룬 한 인간의 지식들을 몇 시간 안에 훔쳐보는 일이다."라는 박경철 씨의 말은 독서의 가치를 재치 있게 표현한 말이 아닐 수 없다.

『48분, 기적의 독서법』이 독서의 방법으로서 우리에게 무엇을 이야기하는지, 우리가 독서할 때 마음으로 무엇을 해야 하는지, 저자가 제시하는 다음 몇 가지 독서법을 여기 옮겨본다.

① 이미지 독서법 ② 상상 독서법
③ 호기심 독서법 ④ 포인트 독서법

먼저 〈이미지 독서법〉이란 읽지 아니하고 보는 독서법이다. 곧 글자 한 자 문장 한 줄을 해석하려 하지 않고 전체를 하나의 그림으로 생각하면서 마치 그림을 감상하는 태도로 책을 보아가는 방법이다. 우리가 기차여행을 하며 창밖으로 산을 보고 산 아래 마을을 보고 마을 앞에 나무나 강이나 주변의 새들을 보듯이 책을 한 페이지 한 페이지 넘겨가면서 마치 풍경을 보듯이 저자가 무슨 말을 하고 다시 또 무슨 말을 하는지 그것을 엮어서 풍경화 같은 이야기로 만들어가는 것이다. 물론 우리가 과학도서 철학도서까지 이런 독서법으로 읽을 수는 없다. 하지만 문학도서, 미술도서, 음악도서, 건축도서 등은 충분히 이런 독서법이 가능하다고 생각된다. 이런 독서법은 한번에 3-4줄 이상을 동시에 읽을 수 있어 한 단락 한 단락을 이미지화하여 읽어갈 수 있는 특징이 있다.

다음으로 〈상상 독서법〉이란 자신을 빠른 게임 속에, 빠른 자동차 경주 속에, 빠른 로켓 속에 있는 것처럼 이미지트레이닝하면서 책을 읽는 방법이다. 곧 자신의 뇌를 빠른 속도나 빠른 물건에 노출된 것으로 상상하면서 독서의 속도를 조절하는 독서법이다. 마치 영화 〈트랜스포머〉의 주인공이 전공 책을 5초만에 독파하는 것과 같은 독서법인 것이다. 이런 독서법은 속독법과 관련이 깊으며, 하루에 48분씩 책 2권을 읽어 3년 동안 1천 권을 읽는 목표를 세웠다면 이 같은 독서법의 자세를 지녀야 할 것이다.

다음으로 〈호기심 독서법〉이란 독서하는 사람이 많은 질문을 가지고 또 질문하면서 읽어가는 방법이다. 사실 의문에 대해 답을 알고자 책을 읽을 때 그것은 보다 긍정적이고 적극적인 자세의 책 읽기가 된다. 수동적이거나 소극적인 자세가 될 수 없다. 독자는 자신이 던진 질문이나 저자가 던진 질문의 답을 찾아 탐색하는 자세로 책을 읽어간다. 이 독서법은 독서하면서 자기의 호기심을 충족시키고 새로운 지식을 만들어가는 독서법이기도 하다. 즉 호기심이 충족되면서 그 여유로운 기분으로 자신이 새롭게 책의 방향을 잡아가면서 글의 내용에 이리저리 자기 지식과 견해와 상상을 보태어 가는 것이다. 어떤 책을 읽으면서 그 책의 내용보다 더 풍성하고 다채롭게 자기 생각을 확장시켜 가는 것이다.

이런 독서법은 독자가 경험이 많고 사고의 폭이 넓을 때 가능하다. 다독가의 경우 책 내용의 90% 정도는 이미 알고 있기 때문에 던져진 질문에 대해 쉽게 답을 찾게 되고 또 만족할 만한 답을 찾지 못하면 다른 책을 계속 읽게 되고 그리하여 독서의 진행은 더 열(熱)과 속도를 낼 수 있는 것이다.

똑같은 책을 읽어도 어떤 사람은 많은 것을 배우는가 하면 어떤 사람은 아무것도 얻지 못하는 것은 바로 호기심이 있느냐 없느냐, 호기심이 많으냐 적으냐에 따라 다른 것이다. 그리고 책을 읽으면서 자신이 발견한 답, 발견한 내용 그리고 특별히 생각한 내용이나 인상적인 구절을 자신의 글로 적어둔다면 사고의 큰 확장을 꾀할 수 있다. 사람은 다소 차이가 있기는 하지만 방금 읽은 내용을 곧바로 잊어버리기 때문이다. 『세월』, 『등대로』와 같은 소설을 남긴 버지니아 울프*Virginia Woolf*는 다음과 같은 독서경험담을 쓰고 있다.[7]

> 해마다 섹스피어의 비극 햄릿을 새로 읽고 그때마다 감동을 글로 남기면 그것은 사실상 우리 자신들의 자서전을 기록하는 것과 마찬

7) 김병완, 『48분, 기적의 독서법』, 미다스북스, 2013, 236-7쪽.

가지다. 그 이유는 인생경험이 풍부하면 풍부할수록 인생에 대해 셰스피어의 해석도 그만큼 절실하게 와 닿기 때문이다.

〈포인트 독서법〉이란 독서할 때 자주 이 글이 말하고자 하는 핵심, 주장하는 바 핵심 내용이 무엇인가 물으면서 그 핵심을 찾아 마음속에 정리하면서 읽는 방법이다. 일반적으로 좋은 글이라면 반드시 말하고자 하는, 중요하고 감동적인 내용을 가지고 있다. 그 핵심적 내용을 독자가 파악하여 얻어가지는 것이 바로 이 독서법이다. 그러므로 글을 읽을 때 하나의 핵심 단어를 간취(看取)하고 하나의 주제문을 파지(把持)할 수 있다면 그는 독서의 목적을 이룬 것이다. 그런데 핵심 되는 문장, 주제 내용을, 우리는 긴 본문보다 오히려 짧게 진술되는 저자의 서문이나 목차, 또는 각 챕터chapter의 안내문 내지 요약문에서 발견할 수도 있다. 한 권의 책을 손에 들었을 때 머리말이나 목차를 먼저 살피는 까닭이 여기에 있다.

〈포인트 독서법〉은 문학적 서적을 읽는 데 유용하다. 즉 소설을 읽는다면 'CAPS법'이라 하여 인물(Character)이 어떤 의도(Aims)를 가지고 어떤 문제(Problem)를 어떻게 해결(Solution)해 가는지 생각하며 읽는 것이 좋다. 이렇게 포인트를 짚어가면서 읽다보면 소설 한 권의 내용이 한 문장으로 꿰어져 정리된다.

그리고 시를 읽을 때는 먼저 제목으로 주어진 구절에 대해 독자로서 많이 상상해보고 작가가 어떤 감정을 어떤 비유와 강조의 수사법을 써서 표현하려고 하는지 몇 차례 반복해 읽고 그 드러나지 않은 의미를 파악하면 좋다. 시는 이론이나 설명의 글이 아니며 또 아주 압축한 글이므로 작가의 폭넓은 감수성과 능숙한 언어구사 너머로 무엇을 표현하고자 하는지를 포착, 감상하는 데 독서 포인트가 있다.

(4) 의미단위 읽기

끝으로 '수능 언어영역 점수높이기' 방법으로 소개된 〈의미단위 읽기〉에 대해 이야기해 보도록 하겠다. 〈의미단위 읽기〉란 무엇인가? 신문에 여러 차례 광고되고 인터넷 지식창에서 확인할 수 있는 〈의미단위 읽기〉란 하나의 문장에 내포된 명제(命題)들은 하나의 덩어리로 지각하여 글을 읽는 것이다. 다시 말해 단어 하나하나로 글을 읽어가는 것이 아니라 명제단위로 글을 읽어가는 것이다. 마치 소설이 한 장면 한 장면이 연결되면서 스토리를 만들듯이 문장도 여러 명제가 합하여 문장이 되고 그것들이 다시 모여 이야기를 이루기 때문이다. 경우에 따라, 헤밍웨이*Hemingway*의 글처럼 짧은 단문 하나로 한 명제로 이룬 글도 많이 있기는 하다.

명제(命題)란 무엇인가. 언어심리학자들은 문장의 의미들을 다음과 같이 명제 단위로 분석한다.

> 예문 : 그리스인들은 아름다운 예술을 사랑했다. 로마가 그리스를 침략하고 그리스를 모방할 때 아름다운 예술을 창조하기를 배웠다.

명제(P) : P1 = 그리스인들이 예술을 사랑하다
P2 = 그 예술이 아름답다
P3 = 로마가 그리스를 침략하다
P4 = 로마가 그리스를 모방하다
P5 = (침략하고 모방하는) 때
P6 = 로마가 배우다
P7 = 로마가 P2를 창조하다

언어심리학자들은 우리가 글을 읽을 때 한 문장 안에 명제가 많으면 한 문장에 눈을 두는 시간이 길어지는 것을 실험적으로 살펴보았다. 이런 이치로 인해 우리가 명제 단위로 글을 읽게 되면 명제 몇을 합해 큰 명제 덩어리로 글을 읽어갈 수가 있다. 예컨대 앞의 예문을 다음과 같이 끊어 한눈에 보아가는 것이다.

1) 단계 … 그리스인들은/ 아름다운 예술을 /사랑했다. // 로마가 그리스를 침략하고/ 그리스를 모방할 때/ 아름다운 예술을/ 창조하기를/ 배웠다.

2) 단계 … 그리스인들은 아름다운 예술을 사랑했다. / 로마가 그리스를 침략하고 그리스를 모방하면서/ 아름다운 예술을 창조하기를 배웠다.

우리가 한 편의 글을 읽고 거기서 어떤 중요내용을 빠른 시간에 파악하며 글에 대해 이해력과 기억력을 극대화하기 위하여 일반적인 독서법 외에 방금 설명한, 별도의 〈의미단위 읽기〉 훈련을 하면 큰 도움을 받을 것이다.

독서, 그 치유의 힘

04

1. 사람을 변화시키는 독서

책은 사람을 변화시키는 힘이 있다. 이 사실은 인류 역사상 위대한 업적을 이룬 인물들을 통해서도 알 수 있다. 나폴레옹, 링컨, 에디슨, 헬렌 켈러, 빌게이츠, 세종대왕, 정약용, 김대중, 모택동, 손정의 등 우리가 아는 이들은 모두 독서광들이었다. 손에서 책을 놓지 않았던 인물들이다. 이 중 동서양을 대표할 만한 인물들을 통해 책을 읽는 행위가 어떻게 내적인 치유와 변화의 힘이 있는지, 그리고 이를 통해 개인의 치유가 사회와 국가에 어떠한 영향을 미치는지 알아보고자 한다.

먼저, 미국에서 가장 영향력 있는 여성 가운데 한 사람으로 인정받는 여성 오프라 윈프리가 있다. 그는 1996년부터 2002년까지 '오프라 북클럽'을 통해 책읽기 붐을 일으켰고 그녀가 인정하는 책은 대부분 100만부 이상 팔리는 초대형 베스트셀러가 되었다.

빈민가에서 태어난 흑인에 사생아였고 100kg 육박할 정도로 뚱뚱했으며, 9살에 사촌오빠로부터 강간, 14세가 될 때까지 계속되던 친척들의 학대, 14살에 출산과 함께 미혼모였던 그녀는 불행할 만한 조건은 다 갖추었다. 그러나 책읽기를 통해 자신의 불행을 극복하고 탁월한 인물로 성장하였다. 현재 오프라 윈프리는 『타임』지가 선정한 '20세기의 인물'이 될 정도로 미국을 움직이는 존경받는 인물이기도 하다.

그녀가 처한 환경과 그녀에게 영향을 준 사람들을 생각한다면 그녀는 자신의 아픈 과거 때문에 인생을 포기하거나 주저앉아 이름 없는 여인이 되었을 것이다. 하지만 미국을 움직이는 막강한 브랜드가 된 오프라 윈프리에게는 바로 책이라는 자가 치유제가 있었다. 오프라 윈프리가 성공할 수밖에 없었던 것은 바로 책을 통해 그녀에게 좋은 영향력을 끼치는 사람들을 만났기 때문이다. 이처럼 책은 단순히 글자로 이루어진 텍스트가 아니라 독자로 하여금 이미지를 생산하고 그것을 수용하여 변화시키는 힘을 가지고 있다. 그녀가 책 속에서 만난 수많은 사람들이 그녀에게 사랑과 지혜를 선물했고 그녀는 책속에서 만난 사람들을 통해 그녀의 상처와 슬픔을 극복할 수 있었던 것이다. 그녀가 '오프라 윈프리 쇼'에서 함께 눈물을 흘리고 무릎을 꿇고 손을 잡고 공감하는 모습은 지켜보는 수많은 사람들을 감동시켰다. 오프라 윈프리가 인정받는 이유는 바로 그러한 진심어린 공감의 모습 때문이다. 만약 오프라 윈프리에게 내적인 상처가 없었다면 상처받은 이들에 대한 진심어린 위로, 사랑의 메시지 등이 전 세계 미국인을 감동시키지 못했을 것이다.

그녀의 아버지는 1주일에 반드시 책 1권을 읽도록 지도하였다. 오프라는 독서가 그녀의 삶에 끼친 영향을 십대 때 처음 읽은 책 마야 안젤로(Maya Angelou)의 『새장의 새가 노래하는 이유를 나는 안다(I Know

Why the Caged Bird Sings)』를 통해서 이렇게 말하고 있다. "나처럼 가난한 흑인이고, 남부 출신이며, 강간을 당하고 혼란의 늪에 빠진 사람이 희망과 가능성과 승리를 향해 걸어 나갔다는 사실과 '그 과정이 담긴 책을 내가 도서관에서 발견했다는 사실'이 나에겐 놀라움이었다." 라고 책이 준 영향을 말하고 있다.

오프라는 독서를 통해 희망을 얻고 삶이 제공하는 가능성에 눈을 떴다. 독서는 삶을 변화시키는 가장 기본적인 교육이며 독서를 통해 자신의 꿈을 이루는 가장 확실한 방법을 보여준 증인이기도 하다. 바로 개인의 내적인 치유가 사회에 긍정적인 영향을 만들어 내는 것을 보여주고 있다.

우리나라에도 독서광으로 유명한 세종이 있다. 세종이 책을 손에서 놓지 않았던 모습은 '백독백습(百讀百習)'에서 알 수 있다. 천성적으로 책을 좋아했을 수도 있지만 환경적인 것도 작용했다고 볼 수 있다. 그의 아버지 태종 이방원과 정도전의 목숨을 건 권력다툼 속에서 세종은 엄청난 상처와 정체성의 혼란을 느꼈을 것이다. 자신의 가치관과 현실 상황 속에서 매 순간 '정치란 무엇일까?', '국가란 무엇일까?', '인생이란 무엇인가?' 고민하였을 것이며 혼신의 힘을 다해 책속에서 답을 찾으려고 했을 것이다.

그 결과로 세종 자신의 정체성, 국가와 백성의 존재 이유, 더불어 삶에 대한 가치, 인간의 삶에 대한 가치를 책속에서 찾았을 것이다. 그것이 세종의 36년간의 통치철학인 '애민사상'으로 구현이 되고 백성들을 위한 수많은 제도와 발명들을 가능하게 했다. 그 중 하나가 훈민정음이고 측우기이며 각종 조세제도와 사회제도의 개혁들이 어려서부터의 끊임없는 고뇌의 결과로 생겨난 것이다. 이렇듯 집념을 가지고 추진했던 일들은 개인의 고민이 통치자로서의 역할로 발전이 되어서 현재까지도 수많은 사람들에게 긍정적인 영향을 미치는 결과로 남아있는 것이다.

세종 또한 백성들의 마음에 공감했기 때문에 이 모든 일이 가능했다. 백성들의 마음에 공감한 유명한 에피소드가 있다. 한글을 만들 때 많은 사대부들이 죽음을 불사하면서 반대했다. 치열한 쟁론과 결사반대를 하는 사대부들에게 세종이 마지막 던진 질문은 이것이었다.

"통치란 무엇이며 누구를 위한 통치냐?"

신하들은 그 질문에 답을 하지 못했다. 그때 세종이 "통치라는 것은 소수가 권력을 행사하는 것이 아니라 다수의 백성들을 위해 통치를 하는 것이다."라고 말한다. 그러니 사대부들을 위한 통치를 하는 것이 아니라 무지렁이 백성들도 같이 살아가는 것이 통치라고 이야기한다. 사대부들은 더 이상 할 말이 없어졌다. 이들은 사대부 중심의 사고를 가지고 있었다. 그들의 머릿속에는 사대부를 위한 제도, 사대부들을 위한 법만이 가득 채워져 있었다. 세종의 생각이 그들에게는 이해할 수 없는 것들이었고 그 시대에는 가히 혁명적인 것이었다. '상것들, 천한 것들을 위한 통치'였을 것이다. 왕정의 시대에 공화국적인 통치사상을 가지고 있었던 것이다. 세종은 수백 년을 앞서는 정치사상을 신하들에게 전한 것이다. 신하들은 아무도 할 말을 못하고 반대를 할 수 없었다. 사대부들은 세종의 생각이 자신들의 그것과 차원이 다른 것임을 알 수 있었을 것이다.

이처럼 그에게 백성들을 향한 사랑과 공감이 가능했던 것도 독서를 통해서 가능했던 것이다. 어린 시절부터 책을 가까이 하고 병중에서도 책을 놓지 않고, 자기 자신만 책을 반복적으로 읽은 것이 아니라 다른 사람들에게도 독서를 장려하고, 끊임없이 책을 통하여 배우기를 멈추지 않은 땀의 결실이 세종 시대에 문화 부흥으로 나타났던 것이다. 책을, 답을 줄 수 있는 지혜의 보고라고 생각하고 책과의 대화를 통해서 자신의 것으로 만드는 일이 가능했던 것이다.

또한 조선후기 실학자 이덕무의 『이목구심서』에는 글을 읽는 것이 가난한 삶을 이겨내는 데 얼마나 큰 도움이 되는지를 술회하고 있다.

“한겨울 군불도 때지 않은 방에 누워 벌벌 떨며 잠을 못 이루는데 이웃집에서 잔치하고 웃고 떠드는 소리에 미쳐 발광할 것만 같았다. 못 견디고 벌떡 일어나 큰 소리로 『논어』 몇 장을 읽자 미친 기운이 사라지고 이 정도 시련쯤은 견뎌 낼 수 있겠다는 강개한 기운이 솟구쳤다.”고 했다. 성현의 말씀에는 바른 기운이 깃들어 있어서 흩어진 마음을 되돌려 세우고, 가눌 길 없는 기분을 다잡아 가라앉혀 주게 되고 그러한 책을 읽을 때 마음을 모아 정진할 수 있다고 이야기하고 있다. 이처럼 가난함, 정신의 혼란함 등을 바로잡아 줄 수 있는 것이 독서의 힘이다. 텍스트를 읽어내려 가면서 이미지를 그려내고 그것이 카타르시스, 동일시, 통찰로 이어지면서 치유적 힘이 생기는 것이다.

상처와 외로움, 내적 치유가 필요한 이들이 어린 시절의 개인적인 상처들을 가치 있게 승화시키게 된 데에는 바로 책이 있었기에 가능했던 것이다. 산이 높은 만큼 골이 깊듯, 업적이 높은 것은 그만큼 내적인 골이 깊었기 때문이었다. 오프라 윈프리와 세종이 평범한 사람들도 이루기 어려운 업적을 이룬 것은 바로 이러한 개인적인 깊은 상처들을 책의 치유의 힘을 통하여 승화시킨 결과라고 할 수 있다. 그들이 갖고 있었던 깊은 상처들이 혼자만의 것이 아니라 독서를 통해 수많은 사람들의 인생 이야기를 읽으면서 책속에서 인간의 삶을 이해하고 자기치유도 이해하고 더불어 많은 사람들에게 영향을 미치게 된 것, 그것이 독서의 힘이다.

결국, 책을 읽고 치유한다는 것이 개인의 치유나 내적인 성찰로 그치는 것이 아니라 그것이 확대되고 발전되면서 자기 자신을 넘어 주변 사람을 넘어 사회와 국가를 위해 이바지하고 더불어 살아가는 사회의 관계까지, 공공의 목적까지 확대될 수 있는 것이 독서의 효과이다. 독서를 통해 가치 있는 인생을 만들어 갈 수 있는 것이다.

2. 독서치료(Bibliotherapy)

이처럼 책을 통하여 심리적으로 안성을 찾고 치유의 효과에 주목한 것이 독서치료이다. 책의 심리 · 정서적 치료효과에 주목한 학문이 바로 독서치료(Bibliotherapy)이다.

인류의 역사에서도 책이 치료적 효과가 있다는 것을 보여주는 흔적이 있다. 그리스의 철학자 아리스토텔레스의 『시학』에는 "비극은 드라마적 장식을 취하고 서술적 형식을 취하지 않으며, 연민과 공포를 환기시키는 사건에 의하여 바로 그러한 감정의 카타르시스를 행한다."라고 쓰여 있다. 이는 그 시대 사람들도 문학이 사람들의 감정을 정화할 수 있다는 사실을 알고 있었다는 사실을 암시하는 대목이다. 고대 테베의 도서관에는 '영혼을 치유하는 장소'라는 명칭이 붙어 있었고, 중세 스위스의 성 갈(St.Gall) 수도원 도서관에는 '영혼을 위한 약 상자'라는 글귀가 새겨져 있었다. 기원전 4,000년경 일개 양치는 목동에서 이스라엘의 왕이 된 다윗이 기원전 1030년 즈음에 남긴 시편들에서도 인간의 희로애락의 감정을 진솔하게 표현하여 글이 보여주는 심리 · 정서적 효과들을 볼 수 있다.

현대에 와서는 독서의 치유적 효과를 임상 장면에 구체적으로 적용한 사람들이 있는데 미국의 경우 1751년 펜실베이니아 병원을 세우면서 정신질환 환자들을 위하여 읽기, 쓰기, 그들이 쓰는 글을 출판하는 것을 포함하는 처방을 내렸고, 미국 정신의학의 아버지로 불리는 벤자민 러쉬(Dr. Benjamin Rush)는 음악과 문학을 효과적인 보조처방으로 소개하였다. 정신분석학의 아버지인 지그문트 프로이트(Sigmund Freud) 역시 정신질환 치료에서 문학을 이용하여 치료의 가능성을 제시한 사람이었다.

이처럼 독서를 통하여 '책이나 문학을 의료적으로 사용하는 것'이라는 독서치료(Biblitherapy)의 용어를 1916년 사무엘 크로더스(Samuel Crothers)가 제시하기도 하였다. 이러한 독서치료의 방법은 정신과 환자들에게 책을 선정해 주고 활용하도록 도와주어 효과를 보게 하였고 병원도서관 사서들에게 적극 수용되었다.

체계적인 임상학문으로 자리를 잡게 된 것은 최근 100여 년에 미국과 유럽이라는 토양 위에서였다. 세계 1차와 2차 대전에서 많은 심리적 트라우마를 지닌 내담자들을 양산하게 되었고 이들에게 책을 선정하여 읽게 한 경우 같은 부상의 정도라도 책을 읽은 사람이 그렇지 않은 사람에 비해 현저하게 치료 효과가 높은 점을 발견하게 되었다. 같은 조건에 치료의 효과가 차이가 있다면 변인은 '독서'라고 생각하고 체계적인 임상을 시작해서 독서치료의 학문적인 연구가 시작된 것이다.

정신과 질환을 앓는 환자들에게 치료적 효과가 있는 문학, 비문학 도서를 발굴하고 분류하여 소개하려는 노력은 오늘날까지도 사서들에 의하여 하나의 흐름으로 발전하고 있다.

독서치료가 하나의 임상학문으로 발달하게 된 데에는 심리학의 발달이 중요한 요인 중 하나이다. 독서치료는 프로이트의 정신분석학과 인지치료 이론에 이론적인 배경을 두고 있다. 독서치료에서는 책을 읽으면서 독자가 보이는 심리역동을 중요시하는데 그 중에서도 동일시의 원리, 카타르시스의 원리, 통찰의 원리를 통하여 책을 읽고 좀 더 독자로 하여금 심리역동의 순기능을 강조하고 있다. 이러한 역동에 도움을 줄 수 있는 상담자가 있다면 책의 치유적 효과는 배가 될 것이다.

3. 독서치료의 원리

독서치료는 매체중심의 상담의 일종으로 내담자와 상담자 사이에 간접적인 의사소통의 매체인 책(문학작품이나 self-help book)을 개입시켜 상담의 저항을 최소화하는 상담의 한 방법이라고 할 수 있다. 상담이라고 하는 것은 문자적으로 해석하자면, 도움을 받고자 하는 사람이 도움을 주는 사람을 만나 어떤 문제를 해결하기 위해 서로 대화하는 것이다. 독서치료는 음악치료, 미술치료, 놀이치료, 드라마치료 등과 같이 매체중심의 상담으로 볼 수 있다. 독서치료는 훈련받은 상담자가 있다면 더욱 효과적이겠지만 오프라 윈프리나 세종, 이덕무의 경우처럼 상담자의 개입 없이도 내담자 스스로가 치료적 효과가 있는 책을 읽고 자기 문제를 해결할 수 있다고 가정한다는 점에서 다른 상담과는 다른 점이 있다.

독서치료에서는 내담자, 치료적 효과가 있는 책, 상담자가 중요한 요소이다. 적절한 시기에 적절한 내담자에게 적절한 책을 연결시키면 치료적 효과가 일어난다고 본다. 책과 내담자의 치료적 상호작용을 통하여 효과적으로 책의 치유 효과를 경험할 수 있다. "사람은 상처를 입힐 수 있으나 책은 상처를 주지 않는다."라는 말처럼 상처는 대인관계에서 비롯되는 것인데, 책은 본질적으로 간접적인 의사소통 방식을 취하고 있기 때문에 책을 읽는 것만으로도 치유효과를 경험할 수 있다. 이처럼 책을 읽고 상담자와 함께 '말을 통한 치유(talking cure)'를 하게 된다. 책을 매개로 하여 말을 하게 되는 상담에서 내담자의 '저항(resistance) 문제가 책을 통해서 최소화 될 수 있다. 독서치료는 책을 읽는 과정을 통하여 책이라는 도구를 개입시킴으로써 이러한 상담의 저항 문제를 최소화 할 수 있다는 장점이 있어서 심리상담의 중요한 방법으로 소개되기도 한다. 또한 독서치료는 내담자에게 자신의 문제를 해결할 수 있는 직접적인 양질의 정보를 제공하고 있어서 연극이나 놀이, 음악, 미술관 같이 표현만을 강조하는 다른 매체에 비해 탁월한 강점을 가지고 있다.

책을 읽으면서 독자의 마음속에서 일어나는 심리역동에 대한 이해가 필요한데 이것은 발문을 통해 가까이 접근할 수 있다. 발문(질문)은 '미지의 세계로 들어가는 열쇠'와 같다고 이야기하는데 이처럼 질문을 받을 때 한 번도 생각해 보지 않았던 시각이 열리기도 하고 잊어버렸던 것을 다시 회상하기도 하며 헝클어진 생각을 정리하는 계기가 되기도 한다. 독서치료에서는 질문을 통하여 내담자로 하여금 문학적 텍스트에 몰입할 수 있도록 이끌고 동일시, 카타르시스, 통찰이 더 잘 일어날 수 있도록 촉진할 수 있다.

인간은 자신이 갖고 있는 문제를 무의식적으로 억압하게 된다. 본래 가지고 있던 인간의 욕구들이 현실상황에서 제대로 배출되지 못하고 무의식적으로 억압되어 있을 때 해소할 분출구를 찾게 된다. 따라서 책을 읽으면서 자신이 의식하지 못했던 억압된 감정들을 찾아내어 분출시킬 수 있도록 도와줄 수 있다. 상담자의 개입을 통하여 책을 읽으면서 등장인물들에게 반응하는 자신을 관찰하도록 함으로써 객관적으로 자신을 관찰하고 건강한 자아를 기르도록 도와줄 수 있다. 이것이 독서치료에서 카타르시스의 원리라고 할 수 있다.

독서치료에서는 주로 문학을 텍스트로 사용한다. 시나 소설 동화와 같은 문학적 텍스트를 읽어가는 가운데 등장인물과 자신을 비슷하다고 생각하는 것이 동일시(identification)이다. 등장인물 중에서 특정한 사람에게 호감이 가거나 혐오감을 느끼는 것이 긍정 혹은 부정의 동일시라고 볼 수 있는데 이를 프로이트의 정신분석적 개념에서 본다면 전이의 한 과정이라고 볼 수 있다.

예를 들면 "등장인물 가운데 누가 네 처지와 가장 비슷하니?" 이렇게 묻는 것은 가장 직접적인 동일시 질문이라고 할 수 있다. 이것이 가장 단순한 텍스트 수준의 질문이고 좀 더 창의적으로 "등장인물 가운데 혐오스러운 사람이 있다면 누구를 선택하겠니?", "등장인물 중에 가장 인상적인 인물은 누구니?" 혹은 "네가 그에게 혐오감을 느끼는 이유는 무엇이니?"와 같은 발문을 통하여 책속의 등장인물에서 자기 자신에게로 이야기를 전환하고 생각의 흐름을 바꾸어 주게 된다. 그리고 무의식적으로 억압했던 감정들을 의식의 수준으로 끌어올려 발산시켜 주어 카타르시스, 감정의 정화를 경험하도록 돕는 것이다.

심리적 문제가 있는 경우 책을 읽으면서 자신의 문제와 함께 수반되는 분노나 슬픔, 좌절감 같은 문제 때문에 자신과 문제를 분리시켜 객관적으로 보는 힘이 약하게 된다. 이런 현상을 좁은 시야(narrow eye)라고 하는데, 통찰(insight)은 동일시와 카타르시스 다음에 오는 심리적 과정으로 부정적 감정에서 카타르시스를 경험하면 통찰이 가능하게 된다. 통찰이란 자기 자신이나 자기 문제에 대하여 올바르고 객관적 인식을 갖게 되는 것으로 책속에서 자신과 비슷한 문제에 봉착한 책 속의 등장인물이 어떻게 그 문제를 생산적으로 해결해 나가는지 깨닫고 도움으로 통찰이 일어나게 된다. 책속의 등장인물들이 역할 모델이 되어 주는 것이다.

자신도 알 수 없었던 심리적 문제의 기원과 그 증상들을 완화시켜 주고 언어를 통하여 발산하게 해주며 심리적 안정과 자기계발, 폭넓은 세계를 인식하게 되고 성현들의 지혜를 자신의 지혜로 접목시켜 자신만의 브랜드, 지평을 넓혀 갈 수 있는 것이 독서의 힘이다. 또한 사람과 사람 사이, 대인관계에서 받은 상처들을 자신에게 적합한 좋은 책을 읽음으로 상처 난 곳에 연고를 바르듯 빠르게 치유할 수 있는 것이 독서의 치유적 힘이라고 할 수 있다. 오프라 윈프리, 세종, 이덕무의 경우처럼 자신의 처한 환경이 원하는 대로 되지 않아 괴로울 때, 책에서 위로를 얻고, 자신의 정서나 감정을 통제할 힘을 얻고 긍정적으로 삶을 변화시킬 수 있는 것이 독서의 위대한 힘이라고 할 수 있다.

참고문헌

- 박현모, 『세종처럼』, 미다스북스, 2012.
- 이영식, 『독서치료 어떻게 할 것인가?』, 학지사, 2006.
- 정민, 『오직 독서뿐』, 김영사, 2013.

티피 드그레 『동물과 대화하는 아이 티피』 중에서

독서로의 안내

진중권 『놀이와 예술 그리고 상상력』 중에서

천재들은 마음의 눈으로 관찰하고
머릿속으로 형상을 그리며 모형을 만들고
유추하여 통합적 통찰을 얻었다.
- 이들의 창조적 사고가 없었다면
문학 · 예술 · 과학 등 모든 분야에서 오늘과 같은 발전을
이루기 어려웠을 것이다.

이어령

자아의 발견

01

A. 지금의 나는 누구일까

『이상한 나라의 앨리스』 & 『프랑켄슈타인』

눈이 빨간 흰 토끼 한 마리가 "이런, 큰일 났군! 큰일 났어! 이러다간 늦겠는데!"라고 중얼거리며 앨리스 옆을 황급히 지나간다. 앨리스는 토끼가 주머니에서 회중시계를 꺼내 시간을 확인한 후, 허둥지둥 달려가는 것을 보고 그를 쫓아가기 시작한다. 이 장면은 우리가 어린 시절에 읽었던 루이스 캐럴(Lewis Carroll)의 〈이상한 나라의 앨리스〉(Alice's Adventures in Wonderland, 1865)라는 것을 짐작할 수 있다. 사실 이 작품은 일관성 없는 줄거리, 갑작스런 전환, 산문체와 운문체의 혼합, 유쾌하지 않은 등장인물들 때문에 어린이들이 읽기에 쉽지 않다. 루이스 캐럴 연구의 권위자라고 할 수 있는 마틴 가드너(Martin Gardner)도 20대에 앨리스 이야기를 다시 읽으면서 자기가 어렸을 적 놓친 것을 발견하고 황홀경에 빠졌다고 고백하기도 했다. 〈이상한 나라의 앨리스〉는 어린 시절에 읽었던 것과 다르게 성인이 되어 다시 읽으면 새로운 시점이 보이는 책이다.

몸의 변화가 정신의 변화에 영향을 주는가

토끼굴로 들어간 앨리스가 처음부터 이야기 마지막까지 고민하는 문제는 '몸의 치수 변화'이다. 앨리스가 토끼굴 바닥에 떨어져서 처음 마신 액체는 몸을 25센티미터로 줄여놓더니, 그 뒤에 먹은 케이크는 머리가 천장에 쿵 하고 부딪힐 정도로 몸을 엄청나게 키워놓는다. 혼란해진 앨리스는 "내가 같은 사람이 아니라면, 다음에 질문은 말이야, 도대체 내가 누구인 거지? 아, 이건 정말 대단한 수수께끼네!"[1]라고 고민한다. 이는 앨리스의 자아 정체성의 문제와 연결된다. 몸의 변화가 정신의 변화에 영향을 준다[2]는 점을 적나라하게 보여주기 때문이다.

앨리스의 정체성 문제는 앨리스가 애벌레를 만날 때 절정에 이른다. 애벌레는 앨리스를 보자마자 "넌 누구냐?"라고 질문을 한다. 앨리스는 기어들어가는 목소리로 답한다. "저, 지금은 잘 모르겠어요. 오늘 아침에 일어났을 때는 제가 누구인지 알았거든요. 하지만 그때부터 지금까지 아무래도 여러 번 바뀐 것 같아요(루이스 캐럴, 67)." 전에 알고 있던 것들도 잘 생각이 나지 않는다는 사실을 앨리스는 고백하며 울어버린다.

그러나 애벌레는 앨리스를 동정하기는커녕 "네가 누군지 말해보라

---

1) 루이스 캐럴, 김경미 역, 『이상한 나라의 앨리스』, 비룡소, 2010, 27쪽.

2) 서양 철학에서 몸에 대한 집중적인 관심은 주로 20세기 후반에야 이뤄졌다. 정신과 육체의 이분법은 서양 사상사의 오랜 전통이다. 이것은 인간의 삶을 이해하는 인식 도구로서 나름대로 기능을 한다. 몸의 변화가 정신과 마음에 변화를 일으켜 정체성을 구성하는 데 중요하게 작용한다. 여러 차원에서 몸의 변화가 마음과 영혼에 변화를 일으키며 정체성을 구성한다. '옷이 날개'라는 속담은 옷이 사람의 신체를 달리 보이게 함을 말해주지만, 그 날개가 또한 정신을 조정할 수 있다는 뜻도 내포한다.

니까!"라고 다그친다. 애벌레는 앨리스에게 키가 얼마 정도면 좋겠는지 묻는다. 그러자 앨리스는 크기가 문제가 아니라 너무 자주 변하는 게 문제라고 답한다. 바로 앨리스의 고민은 '변화'가 문제라는 점을 강조한다. 앨리스는 경험(애벌레는 앨리스에게 몸 크기를 바꿀 수 있는 비밀을 가르쳐 준다.)을 통해 스스로 상황에 맞추어 몸의 크기를 능숙하게 변화시킬 줄 알게 된다. 자신감이 없던 앨리스는 누구에게든 자신 만만하게 큰소리 칠 때는 자신의 원래 크기로 돌아온다. 그리고 이야기 마지막 부분에서 앨리스는 법정에서 당당하게 큰소리를 치고 '이상한 나라'에서 현실 세계로 돌아온다. 이러한 앨리스의 모험담은 정체성으로 고민하는 현대인에게 생각하는 문제와 해답을 찾을 수 있다.

나의 이름은 없다

몸과 더불어 '이름'에 대한 정체성으로 고민하는 한 남자가 있다. 우리는 프랑켄슈타인을 잘 알고 있다. 그 모습을 묘사하라고 한다면, 엄청나게 큰 거구, 기형적으로 벌어진 어깨, 여기저기 꿰맨 자국들, 반쯤 감은 듯 일그러진 눈, 붉은 혈관이 드러날 정도로 헤진 피부 등으로 그릴 것이다. 프랑켄슈타인이라는 이름은 한 마디로 '괴물'을 연상하게 한다.

그런데 사실 작가인 메리 W 셸리(Mary W. Shelley)가 19세라는 젊은 나이에 쓰기 시작해서 21세인 1818년에 출판한 〈프랑켄슈타인〉(Frankenstein)[3]에서 프랑켄슈타인은 괴물을 만든 사람의 이름이다. 그

3) 『프랑켄슈타인』의 이야기는 특이한 서술 구조를 취하고 있다. 어느 한 화자가 단선적으로 풀어나가는 이야기가 아니라 세 사람의 화자가 등장한다. 월턴 선장의 이야기가 맨 가장 자리를 차지하고 있으며 다음에 프랑켄슈타인의 이야기가 이어진 이후, 괴물의 이야기가 한 가운데를 차지하고 있다. 한 가운데 있는 괴물의 이야기 다음에 프랑켄슈타인의 이야기가 이어지며, 다시 월턴의 이야기로 마감된다.

가 빅토르 프랑켄슈타인(Victor Frankenstein)이고 괴물은 이름이 없다. 그래서 소설 속에서는 그냥 '괴물(monster)'이라고 불리거나 다른 추악한 말들로 불린다.

'이름 없는 존재'인 괴물의 이야기를 시작해 보자. 청년 과학도 빅토르 프랑켄슈타인은 사물에 생명을 불어넣을 수 있는 비법을 발견하고는 여러 시체로부터 얻은 인체의 각 부위를 접합해서 인간을 닮은 생명체를 창조한다. 그러나 프랑켄슈타인은 자신의 피조물이 너무나 추하고 무서워서 실험실에서 도망친다. 그리고 자신이 만든 피조물에 이름을 붙여주지 않은 것이다. 이름도 없이 홀로 남은 괴물은 세상에 첫발을 내디디면서 다른 사람들에게는 부정한 존재가 된다. 아무도 그를 부를 수 없다는 사실은 존재 자체가 부정될 가능성을 의미한다. 탄생한 뒤 이름이 없다는 것은 비극의 시작이다.

괴물은 자신을 창조한 프랑켄슈타인을 찾아가 처절하게 외친다. "프랑켄슈타인, 나는 당신의 피조물이라는 것을 잊지 마시오. 나는 당신에게 아담과 같은 존재여야 하는데, 당신은 나를 타락한 천사로 취급하는군요. 나는 누구일까? 나는 무엇일까? 어떻게 해서 생겨나게 되었지? 내 운명은 무엇일까?"[4] 그리고 괴물은 빅터에게 약혼녀를 만들어 달라고 한다. 그가 정체성을 가질 수 있는 유일한 방법은 하나의 가정을 이루는 것이다. 그 누구의 아들도 그 누구의 형제도 아닌 이상, 그는 누군가의 남편이자 아버지가 되고 싶어 한다.

〈프랑켄슈타인〉의 이야기에서 비극의 조건은 작지만 치명적인 이름의 문제이다. '이름이 없다'는 조건이 '괴물' 또는 '악마' 같은 다른 일반적 호칭에 가려져 있기 때문에 비극적인 상황에까지 이른다. 이름을

---

4) 메리 W. 셸리, 오숙은 역, 『프랑켄슈타인』, 열린책들, 2011, 170쪽.

불러준다는 것은 모든 낯설고 어색한 관계를 극복하게 해 준다. 그럼으로써 너와 내가 관계를 맺게 해주는 역할도 한다. 이름을 부른다는 것은 상대를 온전하게 인정한다는 뜻이며 관계가 시작됨을 의미한다. 서로 이름을 불러준다는 것은 상대에게 의미 있는 무엇이 되겠다는 신호이기도 하다.

> 내가 그의 이름을 불러주기 전에는
> 그는 다만
> 하나의 몸짓에 지나지 않았다.
>
> 내가 그의 이름을 불러주었을 때
> 그는 나에게로 와서
> 꽃이 되었다.

김춘수의 「꽃」이라는 시처럼 한 행 한 행 이름을 불러줬을 때 하나의 정체성, 하나의 사회적 자아가 형성된다. 괴물은 우리에게 존재에 대한 정체성의 문제와 더불어 이름의 중요성을 상기시켜 준다.

■ 루이스 캐럴, 김경미 역, 『이상한 나라의 앨리스』, 비룡소, 2010.
■ 메리 W 셸리, 오숙은 역, 『프랑켄슈타인』, 열린책들, 2011.

讀 & talk

1. 〈이상한 나라의 앨리스〉에서 변태(變態)를 거쳐 나비가 되어야 하는 애벌레의 정체성은 무엇일까?
2. 몸의 변화가 정신과 마음에 변화를 일으켜 정체성을 구성하는 데 중요한 역할을 한다. 흔히 지나치는 것이지만 화장과 머리 모양도 마찬가지이며 옷도 사람의 정신과 마음에 변화를 일으키는 원인이 된다. 그렇다면 어떠한 몸의 변화가 우리의 정체성에 영향을 많이 주는지 생각해 보자.
3. 자신의 이름에 대해 생각해 보고, 어떤 이름풀이를 가지고 있는지 키워드를 작성해 보사.

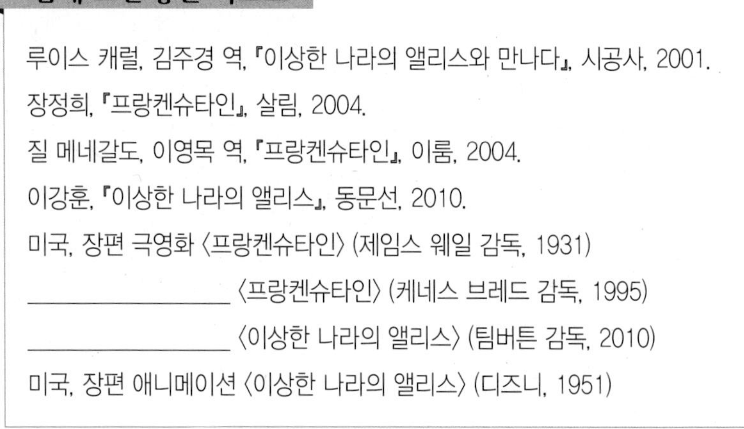

함께 보면 좋은 텍스트

루이스 캐럴, 김주경 역, 『이상한 나라의 앨리스와 만나다』, 시공사, 2001.
장정희, 『프랑켄슈타인』, 살림, 2004.
질 메네갈도, 이영목 역, 『프랑켄슈타인』, 이룸, 2004.
이강훈, 『이상한 나라의 앨리스』, 동문선, 2010.
미국, 장편 극영화 〈프랑켄슈타인〉 (제임스 웨일 감독, 1931)
_________________ 〈프랑켄슈타인〉 (케네스 브레드 감독, 1995)
_________________ 〈이상한 나라의 앨리스〉 (팀버튼 감독, 2010)
미국, 장편 애니메이션 〈이상한 나라의 앨리스〉 (디즈니, 1951)

B. 우리는 진정 자유로운가

『자유로부터의 도피』 & 『우리들의 일그러진 영웅』

자유(自由)는 그 명백한 개념만큼 쉽게 실현되는 것은 아니다. '어째서 자유에는 피의 냄새가 섞여 있는가를 / 혁명은 왜 고독한 것인가를'(김수영, 〈푸른 하늘을〉)이 한 시대에 머물 시행이 아닌 것은 그 '피'나 '고독'이 실행됨으로써만 일상에서의 자유도 확보될 수 있기 때문이다.

과거 왕권과 신권(神權)이 확립돼 있고 신분제가 엄격하던 시기에는 오히려 자유가 간단한 문제였을지도 모른다. 현대의 관점에서 볼 때 웬만한 것들은 이미 결정돼 있었으므로 그때의 사람들 대부분은 소위 '등 뜨시고 배부를' 문제에 관해서만 궁리하면 됐기 때문이다. 애초에 못 올라갈 나무는 쳐다보지도 않았기 때문에 사서 맘고생할 일도 없었다.

그러나 종교와 신분의 자유가 주어지자 인간들은 오히려 힘들어 하게 됐다. 삶의 눈높이가 무한정 치솟은 데에다, 자유가 더 허용될수록 개인적으로 결정, 시행해야 하는 일들이 전방위적으로 증가했기 때문이다. 모든 것이 가능하다지만 이뤄진 것은 별로 없는 상태이기에 인간은 오히려 거기에서 달아나려고 하는 것이다.

'자유로부터의 도피'는 그러한 심리적 현상에 대한 에리히 프롬의 명명(命名)이다. 근대인은 절대적 속박 상태에서 벗어난 영광스러운 자유인이지만, 그 자유에 값하는 '피'와 '고독'에는 무기력한 존재일 수 있음을 묘파했던 것이다.

『우리들의 일그러진 영웅』에서도 자유를 두려워하고 속박에 위안을 느끼는 '자유로부터의 도피' 현상이 목격되니, 그 모습은 다름 아닌 우리의 자화상이기도 하다. 처음에는 부정과 압제에 저항하는 자유의 정신을 발휘하는 듯했으나 결국엔 그 절대 권력에 타협, 굴복하고 나아가 속박의 달콤함을 탐닉했던 한병태의 모습이 그러한 것이다.

젊은 담임선생님이 부임하면서 그 속박됨의 나타(懶惰)가 분쇄되고 안전이 보장되자, 속박에 길들어 있던 급우들이 저간의 압제 사정을 폭로하고 저마다의 자유를 구가한다. 다만 한병태는 그러한 대열에 쉽게 동참하지 못한다. 속박에 분연히 맞섰던 자아와, 그 자유에서 도피했던 또 다른 자아 사이에서 그의 페르소나(persona)는 부유(浮游)하고 있었던 것이다.

자유는 결코 만만한 문제가 아니다. 어떤 개인이라도 그가 속한 집단과 사회에서 특정한 규율의 적용을 받게 마련이며, 거기에는 그저 따르기에는 의문스러운 내용들도 포함될 수 있기 때문이다. 더욱이 어떤 커뮤니티든 상당한 규모가 되면 부당한 이익을 추구하는 세력이 자생할 수 있고, 그것들이 더욱 고도화하면 부지불식간(不知不識間)에 자유의 숨통이 조여질 수도 있게 된다. 규모가 클수록, 기대 이익이 높을수록 그 집단에는 '불편한 진실'이 개재될 공산이 높은 것이다. 거대 기업, 공공기관의 시책과 사업, 국가 간 교류나 무역 같은 데에서 간혹 노출되는 문제는 빙산의 일각일 뿐이다.

개인들이 자유의 정신을 일상에서부터 발휘하고 그것을 구현하는 일은 대단히 중요하다. 그러한 모습이 일반화할 때 그 사회와 개인들은 공정(公正)을 보장받을 수 있고, 거기에서 이익에 굴하지 않는 자유가 만개할 수 있는 까닭에서다. 그러나 비판적 사고와 문제제기의 정신을 결여한 채, 소속 집단이나 사회의 불합리한 지침·규정을 애써 순행(順行)하고 목전의 이익에만 골몰하는 얄팍한 태도로는 거듭 21세기판 노예로 살 수밖에 없다.

대학생으로 묘사하면, 학점이나 각종 스펙을 높이기 위한 이익 '투쟁'에서는 혈기를 드러내지만, 수업과 학내 및 사회의 불합리와 모순에 대해서는 행여 손해를 볼까 우려하여 온순함으로 위장하는 모습이다. 높은 등록금과 생활비는 불평하면서도 관련된 사회적 의제(議題)에 대해서는 운동(movement)은커녕 고민도 거의 하지 않는다. 일자리와 금전적 이익을 위해서만 달려 다닐 뿐이다. 시간이 나면 친구를 만나고 데이트를 하면서 위로를 받는다. 그러다 보면 남는 시간이 별로 없지만, 과제 제출을 위해 가끔 도서관에 들르고 시험 기간에는 확실한 시험 족보와 좌석 확보 경쟁에서 승자가 되기 위해 애쓴다. 고학년이 되면 자격 취득과 관련된 책과 자료들을 쌓아놓고 다시금 수험생의 전의를 불태운다.

현재 한국사회에서 썩 열심히 산다는 대학생의 모습이 이렇다. 하지만 안타깝게도 개인 문제와 이익에만 얕은꾀로 열중하는 식이라서, 근원이나 거시적 문제를 다루는 데 필요한 소양은 잘 배양되지 않는다. 이런 상태에서는 시야가 좁혀지고 사고의 폭과 깊이가 감소하는 뇌로서의 구조화가 가속화할 수밖에 없다. 잔기술을 기를 수 있을지언정 창의적 아이디어는 점점 메말라가는 형국이니, 아주 잘해봐야 기득권층의 바짓가랑이에 매달릴 수 있을 뿐이다.

자유 의지에 따라 자신의 정체성과 인생과 진로를 파악하고 선택하는 일을 다시 시작해 보자. '새파랗게 젊다는 게 한 밑천'임을 되뇌며 용기를 발휘하자. 때로는 자유를 위해 '피'를 흘리고 '고독'하겠다는 다짐도 하면서 ….

■ 에리히 프롬, 원창화 역, 『자유로부터의 도피』, 홍신문화사, 2006. (Erich Fromm. *Escape from Freedom*)
■ 이문열, 「우리들의 일그러진 영웅」, 『우리들의 일그러진 영웅(1987년도 제11회 이상문학상작품집)』 개정판, 문학사상사, 2006.

讀 & talk

1. 모든 현실적 조건을 백지화(白紙化)한 상태에서, 자신이 '누구'였는지 회상한다. 당시 좋아했던 것, 꿈꿨던 일도 함께 떠올려 본다.
   그 내용들을 기록–정리한 후, 꿈의 전환 과정을 간단한 도식(圖式)으로 나타내 보자. 이제 '자유'에 입각하여 그 꿈들의 성격과 전환의 의미를 분석해 보자.
2. 현재 자신의 처지와 입장에서 자유와 관련하여 제기해야 하는 문제가 무엇인지 생각해 보자.
3. 양극화가 심화되고 있다. 표면상으론 자유주의 시대이지만 그 내면에는 새로운 차원의 신분과 서열 질서가 고착화하는 실정이다. 상류층일수록 기득권을 지키기 위해 수단과 방법을 가리지 않는다. 그 두텁고 견고하게 둘러쳐진 장벽에 도전하는 일은 목숨 거는 일 이상이다.
   문제는 그러한 현상과 심리가 현대 한국의 사회와 일상 곳곳에서 숙주(宿主)처럼 퍼져나간다는 데 있다. 가능한 범위와 수준에서 자신들의 기득권을 생성–유지하려는 풍조가 만연한 것이다. '넘사벽'이란 은어에는 이러한 사회 심리가 함의돼 있다. 그것은 상승에 대한 자조(自嘲)일 뿐 아니라 그 노력들에 대한 냉소이기도 하니, 상층에 억눌린 심리가 다시 하층을 억누르려는 심리로 되살아나는 것이다.
   이제 '자유'의 시각(視覺)에서 한국사회의 이러한 현상과 심리를 토론하되, 초 · 중 · 고 시절의 학교생활과 교유(交遊) 관계에서 체험한 소위 '일진'이나 '(왕)따' 문제에서 시작해 보자.

함께 보면 좋은 텍스트

장자(莊子), 오강남 풀이, 『장자』, 현암사, 1999.

임어당(林語堂), 원창화 역, 『생활의 발견』, 홍신문화사, 2007. (Lin Yutang. *The Importance of living*)

쇼펜하우어, 홍성광 역, 『의지와 표상으로서의 세계』, 을유문화사, 2009. (Arthur Schopenhauer. *Die Welt als Wille und Vorstellung*)

크리슈나무르티, 권동수 역, 『자기로부터의 혁명』 1~3, 범우사, 1982. (Jiddu Krishnamurti. *The First and last freedom.*)

존 스튜어트 밀, 서병훈 역, 『자유론』, 책세상, 2005. (John Stuart Mill. *On liberty*)

주디스 리치 해리스, 곽미경 역, 『개성의 탄생 : 나는 왜 다른 사람과 다른 유일한 나인가』, 동녘사이언스, 2007. (Judith Rich Harris. *No two alike : human nature and human individuality*)

C. 극한 상황에서의 인간성은 보편적인 것인가

『감옥으로부터의 사색』 & 『이오지마에서 온 편지』

서로 다른 종류의 비인간적 극한 상황에 놓인 두 인물이 있다. 그리고 그들은 가족에게 편지를 썼다. 한 명은 억울하게 누명을 쓰기는 했지만 공식적으로는 무기징역을 선고받고 투옥된 정치사상범, 다른 한 명은 2차 세계대전의 최대 격전지에서 2만여 명의 장병과 함께 기꺼이 자신의 조국 일본을 위해 옥쇄(玉碎)한 장군이다. 분명 그 생활 여건과 생존 방식에서 차이가 나는 환경이지만, 무기징역을 선고받은 입장에서 평생토록 신체적 자유를 구속받는 감옥이나 서로의 생명을 담보로 전투를 벌여야 하는 전장은 그 공간 속의 인간을 너무나 비인간적으로 만드는 극한 상황임에는 다름이 없다.

옥중서간. 어찌 보면 여느 책들과 다를 바 없어 보이는 『감옥으로부터의 사색』이 우리로 하여금 저자의 깊은 내면의 모습을 그려볼 수 있게 해주고 저자의 여러 생각을 진실되게 전해 줄 수 있는 이유는, 사회와는 격리된 감옥이라는 특수한 환경 속에서 길고 긴 시간을 보내야만 하는 필자의 상황이 평범한 일상을 살아가는 우리에겐 익숙치 못하기 때문일 것이다. 일반 사람들이 묻혀 살아가는 일상으로부터 격리된 채로 제3자의 입장에서 바라볼 수 있다는 사실이 보다 근본적인 이유일지도 모른다.

신체적 구속을 정신의 해방으로 승화시키는 깊은 사색, 자기 성찰, 끊임없는 연학(硏學)은 감옥이라는 비인간적 공간 속에서 침해된 외부적 인간성을 내부로부터 보존하는, 아니 오히려 확장시켜나가는 한 수단이 된다. 신체적 부자유로 인해 스스로를 한계 짓고서 포기한 생활을 하기는커녕, 옥중에서나마 많은 책을 접하고 할 수 있는 경험들을 소중한 지표로 삼고 스스로를 관리한다. '피서(避書)를 통한 피서(避暑)', '결코 많은 책을 읽으려 하지 않는다.'는 말은 책을 통한 간접 경험을 중요시함은 물론이거니와, 자칫 지나치게 관념적으로 흘러버릴 수 있는 여지를 자각하고, 직접 경험을 통해 얻게 된 것들을 더 높이 사는 모습을 보여주고 있다. 중간중간에 등장하는 엽서 속의 그림과 한시들은 옥중에서도 멈추지 않는 저자의 부단한 노력을 단편적으로 보여준 예라고 하겠다.

'퇴화한 집오리의 한유(閑遊)보다는 무익조(無翼鳥)의 비상하려는 안타까운 몸부림이 훨씬 훌륭한 자세이다.' 책 내용에 있는 구절인데, 힘들고 어려운 환경 속에서도 자기쇄신을 위해 뼈를 깎는 노력을 해야 하고, 또 누군가는 그렇게 하고 있음을 일갈한 것이라 하겠다. 무력감과 자포자기는 수인(囚人) 생활이 아니라 자신의 의지가 만들어내는 것임을 알고 그것을 견뎌내는 강고한 의지가 엿보이는 대목이다.

태평양전쟁 말기의, 사람이 살아갈 수 없음에도 전략적 중요성 하나만으로 수만 명의 군인들이 목숨을 내걸어야 했던 전장, 이오지마를 배경으로 하는 『이오지마에서 온 편지』는 또 다른 비인간성의 극한을 보여준다. '아버지의 깃발'이라는 영화와는 정반대편의 상황에서 묘사되고 있는 만큼 서로 비교해 보아도 좋겠다.

전장, 누군가 반드시 죽어야만(비인간성의 극한) 누군가 생존할 수 있는(최소한의 인간성의 유지) 이 공간, 이오지마에서는 물이 나지 않아 빗물로만 모든 생활용수를 해결하고, 지극히 열악한 보급환경에서 8개월 가까이 전투준비를 하며, 마침내 죽을 수밖에 없도록 동떨어지고 내버려진 좁은 섬에서 미군을 대적했던 일본군들의 모습이 있다. 세계의 평화와 자유의 수호라는 국가적 대의가 진실이었던 아니던, '아버지의 깃발'의 마지막 대사처럼 옆의 전우를 위해 싸웠을 뿐이던 아니던, 여하튼 그들만의 삶과 사연을 안고 상륙을 감행했을 미군과는 또 다른 모습이 있다.

역시 한 집단이 지니는 특성과 그 집단을 구성하는 개인의 특성은 분별되는 것이라, 거시적인 틀에서 이해되어 왔던 집단적 속성 뒤에 가려진 소박한 개인성을 발견할 때의 약간의 낯섦은 묘한 흥분을 불러일으키기에 충분하다. 군국주의의 기치를 내걸고 국가전체를 병영화했던 일본에도 일상의 삶을 영위하며 가족을 걱정하는 한 개인이 있었다는 이 당연한 사실을 자연스럽게 의외로 자연스럽지만은 않기 때문일 것이다.

『감옥으로부터의 사색』, 『이오지마에서 온 편지』, 이 두 책에 묘사된, 극한적 상황에서 발현되는 인간성을 한 인간의 특이성으로만 규정할지, 아니면 보편성의 일부로 볼지에 대해서는 어떠한 단언도 하기 어렵다. 하지만 그리 치명적인 상황이 아님에도 불구하고 상대적으로 쉽게 좌절과 절망을 느끼고 힘겨워하는 누군가가 있다면, 큰 위로는 못 되더라도 작은 위안은 될 수 있을 것이다.

■ 신영복 저, 『감옥으로부터의 사색』, 돌베개, 1998.
■ 가케하시 쿠미코 저, 신은혜 역, 『이오지마로부터 온 편지』, 씨앗을뿌리는사람, 2007.

讀 & talk

1. 인간성에 대해 생각해 보고 의견을 나누어 보자.
2. '편지'라는 수단이 갖는 의사소통적 측면에서의 가치를 생각해 보자.
3. 인간성의 포기를 요구하는 또 다른 극한 상황들을 염두에 두고, 왜 이런 사태들이 발생하는지에 대해 이야기해 보자.

함께 보면 좋은 텍스트

정약용 저, 박석무 역, 『유배지에서 보낸 편지』, 창비, 2009.

황대권 저, 『야생초 편지』, 도솔, 2002.

빈센트 반 고흐 저, 신성림 역, 『반 고흐 영혼의 편지』, 예담출판사, 2005.

교육

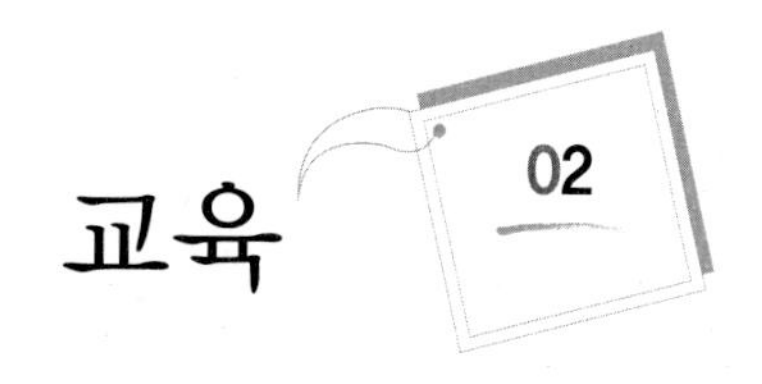

A. 젊은이는 어떤 특성을 길러야 하는가

『에밀』 & 『러셀의 교육론』

인간의 성장과 사회의 발전에 교육만큼 중요한 것은 없다. 교육(敎育)은 '가르치고 기른다'는 말뜻이 의미하는 대로 목적적인 일이며 그 목적은 바로 교육의 이념과 통한다. 그리하여 교육은 한 개인에 대해 기대하는 인간관(人間觀)에 관련되며 한 사회가 다음 세대에 대해 기대하는 미래 사회의 모습과 관련된다.

일찍이 그리스의 플라톤은 그의 이상적인 『국가론』에서 생산계급에 속한 사람들은 절제(節制)가 있고 전사계급에 속한 사람들은 용기(勇氣)가 있고 지혜계급에 속한 사람들은 정의(正義)가 있는 국가를 꿈꾸면서 모든 시민이 기초교육으로서 음악과 체육을 공부한 후 국가를 위해 봉사할 수 있는 특성을 가진 자들에게 산술 기하 천문학을 공부하게 하고 이 10년의 공부 끝에 2-3년간의 군사훈련을 받게 한 뒤, 여기서 다시 선발된 자들이 철학을 연구하며 나아가 철인적(哲人的)인 통치자의 길을 걷도록 논의를 전개하고 있다.

따라서 플라톤의 교육사상은 다분히 귀족중심의 교육을 목표로 한 것이었다. 이와 같은 귀족을 위한 교육사상은 유럽계몽주의 시대에 존 로크의 『교육에 관한 고찰』과 루소의 『에밀』과 같은 저서에도 그대로 나타나 있다. 그 당시 평민에 대한 교육은 없었던 것이다.

"만물을 창조한 신의 손에서 나올 때에는 모든 것이 선(善)하나 인간의 손에 들어오면서 모든 것이 타락한다."라는 말로써 시작하고, "우리는 두 번 출생한다. 한번은 존재하기 위해 또 한번은 생활하기 위해 태어난다."는 유명한 구절로써 사춘기의 폭풍 뇌성 같은 변화를 서술하는 루소는 '에밀'이라는 소년과 '소피이'라는 소녀를 설정하여 유아기(1편) → 아동기(2편) → 유년기(3편) → 소년기(4편) → 청년기(5편) 별로 폭넓은 고찰을 시도한다. 인류역사에서 인간에 대한 이만큼 깊이 있게 통찰한 일은 독특한 것이며 매우 값진 것이다. 제5편에 육체적으로 거의 다 성장한 두 젊은이에 대한 그의 통찰을 소개해 보면 다음과 같다.

> "에밀은 소피이를 사랑하고 있다. 그녀가 그를 매혹되게 한 것은 그 마음씨, 그 덕, 명예 있는 그녀의 사랑이다.…
>
> 사랑은 의심스럽지만 존경은 받을 만하다. 그래서 사랑에 존경의 염(念)이 적으면 정직한 마음속에 사랑이 존재할 수 없을 것이다. …
>
> 이제 에밀은 진실로 그녀를 기쁘게 해줄 자기에게 주어진 기술의 가치를 느낀다. 그녀가 노래를 좋아함으로 함께 부르며 음악을 논하며 그녀가 춤추기를 좋아하므로 그녀와 같이 스텝을 맞추어 춤을 춘다. …"(제 5편 중에서)

이와 같은 귀족 중심의 교육에서 평민중심의 교육을 외친 사람으로 B. 러셀과 J. 듀이가 있다. 듀이는, 아는 대로, 미국의 펄스와 제임스와 같은 실용주의 철학자의 한 사람으로서 교육이 이론적인 사변적인 것이 되어서는 결코 안 되며 실용적이고 경험적인 것이 되어야 한다고 주장하였다. 그의 교육에 관한 명저 『민주주의와 교육』은 민주사회의 개개인이 현실적인 사회와 문화 문제를 어떻게 대응해야 할 것인지 그 방법을 교육하는 것을 주된 내용으로 하고 있다. 그가 생각하는 인간이 경험해야하는 교육 과정은 흥미롭고 인격을 도야하며 개인의 경험과 사고를 넓혀주는 교과이어야 했다. 따라서 교육 내용은 직업과도 연관되어야 하며 도덕성 향상에도 연관되어야 하는 것이었다.

20세기 철학자 러셀은 미국교육이 이질적인 집단을 한 국민으로 바꾸어 주는 큰 공적을 세웠다고 하면서 발전하는 현대사회에서 교육은 다음과 같은 네 가지 특성을 갖추어 줄 때 행복의 길로 안내할 수 있다고 보았다. 그 특성이란 1) 활력 2) 용기 3) 감수성 4) 지성인데 쉽게 말하면 바로 교육의 목적을 제시한 것이다.

첫째, 활력은 건강이 있는 곳에서 발견되는 즐거움과 샘솟는 기쁨이며 주변에 곧잘 흥미를 나타내는 특성이다.

둘째, 용기는 두려움이 없는 마음으로 불합리한 공포를 제거하고 자존심과 독자성을 유지하는 자세이며 또한 생(生)에 대한 탈개인적인, 초월적인 태도이다.

셋째, 감수성은 칭찬에 민감한 태도이며 동료의 행·불행에 쉽게 공감하는 마음이며 즐겁게 타인과 협력하고자 하는 욕망이다.

넷째, 지성은 회의적이어야 할 때 회의적이고, 인정해야 할 때 인정해야 하는 특성으로, 지적인 호기심, 관찰의 습관을 지닌 인내심과 성실성, 그리고 편견 없는 공정한 태도이다.

이 같은 특성을 언제 심어주어야 하는가? 러셀은, 생후부터 어린 생명을 한 인간으로 존중해주는 일로부터 유아에게 생기 있는 흥미를 심어주고 이기심과 소유본능을 인정해 주며 성(性)교육을 바르게 제공하고 모든 피교육자들에게 건강과 자유와 행복과 지성을 보편화 시키는 교육, 나아가 병든 아이, 문제성 있는 아이, 가난한 아이, 무지한 아이 등 모든 인간에게 사랑을 기초로 하는 교육을 베풀 것을 주창하고 있다.

한편 종교저술가 화잇 여사의 『교육』은 유대인의 교육방법에 근간을 두고 성서적인 노작교육, 실업교육, 가정교육과 같은 실제적인 교육론을 전개하였다. 그가 제기하는 이와 같은 교육은 인간의 세 가지 측면 곧 신체와 지성과 영성이 조화를 이룰 때 인간이 창조될 때의 원래 모습을 회복하는 것이라는 교육 이상(理想)을 보여 준다. 흔히 삼육교육이라고 불리는 이 교육이상은 죽을 수밖에 없는 인간에게 영원한 삶을 위하여 내세(來世)를 준비시키는, 매우 경건하고 신실한 기독교적 종교관에 입각한 것이다.

그리고 19세기 스위스 고아원의 아버지 페스탈로치의 『은자(隱者)의 황혼』은 자연의 질서에 따르는 교육, 인간 내면에 잠재된 도덕적 힘을 키우는 교육, 억압과 폭력과 전제(專制)를 배척한 교육, 노동을 귀중히 여기고 유능한 시민을 육성하는 교육, 그러면서 하나님에 대한 신앙심을 북돋우는 교육을 주창한 것으로 유명하다.

우리가 교육에 관한 저술을 더 읽고자 한다면 다음과 같은 저서 작품들을 살펴볼 수 있다.

먼저 헤세의 『데미안』과 이문열의 『우리들의 일그러진 영웅』이다. 독일낭만주의의 불꽃인 헤세의 대표작인 이 작품에서 그는 정신적인 힘을 가진 '데미안'의 인도로 '싱클레어'라는 현실 속에 놓인 한 소년이 무섭게 다가드는 악의 세력 '프란츠 클로모'를 만나 자기 운명을 개척하며 '자기 자신'이 되어가는 모습을 알에서 깨어나는 새로 상징적으로 그리고 있다. 이문열의 작품 역시 12살 정도의 전학생 '한병태'가 새로운 전학학교에서 '엄석대'라는 무서운 반장을 만나 어떻게 심적인 고통을 겪으며 성장해 나가는지를 실감나게 그리고 있다.

교육이라는 관점에서 톨스토이의 단편 〈사람은 무엇으로 사는가〉와 〈사람에게는 땅이 얼마만큼 필요한가〉는 함께 묶어 읽어야 할 책이다. 제목이 제기하는 질문처럼 인간의 삶에 진정 무엇이 필요한지를 이야기하고 있기 때문이다.

셰익스피어의 『햄릿』이 고뇌하고 사색하는 인간의 전범을 보여준다고 하면 세르반테스의 『돈키호테』는 앞뒤 가리지 않고 좌충우돌하며 행동하는 전범을 보여준다. 두 작품 모두 인간의 모습을 비추어주는 거울과 같은 작품이다. 『햄릿』에 나오는 "죽느냐 사느냐, 그것이 문제로다.", "연극은 인생을 거울에 비추어 보는 일이다."와 같은 구절은 많은 사람의 입에 회자되는 명구이기도 하다.

한편 교육이 올바른 인간상을 제시하고 그 방향으로 훈도하는 것이라고 볼 때, 영웅들의 삶을 이야기한 작품들도 우리의 독서과제가 되어야 할 것이다. 그러한 책들로 우리는 플루타르코스의 『플루타크 영웅전』과 동양의 『사기열전』을 함께 읽어보아야 할 것이다. 『플루타크 영웅전』에서 우리는 '테세우스, 페리클레스, 카이사르, 안토니우스' 같은 수많은 그리스와 로마의 영웅들을 만날 수 있고, 사마천의 『사기열전』에서는 수많은 제후와 장수와 웅변가와 특별한 재주로써 주인을 섬긴 사람들을 만날 수 있다.

그리고 『삼국지』와 『초한지』를 읽어볼 수 있다. 작품의 인물들이 우리나라 사람에게 너무 익숙하여 작품 속의 한 인물을 기려 서울 종로에 '동묘'를 설립하였으며, 초(楚)와 한(漢)의 싸움을 장기판에 옮겨 놀거리로 삼기도 한다. 아울러서 인간사(人間事)가 전쟁과 투쟁의 역사라고 본다면 어떻게 상대방을 이기면서 살 것인가를 기술해 놓은 손무의 『손자병법』과 강태공의 『육도삼략』은 반드시 읽어보아야 할 글들이다.

그리고 동양 인문학의 정수라고 할 수 있는 『논어』와 『맹자』는 인간의 가장 순수한 심성 곧 개인의 삶의 차원에서부터 가정, 사회, 국가적인 삶에 있어서까지 인간이 어떻게 살고 타인과 어떤 관계를 맺고 살아야 할지를 우리에게 깨우쳐주고 있다는 점에서 반드시 읽어보아야 할 글들이다.

■ 루소, 이용철 역, 『에밀』, 한길사, 2007.
■ 러셀, 안인희 역, 『러셀의 교육론』, 도서출판 서광사, 2011.

讀 & talk

1. 성장 과정 중에 무서웠던 인물이 나에게 끼친 영향은 무엇인가?
2. 플라톤과 루소가 생각한 이상적인 인물이 이 시대에도 필요한가?
3. 이. 지. 화잇 여사의 『교육』에 나타난 체육, 지육, 영육은 각각 무엇을 말하는가?

함께 보면 좋은 텍스트

1. 플라톤, 『국가』, 삼성출판사, 1983.
   루소, 『에밀』, 한길사, 2007.
2. 페스탈로치, 김정환 역, 『은자의 황혼』, 서문문고 33, 서문당, 1972.
   이. 지. 화잇, 『교육』, 시조사, 1960.
3. 존 듀이, 이홍우 역, 『민주주의와 교육』, 교육과학사, 1987.
   러셀, 안인희 역, 『러셀의 교육론』, 도서출판 서광사, 2011.
4. 손자, 이민수 역, 『손자병법』, 혜원, 2006.
   우현민 역, 『육도삼략』, 박영문고 74, 박영사, 1975.

B. 교육공간은 과연 중립적인가

「광기의 역사」, 『존재는 눈물을 흘린다』 & 『학교의 탄생』

2011년 말, 학교폭력과 관련된 두 가지 사건이 여론을 뜨겁게 달구었다. 오랜 따돌림과 괴롭힘 끝에 각기 다른 곳에서 두 학생이 스스로 목숨을 끊었다. 학교의 안일한 대처와 가해자들의 진심 없는 사과는 관련자가 아닌 이들조차 분노했다. 그러나 안타까운 것은, 죽은 학생은 쉽게 기억 속에서 사라지는 것에 비하여 학교 폭력은 끊임없이 일어나고 있다는 점이다.

왕따 문제, 학교 폭력이 비단 요즈음에만 일어나는 문제인 것은 아니다. 학교라고 하는 교육공간이 생겨난 이후부터 그 안에서 폭력은 일어나고 있었기 때문이다. 더욱 쉽게 말하자면 미성년이라고 할지라도 그 안에서 권력관계가 생겨나는 한, 폭력은 쉽게 사라지지 않는다.

그렇다면 우리가 생각하는 '학교'라는 곳, 학년과 학급을 배정하고 담당교사와 과목별 교사를 배정하는, 소위 말하는 '근대식 교육기관'은 언제 등장한 것일까?

간단히 역사를 살펴 보면 다음과 같은 정보를 알 수 있다. 1876년 강화도조약이 체결된 이후, 4년 뒤인 1880년에 원산항이 개항되고 일본인 거주지가 형성되면서 상인들의 활동이 늘어나자 덕원과 원산에서 인구 변화를 감지하고 근대식 학교 건립을 하게 된다. 1883년 원산학사가, 1885년에는 아펜젤러에 의해 배제학당이, 그리고 1886년에는 이화여자대학교의 전신인 이화학당이 설립된다. 다시 말해 근대적 교육기

관의 역사는 100여년이 훌쩍 넘었다는 점을 알 수 있다.[5)]

이숭원은 근대적 교육기관인 '학당'이 이전의 '서당'과 어떻게 결별했는가를 보여준다. 조선교육령이 일본의 황민화 정책에 영향을 받았기에 교육과정은 일본과 일본을 통해 들어온 서양식 근대적 문물을 배우는 것이었다. 그러나 일본문물을 배워 잘 살고자 하는 의도에는 실상 일본의 문물을 배워 일본에서 독립하려는 지식인들의 열망이 복합적으로 깔려 있었다. 따라서 교육과정은 다분히 국가, 혹은 지배집단의 필요성을 반영하게 된다. 이 과정에서 수용자의 의도를 미리 조정하는 강제성, 혹은 폭력성이 전제되기 마련이다. 뿐만 아니다. 교사와 학생, 학생과 학생 사이는 규율을 통해 조직됨으로써 공적인 공간으로 형상화된다. 그리하여 푸코는 교육과정 자체가 '감시와 처벌'의 형태로 이루어져 있음을 지적하였고, 알튀세르는 권력과정을 정당화하는 내용이 교과 내용에 반영되어 있다는 내용을 '이데올로기적 국가장치'로, 부르디외는 '이데올로기의 재생산'으로 설명한다.

이러한 교육공간의 폭력성을 드러낸 단편소설 한 편을 함께 읽어보려 한다. 〈도가니〉, 〈우리들의 행복한 시간〉으로 친숙한 공지영의 〈광기의 역사〉가 그것이다. 실제 그녀의 소설은 푸코의 이론서 〈광기의 역사〉를 떠올리게 한다. 푸코는 이성과 감성, 문명과 비문명, 객관과 주관을 이분법적으로 나누어 이성, 문명, 객관을 우월한 것으로, 감성, 비문명, 주관을 열등한 것으로 나누었음을 지적한다. 그리고 사회를 유지하는 데 방해가 되는 모든 비정상적인 행동을 '광기'로 몰아가는 역사적 상황을 예로 들며 그것 역시 하나의 '광기'라고 지적한다.

공지영은 그의 소설에서 학교라는 시스템 아래서 어떻게 개인이 폭

---

5) 박선미, 『근대여성, 제국을 거쳐 조선으로 회유하다』, 창작과비평, 2007, 23쪽.

력적 구조 하에 적응하고 살아남는가를 보여 준다. 이 소설은 학교에 입학하는 딸을 바라보는 주인공 윤희가 자신의 초등학교 입학부터 고등학교 졸업까지를 떠올리다 다시 현실로 돌아오는 액자식 구조를 활용하여 '긴 터널' 같은, 어둡고 폭력적이었던 학창시절을 보여 준다.

초등학교 시절 주인공 윤희가 만나는 폭력은 국민교육헌장과 일기검사를 통해 드러난다. 1968년 박정희 대통령이 만든 국민교육헌장은 반공과 민주, 그리고 애국정신을 고취하는 내용으로 이루어져 있으나 이것을 외우게 함으로써 지배계급의 명령을 무의식적으로 익히게 하는, 공교육의 반민주성을 드러내는 계기가 되었다. 일기검사 역시 개인의 생각과 내면을 스스로 교정하게 만든다는 점에서 내적인 폭력행위라 할 수 있다. 윤희의 담임선생님은 국민교육헌장을 외우지 못한 아이에게 "나는 바보입니다."라고 외치게 하였고, 아이들에게는 선생님이 그런 행동을 한 적이 없다고 거짓말을 하게 한다. 아이들은 교사의 명령을 듣지 않을 경우 자신에게 가해질 폭력이 두렵기 때문에 그 명령을 따르게 되었다. 뿐만 아니라, 일기검사에서는 윤희가 좋아하는 남학생 이름을 공개하여 놀림거리가 되게 만들었다. 두 가지 사건을 계기로 윤희는 충격을 받아 약간의 말더듬 증상을 얻게 된다.

이어지는 중고등학교 시절 받게 되는 충격 역시 크게 다를 바 없다. 학생들에게 가해지는 폭언과 저주, 그리고 독재정권과 다를 바 없는 폭력적인 구조 앞에서 학생들이 배운 것은 거짓말하기, 가짜로 울며 상황을 모면하기, 졸업을 앞두고 교사를 마음껏 경멸할 기회를 만끽하기뿐이었다.

그의 소설 속에서 일어나는 비정상적인 폭력은 2010년대를 살아가는 우리가 이해하기 어려울 정도이다. 하지만 소설 속에서 교사 내지는 국가로 드러나는 폭력적인 존재를 학급 동기들, 경쟁사회로 바꾸어 본다면 이 폭력적인 구조는 여전히 우리 교육공간 안에 남아 있음을 알 수 있다. 오히려 문제는 더 커졌다. 소설 속에서 폭력적인 존재들이 선명한 얼굴과 문제점을 그대로 보여주었다면, 우리 시대 교실 안 폭력의 주체는 선명하지도 않을뿐더러 그 원인을 뚜렷하게 찾아내기 어렵기 때문이다. 경쟁적 교육이 나쁘다고 말은 하지만, 여전히 대학 입시결과를 자랑하는 플래카드 앞에서 학교는 자유로울 수 없으며, 학부모들과 학생 역시 자유로울 수 없다. 민족주의나 국가주의적 교육은 사상적 문제가 뚜렷하지만, 학생들의 진로와 경제적 삶의 질을 슬로건으로 내세운 경쟁론은 그것 자체로 수많은 비판지점을 무력화시킨다.

이것은 학교 안에서 일어나는 폭력이 주동자를 벌준다고 해도, 거기에 가담한 수없이 많은 이들이 누구인지, 누가 결정적인 문제를 제공했는지 찾아내기 어렵다는 점과 맞물린다. 중립적일 수 없는, 그래서 폭력적일 수밖에 없는 교육공간 안에서 어떤 패러다임을 제시할지는 여전히 우리에게 놓인 문제점이라 할 수 있다.

■ 공지영, 「광기의 역사」, 『존재는 눈물을 흘린다』, 창작과비평사, 1999.
■ 이승원, 『학교의 탄생』, 휴머니스트, 2005.

讀 & talk

1. 학교 안에서 일어나는 폭력은, 성장한 시점에서는 충분히 이겨낼 수 있는 문제라고 생각하기 마련입니다. 그렇지만 왜, 당시 시점에서는 그것을 이길 수 없다고 생각하는지 권력과 관계 지어 설명해 봅시다.
2. 최근 중고등학교 학생들 사이에서 특정 브랜드 의상을 입지 않으면 또래 집단과 어울릴 수 없다는 인식이 뉴스가 된 적이 있습니다. 노스페이스와 계급을 연결 지어 보고, 이것이 왜 교육공간인 학교에서 더 큰 문제가 되는지 생각해 봅시다.

함께 보면 좋은 텍스트

박경리, 「환상의 시기」, 『환상의 시기』, 솔, 1996.
박선미, 『근대여성, 제국을 거쳐 조선으로 회유하다』, 창비, 2007.
전상국, 「우상의 눈물」, 『우상의 눈물』, 민음사, 2005.
미셸 푸코, 『광기의 역사』, 나남, 2003. (Michel Foucault, Histoire de la folie l' ge classique)
폴 윌리스, 김찬호 · 김영훈 역, 『학교와 계급재생산 – 반학교문화, 일상, 저항』, 이매진, 2004. (Paul Willis, Learning to Labour)

사랑

A. 사랑은 사람을 어떻게 만드는가

『춘향전』 & 『로미오와 줄리엣』

사람의 감정 가운데 사랑만큼 사람을 사람답게 하는 것도 드물다. 아무리 악한 사람이라도 그가 사람인 까닭은 누군가를 사랑할 수 있기 때문이다. 사랑은 감정에 있어서도 크고 넓고 격렬하지만, 사람의 삶 특히 사람과 사람 사이의 관계를 강하게 맺어 준다는 점에 있어서 그 의미가 너무 크다.

사랑을 흔히 아가페 사랑, 필로스 사랑, 에로스 사랑으로 구분하지만, 그 사랑들은 모두 인간관계에 나타나는 것들이다. 성서의 창조와 구원의 이야기에는 신적(神的)인 사랑의 이야기로 가득하다. 그 중에 예수그리스도의 '선한 사마리아인' 이야기와 '돌아온 탕자' 이야기에는 각각 인간의 타인에 대한, 그리고 아버지의 아들에 대한 사랑의 정점(頂點)이 제시되어 있다.

사랑 중에 필로스 사랑은 목숨을 줄 수 있는 친구간의 진한 우정으로 언급되며, 에로스 사랑은 이성간의 육체적 욕망으로 언급된다. 그리스 신화 속의 아폴로는 물의 요정 다프네의 머리카락, 눈동자의 움직임에 매력을 느끼다가 그의 사랑은 그녀의 손과 팔의 싱그러움, 나아가서는 옷에 가려진 몸의 부분에 대한 상상으로 이어진다. 사랑의 화살을 쏘는 에로스를 남편으로 맞이한 프시케 공주는 남편의 얼굴과 육체를 보기 위해 그만 촛불을 켜고 만다. 유명한 조각가 피그말리온은 자기의 상상을 좇아 직접 여인을 조각하고 그것도 모자라 가장 좋은 의복과 온갖 장식물을 걸어주고 아침저녁으로 어루만지며 그것을 자기 아내라고 생각한다.

아폴론, 에로스, 피그말리온 모두의 사랑은, 따지고 보면, 육체에 대한 욕망이다. 육체에 대한 욕망은 삶의 뚜렷한 모습이다. 심리학자 프로이드는 이성에 대한 리비도를 인간 삶의 원동력으로 보고 있지만 과장된 일반화의 오류라고 판단된다. 그렇지만 성(性)이 인간관계와 생활의 출발점이 되는 것은 부인할 수 없는 사실이다. 성(性)과 같이 신비로운 것도 드물다. 성격과 습관이 다르고 신체적 구조가 그렇게 다른데도 불구하고 하나가 되어 사랑의 열매로 가족을 이루고 부모자녀의 관계를 이루며 형제자매 나아가 숙질(叔姪), 조손(祖孫) 관계를 이루어 한 사회와 국가를 형성하는 일은 보통 위대한 일이 아니다.

남녀간의 사랑은 시나 소설이나 드라마나 오페라 등 수많은 문학·예술 작품의 주제가 된다. 사랑에 관한 문학·예술 작품을 다 열거하기 어렵지만, 시 분야에서는 순수시 작가 김영랑의 〈내 마음을 아실 이〉, 영국 바이런의 〈우리 둘이 이별할 때〉, 그리고 이정하 한혜경이 작사했고 결혼 축가로 많이 불리는 〈10월의 어느 멋진 날에〉를 꼽아 보기로 한다.

눈을 뜨기 힘든 가을보다 높은 저 하늘이 기분 좋아
휴일 아침이면 나를 깨운 전화 오늘은 어디서 무얼 할까
창밖에 앉은 바람 한 점에도 사랑이 가득한 걸
널 만난 세상 더는 소원 없어 바램은 죄가 될 테니까
……

소설 분야에서는 유사한 구성을 가진 몇 개 작품을 짝지어 살펴보면 다음과 같다.

너무도 익숙하여 초중등학교 교재로 쓰이는 황순원의 〈소나기〉와 알퐁스 도데의 〈별〉은 그 구성에 있어서나 자연적 배경 그리고 주제적 순수성에 공통점이 많은 단편들이다.

한 눈먼 소녀를 데려다가 교육하는 중에 사랑으로 발전하는 어느 목사를 이야기하는 앙드레 지드의 『전원교향곡』과 함께, 무용수 '타이스'를 나락으로부터 구하기 위해 접촉하다가 사랑으로 발전하는 어느 수도사를 이야기하는 아나톨 프랑스의 『타이스』는 '타이스 명상곡'이라는 감동적인 음악이 나올 정도로 사랑의 깊은 내면을 다룬 작품들이다.

1930년대 나도향의 〈벙어리 삼룡이〉는 하인의 신분에다 벙어리라는 장애를 지녔으면서 주인집 아씨를 사모하여 불속에서 그녀를 안고 뛰쳐나오는 한 남자의 이야기를 다루었다면 유명한 레미제라블의 작가 빅토르 위고의 『노틀담의 꼽추』 역시 종지기의 신분에 꼽추라는 장애를 지닌 한 남자의 집시 아가씨를 향한 지극한 사랑 이야기를 다루고 있다.

1800년대 후반 '일물일어설(一物一語說)'로 유명한 자연주의 작가 플로베르의 『보봐리 부인』은 의사부인으로서의 할일 없고 나름대로 다른 공상의 세계를 사는 여인의 외도를 다루었다면, 〈전쟁과 평화〉, 〈부

활〉의 대작을 남긴 러시아 톨스토이의 『안나 카레니나』 역시 자신의 일에 골몰하는 후작을 남편으로 둔 부인으로서의 무료함을 못 이기고 잘 생긴 군인 남자 브론스키와 불륜관계를 갖지만 냉엄한 현실이 그것을 허락지 않자 압박감에 스스로 목숨을 끊고야 마는 이야기로서 두 작품 똑같이 비극적 결말을 보여준다. 이런 불륜을 19세기말의 봉건제도 상황에서 소설로 다루었다는 데서 두 작품 모두 시대를 앞서간 내용이라 할 수 있다.

한편 이광수의 『사랑』은 의사와 간호사 사이의 사랑을 애절하고 순수하게 그렸으며, 토마스 하디의 『테스』는 주인집 청년과 가정부 테스와의 사랑을 다루되, 사랑보다는 육욕을, 그로 인한 여주인공의 몰락을 그렸다.

독일 작품으로서 '사랑'하면 떠올릴 수 있는 것은 막스 뮐러의 회상적이고 서정적인 소설 『독일인의 사랑』과 괴테의 편지 형태의 소설 『젊은 베르테르의 슬픔』인데, 전자가 사랑에 대한 철학적 담론(談論)과 같은 이야기라면 후자는 한 약혼녀를 짝사랑하다가 목숨을 끊는다는 작자 괴테 자신의 고백적 이야기이다.

오페라로서 사랑을 주제로 한 대표적인 작품으로는 어느 가난한 시인의 사랑을 내용으로 하는 푸치니의 〈라보엠〉을 비롯하여 한 여인을 두고 경찰청장과 한 열혈 공화당원과 벌이는 삼각관계를 내용으로 하는 〈토스카〉, 그리고 한 후작 딸을 사랑한 알바로와 그를 원수로 여기는 오빠의 대립 및 그들의 비극을 그린 베르디의 〈운명의 힘〉과 사교계의 여인을 사랑한 알프레도의 불변적 마음을 다룬 〈라 트라비아타〉 등이 유명하다.

이처럼 남녀간의 사랑을 주제로 한 작품이 동서양에 헤아릴 수 없이 많지만 우리나라에서 사랑을 주제로 한 대표적인 작품은 『춘향전』이며 서양에서 가장 널리 알려진 사랑 이야기라면 『로미오와 줄리엣』일 것이다.

『춘향전』은 1860년대 전라도 판소리 작가 신재효의 사설로 일명 〈열녀춘향수절가〉라고 일컬어지는 것으로서 신분상의 차이가 남녀간의 사랑을 가로막는 요소로 작용한다. 이에 비해 『로미오와 줄리엣』은 유명한 극작가 셰익스피어의 작품으로 두 집안의 뿌리 깊은 대립 반목이 남녀간의 사랑을 가로막는 요소로 작용한다.

두 작품은 친분과 가문을 중시하는 전 근대적 사고방식 속에서 사랑을 쟁취하고자 하는 남녀들의 노력이 주된 내용을 이루는데 『춘향전』이 해학적인 요소와 해피엔딩으로 이야기를 마무리하는 데 비해 『로미오와 줄리엣』은 두 남녀의 죽음으로 끝나는 비장함을 보여준다.

이런 작품들을 서로 비교하여 살펴보면 두 고전적 작품의 깊은 의미와 당시 시대상과 우리 인간의 숨은 얼굴을 살필 수 있을 것이며 사랑이 얼마나 폭넓게 움직이어 사회를 변화시키고 인간의 마음을 변화시키는지를 알게 될 것이다.

■ 이석래 교주, 『춘향전』, 범우사, 2009.

■ 찰스 램, 「로미오와 줄리엣」, 『셰익스피어 이야기』, 박영사, 1980.

讀 & talk

1. 헬레니즘 세계와 헤브라이즘 세계에서의 인간관은 어떻게 다른가?
2. 『전원교향곡』과 『타이스』에서의 사랑을 어떻게 볼 것인가?
3. 『춘향전』과 「로미오와 줄리엣」의 결말에서 우리가 생각할 수 있는 것은 무엇인가?

함께 보면 좋은 텍스트

1. 앙드레 지드, 『전원교향곡』, 일신서적출판, 1993.
   아나톨 프랑스, 이환 역, 『타이스』, 서울대학교 출판부, 1997.
2. 플로베르, 『보봐리 부인』, 홍신문화사, 1994.
   톨스토이, 『안나 카레니나』, 홍신문화사, 2001.
3. 막스 뮐러, 『독일인의 사랑』, 혜원출판사, 1998.
   괴테, 『젊은 베르테르의 슬픔』, 홍신문화사, 2002.

B. 사랑, 존재하는 것인가 만들어가는 것인가

『화성에서 온 남자 금성에서 온 여자』 & 『매디슨카운티의 다리』

아무리 인생이 복잡다단하다한들, 그 국면들의 근본 원인은 결국 일이나 사랑 문제로 귀결된다. 어떠한 사안, 사건이든 인간이 고민하고 정성을 기울이는 모든 것들은 일 아니면 사랑의 문제라는 것이다. 하지만 무한 개방의 구도 아래서 무한 경쟁에 충실히 복무하는 것이 절대 미덕인양 여겨지는 요즈음의 세상에서는 사랑의 문제는 곧잘 뒷전으로 밀리거나 적어도 한동안 유보돼야 할 무엇으로 치부되곤 한다. 더욱이 그러한 세태의 연장선상에서 사랑의 문제 또한 경쟁의 틀에서 이해되고 다뤄지는 경우가 적지 않은 실정이다.

남남의 만남인 이성간의 사랑에서는 물론이려니와 스승-제자 사이, 가족 사이, 신-인간 사이의 사랑에서마저도 소유의 크기가 사랑의 크기를 결정짓는 잣대가 되는 모습들을 적잖게 볼 수 있다. 그러나 사랑은 각자 소유의 크기가 아닌 서로에 대한, 서로를 향한 모든 것(everything)에 달린 문제이다. 상대에 대한 관심, 배려, 희생 등이 상호작용으로 지속되어야 하는 문제인 것이다.

이러한 지속은 단순히 성격과 기질의 착하고 건전함으로써만 가능한 게 아니다. 그것은 상대에 대한 앎의 크기와 깊이가 일정하게 유지됨으로써 가능하다 할 수 있다. 이성간보다 부모의 사랑이, 부모보다는 신의 사랑이 더 크다고 할 때, 그 층위는 상대에 대한 앎의 수준에서 비롯된다고 할 수 있기 때문이다. 이것이 사랑의 문제가 어느 날 찾아온 행운이나 감정 정도로만 막연하게 상상되지 않아야 할 이유이다. 사랑의 문제는 개인 차원에서부터 끊임없이 연구-실행-향상되어야 할 일종의 능력[6]인 것이다.

이십대는 인생의 절정기이다. 신체의 성징(性徵)이나 에너지가 최고조에 달해 있으므로 일에서든 사랑에서든 가장 자신 있게 도전하고 실행할 수 있는 시기인 까닭에서다. 특히 이성에 대한 사랑을 통하여 인생의 정수(精髓)를 맛보고 채득해야 하는 때이다. 이제 그 전제(前提)로서 이성에 대한 지식을 배우고 사랑의 지혜를 터득하는 길로 나아가 보자.

『화성에서 온 남자 금성에서 온 여자』는 남녀 간의 큰 차이를 상징적으로 보여주는 제명(題名)이다. 최근 어느 연구에 따르면 남녀는 성격상 90퍼센트의 불일치를 보인다고 한다.[7]

실상이 이러하기에 가까운 친구나 선배 몇몇에게 전해들은 연애의 '작업'을 '정석'인양 실행하는 일이 미봉책으로 끝날 때가 많은 것이다.

이 책을 통해 우선 이성에 대해 얼마나 무지했는가를 자각하는 게 중요하다. 나아가 그동안 이성과 나눴던 언행들이 실은 얼마나 엉터리였는가를 꼼꼼히 되짚어볼 필요가 있다. 최선을 다해 잘해줬다고 믿어왔던 일까지도 때로는 상대방에겐 부담스럽고 불편한 일이 될 수 있었음을 깨달아야 하는 것이다. 더불어 이성의 언행과 사랑의 방식에서 좋은 점들은 배우고 체득할 필요가 있다.

『메디슨카운티의 다리』는 사랑과 불륜의 경계를 넘나드는 스토리로 독자에게 사랑의 의미를 묻고 현재의 사랑을 되돌아보게 하며 나아

---

6) 이러한 견해를 더 깊이 이해하기 위해서는 E. Fromm. *The art of loving*.(황문수 역, 『사랑의 기술』, 문예출판사, 2006)을 읽어볼 것.

7) 'Gender wars: Men, women more different than thought', *Koreaherald*. 2012. 1. 5.

가 사랑의 방식과 제도에 대해서도 고민하게 한다. 단 며칠간의 일들이 잔잔한 수면 아래서 엄청난 에너지로 지속됨으로써 두 남녀의 가슴에 평생의 사랑으로 살아남았다는 사연은, 사랑에 대한 일반적인 이해나 방식에 진지한 성찰을 요구하는 까닭이다. 실체를 보기는커녕 통화하지도 서신을 주고받지도 않았는데, 마치 함께 있었던 사람들처럼 한평생 똑같은 마음을 간직했던 두 사람의 모습은, 물신주의(物神主義)에 길든 세대의 시각(視覺)으로는 사랑도 불륜도 아닌 초월의 차원이 되는 것이다.

인간은 사랑의 실체가 없을 때에는 그것을 갈구하다가도 막상 실체가 있고 그 관계를 유지할 때에는 그 실체에 대해 불만하곤 한다. 문제는 그 불만의 원인을 자신보다는 상대에게서 찾는 데서 시작된다. 사랑을 탐문할 때에는 자신의 소유 - 외모, 학력 · 학벌, 재산, 지위 등 - 와 태도를 문제 삼다가도, 사랑의 궤도에 진입하고 나면 이내 상대의 소유와 태도에 조건을 다는 쪽으로 돌변하는 형국이다.

인생의 마지막까지 사랑이 무엇인지 잘 모를 수밖에 없는 것은 그만큼 인간에 대한 인간의 앎의 폭과 깊이가 제한적이기 때문일 테다. 이것이 평생 사랑의 대상들에 대한 탐구를 게을리 하지 않아야 하는 이유이다. 하지만 우리는 사랑의 대상들을 잘 안다고 착각하며 너무나 쉽게 수많은 잘못을 저지른다. 가장 가까운 사람들 즉 사랑의 대상들을 떠올리거나 대할 때마다 '나는 당신을 잘 모릅니다.'라는 패러독스를 상기해 보면 어떠할까 싶은 것이다.

■ 존 그레이, 김경숙 역, 『화성에서 온 남자 금성에서 온 여자』, 친구미디어, 2002. (John Gray. Men are from Mars, Women are from Venus)

■ 로버트 제임스 월러, 공경희 역, 『매디슨카운티의 다리』, 시공사, 1993. (Robert James Waller. The Bridges of Madison County)

讀 & talk

1. 도저히 이해되지 않거나 매우 불만인 이성(애인 외 식구, 친구 포함)의 언행들을 기록하고 『화성에서 온 남자 금성에서 온 여자』를 읽으면서 그 이유를 찾아보자. 또한 토론을 통해 더 심층적인 이해에 도달해 보도록 하자.
2. 『메디슨카운티의 다리』에서 프란체스카(Francesca Johnson)가 킨케이드(Robert Kincaid)와 함께 떠나는 게 사랑인가 떠나지 않는 게 사랑인가.
3. 사랑의 문제에서 기다림과 노력, 무엇이 더 중요한가. 또는 그 두 가지는 어떻게 조화를 이뤄 가야 하는가.
4. 결혼이나 일부일처제와 같은 제도는 사랑의 본질에 충실한 것인가 아닌가.

함께 보면 좋은 텍스트

앨런 피즈 외, 이종인 역, 『말을 듣지 않는 남자 지도를 읽지 못하는 여자』, 김영사, 2011. (Allen Pease &Barbara Pease. Why men don't listen Why women can't read maps)

에리히 프롬, 황문수 역, 『사랑의 기술』, 문예출판사, 2006. (Erich Fromm. The art of loving)

사이먼 배런코언, 김혜리 역, 『그 남자의 뇌 그 여자의 뇌』, 바다출판다, 2007. (Simon Baron-Cohen. The Essential Difference)

토머스 루이스, 김한영 역, 『사랑을 위한 과학』, 사이언스북스, 2001. (Thomas Lewis,Fari Amini & Richard Lannon. A General theory of love)

가족 04

A. 우리 시대 가족이란 무엇인가

『즐거운 나의 집』 & 『있다 없다-다시 쓰는 가족 이야기』

새 학기 교재를 위해 '가족'이라는 주제로 글을 쓰게 되었는데 공교롭게도 그 기간은 아이와의 갈등으로 어둡고 긴 터널을 지나고 있을 때였다. 남이 보기에는 멀쩡하고 행복한 우리 가족, 나는 부모로서의 역할과 책임을 다하고 있는 것 같은데도 내 기대와는 전혀 다르게 살아가는 아이의 모습이 야속하고 답답해서 끊임없이 부딪치고 있었다. 몇 날 며칠 서점과 도서관을 오가며 온갖 종류의 책들을 뒤적이고 살펴보았다. 원고를 써야 한다는 압박감도 있었지만, 내 스스로에게 수없이 던진 "우리 시대 가족이란 무엇인가?"라는 질문에 대한 해답을 찾기 위해서였다.

어느 수업 시간 학생들에게, 무엇이든 자신이 세상에서 가장 소중하게 생각하는 것 다섯 가지를 적어 보라고 했다. 다양한 대답이 쏟아져 나왔다. 휴대전화, 노트북, 사진, 추억이 깃든 물건, 돈, 가족, 아빠, 엄마, 희망, 꿈, 사랑, 우정, 친구 등. 이번에는 그 중 제일 덜 중요하다고 생각하는 순서대로 차례로 지우고, 내 인생의 마지막까지 꼭 간직하고 싶은 것 한 가지만 남겨 놓으라고 했다. 학생들은 고민에 빠져 망설이며 하나씩 지워나갔다. 잠시 후에, 마지막 남은 한 가지가 무엇인가 물었더니 많은 학생들이 '가족'이라고 대답했다. 가치관이 전도되고 윤리가 땅바닥에 떨어진 세상, 전통 개념의 가족관계가 와해된 요즘이지만, 여전히 '가족'은 우리 삶에 긍정적이든 부정적이든 절대적 영향을 끼치는 존재임에 틀림없다.

가족, 내 인생의 수수께끼

질문에 대한 답을 찾기 위해 여러 날 헤맨 끝에 만난 책이 『있다 없다-다시 쓰는 가족 이야기』라는 책이다. 이것은 연세대 사회학과와 홍익대 시각디자인과, '하자 작업장 학교' 학생들이 한 학기 동안 공동 수업을 진행하여 얻은 결과물을 엮어 만든 책이다. 내용은 1, 2부와 부록으로 구성되어 있는데, 특히 관심을 끈 것은 1부 개인 가족 이야기 모음이다. 2004년 봄, 서울에 사는 일부 대학생들이 그 가족과 얽혀 살아가는 천태만상의 모습은 비단 그들뿐 아니라 현재 우리 사회 가족들의 굴곡진 삶의 모습이기도 했다. 가족은 가장 가까이 있으면서도 소중함을 모르고 살아가기 쉽다. 때로는 사랑한다는 명분으로 상대의 날개를 꺾어 장속에 가두거나 사소한 일로 상처를 주고받아, 가족이라는 울타리를 '벗어나고 싶은 굴레'로 만들기도 한다. 한 지붕 아래 남남으로 각자 외롭게 살거나 서로에게 짐스런 존재가 되기도 한다. 그럼에도 불구하고 가족은 삶의 원천이고 인생의 마지막까지 내 곁에 남을 소중한 존재이다. 아무리 발버둥 쳐도 그 테두리 안에서 쉽게 헤어 나올 수도 없다.

책 앞부분에 모자이크 형식으로 편집된 가족의 정의 - 가족은 세상의 다리다, 가족은 끈이다, 가족은 등대다, 가족은 고통이다, 가족은 운명이다, 가족은 미로다, 가족은 산소다, 가족은 내 인생의 그늘이다.... 아무리 읽어봐도 그 중 어느 하나만 정답이라고 할 수는 없다. 그 대답 모두가 각자의 소중한 삶과 경험에서 우러나온 것이니까.

갈등의 터널을 지나는 나에게 큰 깨달음을 준 인용문 하나. "가족은 시간에 따라 변화해야 한다. 유동적임을 받아들여야 하고, 상대성을 인정해야 한다. 서로 간 연결고리가 있되 온몸을 붙들고 있으면 괴로워진다. 부모는 자식에게 충고를 건넬 수 있지만 교육할 수 있는 시간은 어느 한도까지이다. 자식도 적절한 시기에 부모를 놓아줄 줄 알아야 하며, 부모 또한 자식을 놓아줄 줄 알아야 한다."[8]

건강한 가족, 건강한 사회

사회가 건강하려면 먼저 가족이 건강해야 한다. 우리나라는 1970년대 산업화를 거치면서 전통적인 대가족이 '부부와 자녀로 구성된 핵가족'으로 분화되었다. 하지만 탈근대라 불리는 요즘은 핵가족이 다시 핵분열되는 사태를 맞으면서 이전에는 상상조차 할 수 없던 다양한 형태의 가족들이 생겨났다. 한부모 가족, 조손(祖孫) 가족, 비혼모 가족, 동성애 가족, 나홀로 가족, 패치워크 가족[9] 혹은 다성(多姓) 가족, 딩

---

8) 연세대 · 하자작업장학교 · 홍익대, 『있다 없다-다시 쓰는 가족 이야기』, 안그라픽스, 2004, 153쪽.

9) 이혼이 일상적 현상이 되어 해체된 가족의 조각들로 이루어졌다는 의미에서 패치워크(patchwork) 가족이라 함. 즉 성(姓)이 다른 자녀로 구성된 가족. 공지영 소설 『즐거운 나의 집』이 여기에 속함.

크족[10], 딩크펫 가족[11], 사이버 가족[12] 등이 탄생했다. 또한 국제결혼이 증가하고 국내 체류 외국인이 늘어나면서 다문화 가족 또한 점점 많아지는 추세이다. 통계청 자료에 따르면, 2000년에 이미 지금까지 우리가 당연하게 여겼던, 같은 문화와 같은 국적을 가진 부부와 자녀로 구성된 '정상가족'(?)이 51.9퍼센트에서 42퍼센트로 급감하여 과반수를 차지하지 못하게 됨으로 무엇이 정상이고 무엇이 비정상인지를 구별하기 어려운 상황에 이르렀다. 이러한 시대에 "변화된 가족 현실을 정상가족이라는 당위로 억압하고 무시하는 것은 문제를 해결하는 것이 아니라 오히려 또 다른 문제들을 야기"[13]할 수 있다. 지금 우리에게 필요한 것은 다양한 삶의 모습들을 이해하고 열린 마음으로 받아들이는 것이다. 겉보기에는 정상적인 가족이라 할지라도 급변하는 사회 속에서 가치관이나 사고방식의 차이 때문에 서로 부대끼며 상처를 가지고 살아가는 사람들이 서로의 다름을 인정하고 더불어 살아가는 지혜를 배워야 할 것이다.

갈등과 화해의 변주곡

위에서 말한 개념을 단적으로 보여주는 소설이 공지영의 『즐거운 나의 집』이다. 이 작품은 자전적 소설로 화제가 되기도 했는데, 세 번 결혼했다 이혼하고 싱글맘으로 성(姓)이 다른 세 아이를 키우는 엄마를

10) 딩크(DINK- Double Income No Kids)족. 1990년대 이후 맞벌이하면서 자녀를 낳지 않는 가족이 출현함.
11) 자식 대신 애완동물을 키우는 가족.
12) 인터넷 보급률이 급증하여 현실세계보다는 가상현실 속에 살면서 전자를 보완하거나 대체하여 후자에서 결혼생활을 하는 가족.
13) 김기봉 외, 『가족의 빅뱅』, 서해문집, 2009, 8쪽.

바라보는 열아홉 살 큰딸(위녕)의 시점으로 쓰였다. 어린 시절부터 재혼한 아버지 밑에서 자란 위녕이 베스트셀러 작가인 친엄마, 성(姓)이 다른 두 동생과 함께 살게 되면서 느끼는 기쁨과 슬픔, 갈등과 화해의 과정들이 재미있으면서도 가슴 뭉클하고 엉뚱하면서도 공감하게 하는 이야기이다. 부모의 이혼과 엄마의 부재로 인한 상처, 새엄마와의 갈등 때문에 마음을 닫고 살아가던 위녕은 여러 가지 경험을 통해 자신의 정체성을 되찾고 가족의 의미를 발견하면서 스스로 상처를 치유해 간다. 애증으로 얽혀 혼란스러웠던 친부모뿐 아니라 새엄마의 입장까지도 이해하고, 아빠가 다른 동생 둥빈이 겪는 아픔을 함께 느끼고, 혈연을 넘어 주변 사람들의 상처까지도 헤아릴 줄 알게 되는 과정을 따뜻하게 그리고 있다. 작가는 등장인물의 대화와, 그들 마음 깊숙이 숨겨져 있어 말해주지 않으면 도저히 알 수 없을 것 같은 섬세한 심리묘사를 통해 실제로 그가 가족을 바라보는 시선에 대해 이야기한다. 성이 다른 세 아이를 키우며 느꼈을 어려움과 혼란, 편견, 그리고 그에 대처하는 방법을 그대로 보여준다. 현대 가족사회에 만연하는 갖가지 문제점을 조명하고, 우리 시대 진정한 가족의 의미가 무엇인지를 새삼 생각해 보게 한다. 그는 이렇게 강조한다. "우리 가족이 남들의 기준으로 보면 뒤틀리고 부서진 것이라 해도, 설사 우리가 성이 모두 다르다 해도, 나아가 우리가 피부색과 인종이 다르다 해도, 우리가 현재 서로 다 이해하지 못하고 있다고 해도 사랑이 있으면 우리는 가족이니까, 그리고 가족이라는 이름에 가장 어울리는 명사는 바로 '사랑'이니까."[14]

아직도 '우리 시대 가족이란 무엇인가?'에 대해 명쾌한 해답을 얻지는 못했다. 내가 수용하든 수용하지 못하든 세상은 끊임없이 변하고 있

14) 공지영, 『즐거운 나의 집』, 푸른숲, 2007, 343쪽 '작가의 말' 중에서.

고, 그에 따라 가족에 대한 개념도 어쩌면 세상을 살아가는 가족의 다양한 경험만큼이나 다양할 것이기 때문이다. 그러나 분명한 것은, 가족관계는 내가 눈을 감는 순간까지, 아니 죽어서도 끊어지지 않을 질긴 줄로 묶인 운명 공동체라는 점이다. 어떤 모양으로 살아가든 결국 나를 지탱해 주는 힘이요 내 삶을 이끌어가는 원동력인 가족과 더불어 행복하게 살아가려면 열린 마음과 포용할 줄 아는 자세가 필요할 것 같다. 세상 모든 사람들이 실망하고 뒤돌아설 때에 그를 껴안고 이해하며 함께 아파할 수 있는 사람이야말로 혈연을 넘어서 진정한 가족이라고 말할 수 있지 않을까?

- 공지영, 『즐거운 나의 집』, 푸른숲, 2007.
- 연세대 · 하자작업장학교 · 홍익대, 『있다 없다-다시 쓰는 가족 이야기』, 안그라픽스, 2004.

讀 & talk

1. 자신이 생각하는 가족에 대한 정의를 내리고, 『있다 없다–다시 쓰는 가족 이야기』를 참고하여 '나의 가족 이야기'를 써 보자.
2. 『즐거운 나의 집』에 나타난 등장인물들 간 갈등의 양상과 화해의 과정을 분석하고 자신의 생각을 이야기해 보자. / 혹은 다성(多姓) 가족에 대한 사회의 편견이 드러난 부분과 그것을 어떻게 극복했는지를 분석하고 자신의 생각과 비교해 보자.
3. 현대 가족사회에 어떤 문제점이 있는지를 찾아보고, 우리 시대 진정한 가족의 의미가 무엇인지에 대해 토의해 보자.

함께 보면 좋은 텍스트

김기봉 외, 『가족의 빅뱅』, 서해문집, 2009.

스콧 할츠만 · 테레사 포이 디제로니모, 정수지 역, 『행복한 가족의 8가지 조건』, 랜덤하우스, 2010.

유계숙 외, 『영화로 배우는 가족학』, 도서출판 신정, 2007.

이여봉, 『탈근대의 가족들』, 양서원, 2007.

영화 〈스텝맘〉, 감독: 크리스 콜럼버스, 주연: 줄리아 로버츠, 에드 해리스 외

B. 여자는 무엇으로 사는가

『인형의 집』 & 『엄마를 부탁해』

근대 사회 이후 결혼은 평등한 남녀의 만남이라고 여겨져 왔다. 그런데도 왜 부부, 가족 사이에 불평등이 존재할까? 그렇다면 이 불합리함을 극복하는 방법은 무엇일까? 이 문제를 헨리 입센의 『인형의 집』과 신경숙의 〈엄마를 부탁해〉를 통해 찾아보자.

나는 무엇이 되고 싶은가

『인형의 집』(Et Dukkehjem, 1879)은 노르웨이 극작가인 헨리 입센(Hennik Lbsen, 1828~1906)이 쓴 3막 희곡이다. 이 작품이 발표될 당시 가부장적 결혼 제도와 가족 제도 안에서 여성의 주체성은 강조되지 않았다. 따라서 여성 스스로가 자신의 정체성을 찾는 것은 쉽지 않았다. 주인공 노라는 남편과 아이들을 위해서라면 목숨까지도 바칠 수 있다고 믿는다. 남편은 그녀를 종달새 · 다람쥐 등으로 부르며 귀여워하고, 그녀는 그런 남편에 의지하여 사는 것이 행복이라 여긴다. 아픈 남편을 치료하기 위해 법까지 어겨 가며 돈을 마련한 것도 그 때문이었다. 그러나 그 일에 대해 남편이 쌀쌀한 반응을 보이자, 그녀는 그 동안 남편에 의해 살았던 자신의 삶을 되돌아본다.

"우리 집은 놀이방 같았어요. 나는 당신의 인형에 불과한 아내였던 거예요. 친정에서 아버지의 인형인 아이였던 것처럼. 그리고 이번에는 저 아이들이 내 인형이 되었어요. 당신이 상대가 되어 놀아주면 나는 기뻤어요. 마치 내가 아이들의 상대가 되어 놀아주면 아이들이 기뻐하는 것처럼 말예요. 그것이 우리의 결혼이었어요."[15]

그녀는 그동안 자신이 살아온 삶이 한낱 인형에 불과했음을 깨닫게 된다. 한편 모든 사건이 해결된 뒤 남편인 헬머는 노라에게 용서를 베풀겠다고 말한다. 헬머의 언행에는 여기저기에서 지극히 가부장적인 사고방식이 드러난다.

> "당신과 나의 관계인데, 남의 눈에는 모든 것이 종전과 다름없는 것으로 보이게 해. 하지만 물론 남들에 대한 체면을 위해서만 그러는 거요. 당신은 여전히 이 집에서 사는 거야…… 당연한 일이지." (헨리 입센, 131)

이렇게 말하는 남편에게서는 아내를 동반자로 생각하는 모습은 찾아볼 수 없다. 어린아이에게 하듯이 그는 노라에게 과자 먹는 것을 금지한다. 심지어 노라에게는 자신의 집 우체통 열쇠도 없다. 헬머는 자신이 시키는 대로 행동하는 노라가 완벽한 아내로 보인다.

> "나 자신을 교육시켜야 해요. 더구나 당신은 그것을 도와 줄 수 있는 사람이 못 돼요. 나 혼자서 해야 해요. 그래서 당신과 헤어지는 거예요."〈중략〉"나 자신을 발견하고 또 주위의 일을 잘 판단하기 위해서는 완전 혼자가 되어야 해요." (헨리 입센, 139)

마침내 그녀는 그러한 생활에서 벗어나 진정한 한 인간으로 살기 위해 남편과 아이들을 뒤로 한 채 집을 떠난다. 노라의 가출은 여성을 남

---

15) 헨리 입센, 김진욱 역, 『인형의 집』, 범우사, 2004, 138쪽.

성의 노리개로 여기던 당시의 인습에 대한 도전이었다. 그녀의 선택은 가부장적 사회에서 형성되어 일방적으로 주어진 여성의 정체성을 벗어 버리고 자신의 정체성을 새롭게 찾도록 하는 길이다. 즉 노라의 선택은 여성들로 하여금 '나는 누구인가?, 나는 무엇이 되고 싶은가?'로 성찰할 수 있는 기회를 가지게 해 주었다. 이것은 여성들에게만 국한된 것은 아닐 것이다.

어머니는 우리에게 어떤 존재일까

그렇다면 어머니로서 아내로서 여자로서 '엄마'는 어떤 인생을 살았을까? 이 질문에 어머니들의 삶과 사랑을 그려낸 신경숙의 소설 『엄마를 부탁해』라는 책을 통해 그 의미를 생각해 볼 수 있다.

"엄마를 잃어버린 지 일주일째다." 첫 문장으로 시작되는 이 소설은 잃어버린 엄마를 둘러싸고 있었던 자식들, 남편의 '되돌아 감기' 과정으로 전개된다. 시골서 올라온 엄마가 서울의 지하철역에서 어이없이 실종됨으로써 이야기는 마치 추리소설 같은 긴장감을 유지하며 진행된다. 딸, 아들, 남편 등으로 관점을 바꾸면서 한 장, 한 장 펼쳐질 때마다 평생을 자신들을 위해 헌신해온 어머니의 모습이 생생하게 되살아난다.

> "너는 엄마와 부엌을 따로 생각해 본 적이 없었다. 엄마는 부엌이었고 부엌은 엄마였다. 엄마가 과연 부엌을 좋아했을까? 하는 질문을 가져본 적이 없었다."〈중략〉
>
> "엄마는 부엌이 좋아?" "부엌을 좋아하고 말고가 어딨냐? 해야 하는 일이니까 했던 거지. 내가 부엌에 있어야 니들이 밥도 먹고 학교도 가고 그랬으니까."[16]

16) 신경숙, 『엄마를 부탁해』, 창비, 2011, 68쪽, 73쪽.

이 소설의 중심은 평생 부엌데기로 살아온 어머니, 박소녀의 이야기다. 17살 나이에 십 여리 떨어진 이웃 마을로 시집갔던 그녀는 글을 배울 겨를이 없어 캄캄한 세상을 살았다. 남편과 자식들을 챙기고 한 해 여섯 번의 제사를 지내며 부엌을 지켰다. 남편의 무관심으로 사산한 어린 생명과 시동생 균의 죽음을 가슴에 묻었다. 자식들을 결혼시키고 노년의 허허로움 속에서 고아원 아이들을 돌보고 젊은 여인에게 소설가인 큰딸 책을 읽어달라고 했던 그녀였다. 그녀는 너의 엄마이자 우리의 엄마이다. 이 소설은 가족들의 내면에 자리 잡은 엄마의 모습을 떠올려보고, 과연 '어머니는 우리에게 어떤 존재일까'라는 질문을 던지게 한다.

■ 신경숙, 『엄마를 부탁해』, 창비, 2011.
■ 헨리 입센, 김진욱 역, 『인형의 집』, 범우사, 2004.

讀 & talk

1. 『인형의 집』에서 주인공 노라는 집을 뛰쳐나오는 것으로 남녀 사이의 불평등 문제를 해결하고자 했다. 이런 노라의 선택을 어떻게 평가해야 할까?
2. 생각이나 말로만 여자도 남자와 똑같은 인간이라고 할 것이 아니라 실제 행동으로 뿌리내려야 한다. '남자는 사회, 여자는 집'이라는 이분법을 깨뜨리기 위해서는 어떤 해결책이 필요할까?
3. 『엄마를 부탁해』에서 '엄마의 부재'를 통해 엄마를 인식하게 된다. '어머니는 과연 우리에게 어떤 존재일까'를 생각해 보자.

함께 보면 좋은 텍스트

배리 쏘온, 권오주 역, 『페미니즘 시각에서 본 가족』, 한울, 2003.
송명희, 『섹슈얼리티.젠더.페미니즘』, 푸른사상, 2000.
에리히 프롬, 이은자 역, 『여성과 남성은 왜 서로 투쟁하는가』, 부북스, 2009.
케이트 밀레트, 정의숙 역, 『성의 정치학』, 현대사상사, 1976.
오스트레일리아, 장편 극영화 〈피아노〉(제인 캠피온 감독, 1993)
한국, 장편 극영화 〈엄마〉(구성주 감독, 2005)

C. 영화 속의 한국 현대 소설은?

『완득이』 & 『우리들의 행복한 시간』 & 『고령화 가족』

『완득이』[17)]

학교를 소재로 하는 문학과 영화는 꾸준히 만들어지는 추세이다. 아마도 학교라는 공간이 현대인들의 유년을 통칭하는 가장 적합한 상징이기 때문이지 싶다. 최근 청소년들의 삶에 대해 가타부타 말이 많다. 학교와 집, 학원을 쳇바퀴처럼 반복하는 청소년들의 일상은 현대사회의 고질적인 편견과 경쟁 구도의 사회를 노골적으로 보여주는 단면이다. 그 반대의 경우도 마찬가지이다. 학교라는 거대 집단에서 소외받는 왕따나 일진이라 일컬어지는 청소년들의 위험한 일상이 시사하는 바 역시 앞서 언급한 암울한 단면의 다른 예에 불과하다. 김려령의 『완득이』는 이러한 일면들을 비교적 경쾌하게 제시하면서 문제의 심각성을 사회 전반의 문제로 확대하는 데 기여하고 있다.

주인공 완득이는 공부에 소질이 없는데다가 가난하다. 하지만 싸움만큼은 누구에게도 지지 않는 열일곱 소년이다. 그의 삶은 매순간마

---

17) 김려령, 『완득이』, 창작과 비평사, 2008.

다 일촉즉발의 위기일발이다. 학생들을 약 올리는 재미로 학교에 나오는 건 아닐까 의심스러운 담임선생 '똥주', 부잣집 딸에다 전교 1, 2등을 다투는 모범생이지만 왠지 모르게 완득이에게서 눈길을 떼지 못하는 윤하, 완득이가 교회에 갈 때마다 나타나 '자매님'을 찾는 정체불명의 핫산, 밤마다 "완득인지, 만득인지"를 찾느라 고래고래 소리치는 앞집 아저씨 등등 호기심을 자극하는 주변 인물들과의 관계를 통해 완득이의 인생은 더욱 흥미진진하다.

사실 난쟁이 아버지와 베트남 어머니, 어수룩한 가짜 삼촌으로 이루어진 완득이네는 한국사회에서 결코 환영받지 못할 가족상이다. 하지만 킥복싱을 배우면서 할 줄 아는 거라곤 주먹질밖에 없는 완득이는 차츰차츰 행복과 희망이라는 단어를 되새긴다. 주먹에도 정의를 실을 수 있다는 것을 배웠기 때문이다. 영화 속에서 완득의 담임선생님 동주는 완득의 숨기고픈 가정사를 거리낌 없이 같은 반 학우들에게 공개한다. 수치심을 느끼는 완득에게 도리어 그것이 부끄러울 게 뭐 있냐고 되묻는 동주. 있는 그대로의 자신을 솔직하게 드러내는 것이 세상 밖으로 나아가는 첫 걸음이라는 동주의 끈질긴 가르침은 완득을 변화시키는 출발점이 된다. 거칠고 투박한 방식이지만 그 안에서 서로의 삶을 변화시키며 앞으로 나아가는 두 사람의 모습은 선생과 제자의 관계를 넘어 삶의 가장 소중한 가치에 대해 진지하게 숙고하게끔 만든다. 교과서로 통칭되는 성공한 인생의 지침을 맹목적으로 따라가는 대신, 세상과 온몸으로 부딪쳐 자신만의 길을 찾아가는 완득의 삶이야말로 우리가 추구해야 할 삶의 가치가 무엇인지를 고민하게 만들고 있다.

讀 & talk

1. 소설 속 완득이와 영화 속 완득이를 비교하면서 자유롭게 '완득이'라는 인물을 상상해보자.
2. 각자의 청소년기를 회상하면서 인상 깊었던 선생님에 대해 서로 허심탄회하게 이야기해보자.
3. 장애를 가지고 있는 완득의 아버지를 통해 장애인에 대한 편견을 살펴보고 사회제도 안에서 편견을 극복할 수 있는 올바른 방안은 무엇인지 고민해보자.
4. 완득의 어머니는 베트남인이다. 결혼이주민으로서 그녀의 삶을 짐작해보면서 최근 대두되고 있는 국제결혼 문제와 이주노동자 문제에 대해 진지하게 사유해보자. 더불어 국제결혼을 위해 이주한 제3국의 젊은 여성들과 코리아드림을 꿈꾸는 이주노동자들에 대한 긍정적, 부정적 입장들을 정리해보자.

함께 보면 좋은 텍스트

제롬 데이비드 샐린저, 공경희 역, 『호밀밭의 파수꾼』, 민음사, 2009.

구병모, 『위저드베이커리』, 창작과 비평사, 2009.

박범신, 『나마스테』, 한겨레출판사, 2005.

이문열, 『우리들의 일그러진 영웅』, 아침나라, 2001.

헤르만 헤세, 안인희 역, 『데미안』, 문학동네, 2013.

가네시로 가즈키, 김난주 역, 『GO』, 북폴리오, 2006.

『우리들의 행복한 시간』[18]

작가 공지영은 소설을 쓰는 내내 이런 생각을 했다고 한다. "'생명'이란 살아 있으라는 명령"이며, "때론 살아서 이 생을 견디는 것이 죽음보다 괴로울 수도 있겠지만, 어떠한 목숨이라도 분명 유지할 가치는 충분하다."

서른 살의 유정은 살아 있을 이유도, 살아갈 의지도, 희망도 없다고 믿는 아픈 과거사를 지닌 인물이다. 그녀는 유년기의 트라우마로 인해 삶을 더 이상 잇고 싶어하지 않는다. 세 번째 자살시도 후, 정신과 치료를 받아야 하는 상황에서 그녀는 지루한 치료과정 대신 수녀인 고모를 따라 한 달간 사형수를 만나는 일을 택하게 된다. 그 곳에서 유정은 세 명의 여자를 살해한 죄로 사형선고를 받은 윤수를 만난다. 생의 절망을 알아버린 그의 눈빛과 생의 벼랑 끝에서 웅크리고 두려워하는 표정에서 유정은 너무나 익숙한 자신의 얼굴을 발견한다.

사형수와 대학교수. 절대로 어울릴 수 없을 것 같은 두 주인공을 잇는 연결고리는 다름 아닌 죽음과 삶이다. 첫 만남의 불편함을 이겨내면서 차츰 가까워진 두 사람은 서로를 이해하는 과정을 통해 각자가 가지고 있던 과거의 트라우마를 치유한다. 예정된 윤수의 죽음으로 슬픈 이별을 맞이할 때까지 두 남녀는 진심 어린 교감을 나누며 그토록 회피하고 싶었던 삶의 깊은 의미를 깨닫는다.

공지영은 유정과 윤수를 통해 인권의 정의에 대한 물음을 제시한다. 사실 우리는 인권을 지극히 당연하고 자연스러운 권리라고 믿으며 살고 있다. 하지만 인륜을 저버린 인간의 인권은 과연 정당하게 지켜질

---

18) 공지영, 『우리들의 행복한 시간』, 오픈하우스, 2010.

만한 가치가 있는가? 인륜을 무너뜨린 자의 인권도 존중받아야 마땅한 것인가? 사형제도의 존폐 여부가 현대사회의 중요한 이슈로 자리한 것도 이러한 문제의식에서 출발한다.

영화 『우리들의 행복한 시간』[19]의 송해성 감독은 "상처를 지닌 두 남녀가 서로를 구원하는 이야기"라는 콘셉트의 새 영화를 구상하고 있던 차에 우연히 소설 [우리들의 행복한 시간]을 접했다. 대개 소설 원작의 영화는 이야기와 캐릭터를 기존의 텍스트에서 빌려오면서 독자들의 기대치와 선입견을 극복해야할 과제로 떠안기 마련이다. 보통 책을 먼저 접한 관객들은 특정배우가 대신한 주인공을 바라보며 가슴 설레면서도 낯설어 하고, 상상과 다른 장면들이나 없어진 설정들을 아쉬워하기 마련이다. 이에 대해 송해성 감독은 "영화는 소설에 대한 나의 해석이기도 하고, 내가 하고 싶었던 이야기를 담는 틀이기도 하다"라고 설명한다. 소설을 영상화하는 단순작업이 아닌, 창작자 송해성의 생각과 정서를 담아내는 새로운 작업이라는 것이다. 두 배우도 같은 생각이다. "소설 속 인물에 맞춰야 한다고 생각지는 않았다. 소설은 인물을 이해하는 데 도움을 줬지만, 나는 내가 바로 유정(또는 윤수)이라 믿었다"고 배우 이나영은 말했다.

이처럼 책을 영화화한 작품의 경우, 책을 먼저 보느냐 영화를 먼저 보느냐에 따라 주제나 인물에 대한 평가가 판이하게 달라질 수 있다.

---

19) 송해성 감독, 강동원 · 이나영 주연, 『우리들의 행복한 시간』, 2006.

책과 영화를 비교해보면서 소설 속 두 인물과 영화 속 인물의 차이점을 찾아내보자.

讀 & talk

1. 사형제도는 인간의 가장 기본적인 권리인 생명권을 침해한다. 인간이 인간을 죽이는 것은 아무리 법에 의해 이루어진 행위라고 해도 도덕적으로 문제가 있음을 부인할 수 없다. 그렇다면 법으로 사람을 죽이는 행위 즉 사형제도는 옳은가? 사형제도의 궁극적인 효과는 무엇인가?
2. 범죄자를 처벌할 때, 범죄자가 죄를 지을 수밖에 없었던 필연적이고 불가피한 상황을 고려해야 마땅한가? 아니면 원인과 결과에 상관없이 죄, 그 자체만으로 처벌의 경중을 논해야 하는가?
3. 죄는 미워하되 사람은 미워하지 말라는 말의 진정한 함의는 무엇일까?
4. 제목 "우리들의 행복한 시간"에서 함축하는 행복에 대한 작가의 진정한 정의는 무엇인지 함께 말해보자.

함께 보면 좋은 텍스트

프랭크 다라본트 감독, 톰행크스 주연, 『그린 마일』, 2000년 개봉
팀 로빈슨 감독, 수잔 서랜든, 숀 펜 주연, 『데드맨 워킹』, 1995년 개봉
정유정, 은행나무, 『7년의 밤』, 2011.
양순자, 시루, 『어른 공부』, 2012.
알베르 까뮈, 김화영 역, 『이방인』, 민음사, 2011.
미셸 푸코, 오생근 역, 『감시와 처벌』, 나남, 2003.

『고령화 가족』[20]

천명관의 두 번째 장편소설 『고령화 가족』에 등장하는 가족은 매우 특이하고 문제투성이인 '비정상'적 가족이다. 데뷔 영화가 흥행에 참패한데다 '그해 최악의 영화'에 선정되기까지 하면서 십 년 넘게 충무로 한량으로 지내던 늙다리 '나'에게 남은 것은 이제 아무것도 없다. 탈출구도 보이지 않는 회생불능의 상황에 처한 '나'는 어느 날, 다시 엄마 집으로 들어가 살기로 결심한다.

엄마 집엔 120kg 거구로 집에서 뒹굴거리는 백수 형 오한모가 눌어붙어 사는 중이고, 두 번째 이혼 후 딸 민경을 데리고 돌아온 여동생 미연까지 함께 모여 다시 엄마와 함께 한 살림을 시작한다. 이들은 일정 나이가 되면 독립해서 자기 가정을 꾸려야 한다는 대한민국 사회의 보편적인 과정에서 탈락한 자들이다. 우리가 흔히 '어른'의 삶이라고 정의하는 일련의 수순에서 이탈한, 이른바 중년 루저들인 셈이다. 게다가 이 가족의 평균나이는 49세, 제목이 '고령화 가족'인 이유이다.

이혼과 파산, 전과와 무능의 불명예만을 안고 돌아온 삼남매를 엄마는 순순히 받아들인다. 그리고 식구들의 끼니를 챙기는 데 갖은 정성을 기울인다. 어머니로서 그녀가 세상으로의 진입에 실패한 자식들에게 해줄 수 있는 유일한 일은 잘 먹이고 잘 재우는 것뿐이었다. 바로 그것만이 자식들로 하여금 세상과 맞서 싸울 수 있는 힘의 근원이라고, 어머니는 믿고 있기 때문이다. 이는 태곳적부터 전해 내려온 어머니들의

20) 천명관, 『고령화 가족』, 문학동네, 2010.

믿음이기도 하다.

하지만 소설은 우리가 익히 알고 있던 어머니상(想)을 전형적으로 보이는 데에만 급급해하지 않는다. 오히려 소설 속 어머니의 일면은 반(反)어머니상에 가깝다. 그녀는 우리가 익히 알고 있던 어머니와 닮았으면서도 판이하게 다르다. 어쩌면 이 소설에서 가장 문제적인 인물은 어머니일지도 모른다. 결국 인생의 실패를 겪은 뒤 한 집에 모인 이들의 좌충우돌 생존기는 서로의 상처와 비밀들을 폭로하는 장이 된다. 사실상 그것은 어머니의 복잡다단한 삶에서 비롯한다. 하지만 어머니의 비밀이 드러날 때마다 그들은 서로를 보다 깊이 이해하는 계기를 얻는다. 작가는 이 막장 가족을 통해 과연 보기에 정상적인 가족이 존재할 수 있는지 질문한다. 동시에 재혼가정이든 입양가정이든 한부모 가정이든 상관없이 가장 중요한 것은 실제 가족 구성원들 사이에 흐르고 있는 유대감, 사랑, 신뢰임을 명백하게 보여주고 있다.

讀 & talk

1. 누구라도 한번 쯤 각자의 엄마를 다른 집의 엄마와 비교해본 적 있을 것이다. 비단 엄마뿐만 아니라 왜 우리 아버지는 다른 집과 다른지, 나아가 우리 가족의 관계와 다른 가족의 관계를 비교분석하면서 우위를 가늠한 적도 분명 있을 것이다. 각자 가족들의 삶을 객관적으로 반추하면서 그 저변에 깔려 있는 개개인의 이상적인 '가족상'에 대해 이야기해봅시다.
2. '정상'과 '비정상'의 차이를 가족이라는 제도에 연계하여 정의해보자.
3. 소설에서 가장 이해 가능한 인물과 이해 불가능한 인물들을 구분해보고, 만약 나였다면 어떻게 행동하고 살아갈 것인지 상상해보자.

함께 보면 좋은 텍스트

신경숙, 『엄마를 부탁해』, 창작과 비평사, 2008.

오정희, 『새』, 문학과 지성사, 2009.

양영희 · 장민주 역, 『가족의 나라』, 씨네 21북스, 2013.

마리아 바르가스 요사, 송병선 역, 『새엄마 찬양』, 문학동네, 2010.

앙드레 뷔르기에르, 정철웅 역, 『가족의 역사』, 이학사, 2001.

삶과 죽음 05

A. 죽음, 어떻게 만나야 할까

『이반 일리치의 죽음』 & 『모리와 함께한 화요일』

철학자 하이데거(Martin Heidegge)는 "인간이 죽음이라는 불안에 용기 있게 맞설 수 있을 때 삶에서 가장 중요한 것이 무엇인가를 깨닫고 비로소 숭고하게 변하는 삶을 경험할 수 있다."라고 말한다. 우리는 이 세상에 태어난 이상 누구나 죽음을 겪는다. 그러나 누구는 죽음을 생각조차 하지 않을 수 있다. 톨스토이(Lev Nikolayevich Tolstoy)의 〈이반 일리치의 죽음〉(Smert Ivana Ilyitsha, 1886)에서 자신의 죽음을 생각조차, 아니 죽음을 인식하기 싫은 이반 일리치의 삶과 죽음을 다루고 있다.

어떻게 죽을 것인가

이 이야기의 착상은 실화에서 비롯되었다. 톨스토이의 영지 가까이에 있는 툴라(Tula)[21]라는 도시에서 '이반 일리치메치니코프'란 이름을 가진 판사가 아직 젊고 한창 일할 나이에 위암으로 죽었다. 좋은 집안에서 태어나 좋은 교육을 받고, 다른 사람에게 판결을 내리는 데 익숙한 사람이 죽음의 판결을 받게 되었다는 것이 이 이야기의 기본 골격이다.

〈이반 일리치의 죽음〉에 나타난 죽음의 구조는 복잡하다. 그것은 종교나 이상과 사상조차도 없는 충실하고 평범한 판사라는 직업을 가진 인물이 죽는 순간까지 그 직무와 기계적인 생활에 몰두해서 살다가 죽음에 직면해서야 비로소 자신이 참다운 생활을 한 적이 없다고 깨닫고 소스라치게 놀라는 모습을 그리고 있기 때문이다. 이 작품은 얼핏 보기에는 죽음에 초점을 맞춘 것 같지만 좀 더 들여다보면 사실은 삶, 즉 '어떻게 살아야 할 것인가'에 더 무게를 두고 기술한 것임을 알 수 있다.

> "죽음은 어디에 있는 거지? 그는 예의 죽음에 대한 두려움을 찾아보았으나 발견하지 못했다. 어디에 있는 거지? 죽음이라니? 그게 뭔데? 그 어떤 두려움도 없었다. 죽음도 없었기 때문이다. 죽음이 있던 자리에 빛이 있었다."[22]

저마다 죽음을 다르게 생각하는 것은 삶을 바라보는 관점과도 연관된다. 에피쿠로스(Epikouros)는 죽음은 알 수도 없는 것이면서 삶의 근심만을 유발하는 것으로 보았다. 그래서 우리는 이 세상에 사는 동안 진정한 쾌락을 추구하면서 행복하게 살기 위해 노력해야 한다고 본다. 플라톤(Plato)은 인간은 죽음을 통해서 비로소 영혼이 불멸하는 생을 얻는다고 여겼다. 그 때문에 사는 동안 정신적이고 불멸하는 참된 것에 대한 진정한 앎을 얻기 위해 노력해야 한다고 주장한다. 그러기 위해서는 감

21) 모스크바 남쪽180km 지점에 있는 곳으로 교통의 요지이며, 공업 중심지이다.
22) 레프 니콜라예비치 톨스토이, 고일 역, 『이반일리치의 죽음』, 작가정신, 2011, 123쪽.

각적이고 육체적인 즐거움을 주는 것들을 멀리하고, 죽음을 기쁘게 받아들여야 한다. 소크라테스에게 죽는다는 사실은 오히려 축복이었다.

어떻게 살 것인가

결국 죽음을 어떻게 받아들이냐에 따라 삶을 대하는 태도 역시 바뀐다. 마찬가지로 삶을 대하는 태도에 따라 죽음을 받아들이는 자세도 달라진다. 사는 것이 무엇인지 궁금하고 어떻게 살아야 잘 살 수 있는가를 묻는다면, 죽음이 우리에게 어떤 의미인지 함께 물어 봐야 그 대답을 찾을 수 있을 것이다. 우리는 미치 앨봄(Mitchell David Albom)의 〈모리와 함께한 화요일〉(Tuesdays with Morrie, 1997)에 나타난 삶과 죽음을 대하는 태도에서 그 의미를 엿볼 수 있다.

이 작품의 줄거리는 간단하다. 루게릭병으로 죽어가는 노은사와 제자의 수업 이야기다. 모리 선생님은 시한부 생명이라는 선고를 받고 병원에서 나오던 그날, 계획을 세우기 시작했다. 이렇게 시름시름 앓다가 사라질 것인가, 아니면 남은 시간을 최선을 다해 쓸 것인가? 그는 '죽어간다'는 말이 '쓸모 없다'란 말과 동의어가 아님을 증명하려고 노력한다.

"죽을 준비는 어떻게 하나요?"

"불교도들이 하는 것처럼 하게. 매일 어깨 위에 작은 새를 올려놓는 거야. 그리곤 새에게 '오늘이 그날인가? 나는 준비가 되었나? 나는 해야 할 일들을 다 제대로 하고 있나? 내가 원하는 그런 사람으로 살고 있나?'라고 묻지." 〈중략〉

"다시 말하면, 일단 죽는 법을 배우게 되면 사는 법도 배우게 되지."[23)]

---

23) 미치 앨봄, 공경희 역, 『모리와 함께한 화요일』, 세종서적, 2002, 106~107쪽.

우리는 죽음 앞에서 불안감을 느낄 때 서둘러 도망가고자 한다. 이제까지 자신의 삶의 목표들이 한 순간에 무너지는 것을 감당하기가 쉽지 않기 때문이다. 그러나 모리 선생님의 "나는 죽을 준비가 되었나? 나는 해야 할 일들을 다 제대로 하고 있나? 내가 원하는 그런 사람으로 살고 있나?"라는 질문은 자신의 삶을 되돌아보고 지금이라도 후회 없는 인생을 즐기기 위한 자아성찰에 가깝다. 그리고 그 순간 삶의 가장 중요한 것을 깨닫는다. 그때 세상 모든 것은 목적을 실현하기 위한 도구가 아니라 그 자체로 고유한 가치를 지닌 것이 된다.

> "내가 이 병을 앓으며 배운 가장 큰 것을 말해줄까?
> "뭐죠?"
> "사랑을 나눠주는 법과 사랑을 받아들이는 법을 배우는 것이 인생에서 가장 중요하다는 거야." (미치 앨봄, 71)

우리는 어떤가? 사는 것이 무엇인지 궁금하고 어떻게 살아야 잘 살 수 있는가를 묻는다면, 죽음이 우리에게 어떤 의미인지 함께 물어 봐야 그 대답을 찾을 수 있을 것이다.

■ 레프 니콜라예비치 톨스토이, 고일 역, 『이반일리치의 죽음』, 작가정신, 2011.
■ 미치 앨봄, 공경희 역, 『모리와 함께한 화요일』, 세종서적, 2002.

讀 & talk

1. 롭 라이너 감독의 〈버킷리스트〉(2008)에서 죽기 전에 꼭 하고 싶은 일을 기록하는 영화가 있다. 이후 SBS 방송에서 방영된 드라마 〈여인의 향기〉 (2011)에서 시한부 인생을 사는 여주인공(김선아)이 버킷리스트를 작성하여 화제가 되었다. 여러분이 죽음을 앞두고 있다고 가정한 상태에서 죽기 전에 꼭 하고 싶은 일들을 생각해 보고 버킷리스트를 작성해 보자.
2. 죽음은 인간의 삶의 끝인가? 아니면 끝이 아니라 시작인가?

함께 보면 좋은 텍스트

레프 니콜라예비치 톨스토이, 고일 역, 「주인과 하인」, 『이반일리치의 죽음』, 작가정신, 2011.

______________________________, 「세 죽음」, 『이반일리치의 죽음』, 작가정신, 2011.

오츠 슈이치, 박선영 역, 『삶의 마지막에 마주치는 10가지 질문』, 21세기북스, 2011.

미국, 장편 극영화 〈모리와 함께한 화요일〉(믹 재슨 감독, 1999)

B. 안락사는 환자의 권리인가, 인위적 살인인가

『마지막 비상구』 & 『아빠 나를 죽이지 마세요』

안락사(euthanasia)란 어원적으로 편안한 죽음(easy death) 또는 자비로운 죽음(mercy killing)을 의미한다. 통상 안락사는 살아날 가망이 없는 환자가 통증으로 괴로워할 때 독극물이나 기타의 방법으로 빨리 죽음을 맞이하도록 도와주거나, 인공 호흡 장치로 목숨을 이어가는 식물인간과 뇌사자의 인공 호흡기를 제거함으로써 고통 없이 죽음을 맞이할 수 있도록 해주는 것을 의미한다. 이러한 안락사가 오늘날 사회 문제화되고 있는 배경에는 근대 이후 형성되어 온 인간의 죽음에 대한 태도 변화나 모든 질병 치료에서 점차 관철되어 온 공학적 치료 기술의 발전이 있다. 현재 일반적인 죽음의 방식으로 받아들여지고 있는 안락사는 고통 없는 죽음을 안겨주는 자비로운 행동일 수도 있지만, 엄밀히 말해 살인의 범주에 포함될 수도 있다.

안락사의 분류

먼저 안락사는 환자의 의사 표현 여부에 따라 자발적 안락사(voluntary euthanasia), 비자발적 안락사(involuntary euthanasia), 반자발적 안락사(nonvoluntary euthanasia)로 구분할 수 있다. 자발적 안락사는 말 그대로 죽임을 당하는 당사자의 의사에 따라 수행되는 안락사이다. 최근 서구에서 법적으로 허용하자는 캠페인을 벌이는 안락사가 바로 자발적 안락사이다. 개인에게 삶이나 죽음을 선택할 권리가 있는 한 자발적 의사에 의해 안락사를 원할 수 있다는 주장이 있지만, 과연 이것이 법적·윤리적 정당성을 가질 수 있는가에 대해서는 논란이 있다. 비자발적 안락사는 당사자가 자신의 의사 표시를 할 수 없는 상황에서 행해지는 안락사 유형이다. 비자발적 안락사는 신생아들이나 중증의 정신 불구자, 무뇌아, 노인성 치매 환자, 정신질환자, 식물 인간 등 의사 소통을 할 수 없는 사람들을 대상으로 수행된다. 반자발적 안락사는 환자의 거부에도 불구하고 이루어지는 강제적 안락사를 말한다.

품위 있게 죽을 수 있는 인간의 권리

고통 받는 환자와 가족, 의료 전문가들을 위한 최고의 지침서인 『마지막 비상구』는 고통을 받는 환자들이 언제, 어떻게 그 고통을 끝낼 수 있는가에 대한 정보를 제공한다. 1992년 이 책의 초판이 출간되자 전 세계에 큰 반향이 일었고 그 파장은 엄청났다. 저자는 죽음을 선택한다는 것은 항상 어려울 수밖에 없지만 우리 모두는 자신의 방식대로 죽을 권리가 있다고 강조한다. 환자의 기대를 실현함에 있어서, 안락사를 선택한 환자의 유언이 충분하지 않은 이유를 알려주고, 어떤 문서들이 좋은 대안이 될 수 있는지에 대해서도 설명한다. 여기에 적절한 의약품을 구입하는 방법, 마지막 탈출을 위한 가장 빠르고도 평화로운 방법은 무엇인지를 추가했다. 마지막으로 안락사를 선택할 수밖에 없는 사람들이 원하는 시간에 '품위 있게 죽음'을 맞이하기 위한 대안과 계획, 수단을 설명해 준다. 저자는 모든 형태의 안락사는 도덕적으로 위배된다고 믿는 사람들에게 말하고 싶은 것은, 자유가 인정되는 사회에서 자신 신체에서 일어나는 일을 선택하고자 하는 사람들의 생각을 이해하고 수용해야 한다고 주장한다. 우리 모두는 자신의 방식대로 죽을 권리가 있다고 말하는 것이다. 안락사를 찬성하는 사람들은 그 밖에도 환자의 고통을 무시할 수 없으며, 공리주의적인 입장에서 가족들의 경제적 부담, 사회적 재화의 낭비를 우려하는 입장도 있다. 과연 살아 있다는 것이 최고의 선이라고 할 수 있는가?

뇌성마비에 식물인간, 이런 나에게도 삶은 아름답다!

안락사를 반대하는 사람들은 가톨릭처럼 오로지 신만이 생명과 죽음에 관한 지배권을 갖는다고 주장하거나 안락사 허용론자들의 논거들이 무의식에 상태에 빠져 의사 소통이 불가능한 환자의 경우에는 설득력이 없다고 본다. 또한 치료 불가능의 기준이 애매하고, 치료 불가능이라는 의사의 진단이 잘못된 경우도 많다는 것이다. 그리고 만일 안락사가 허용될 경우, 효율성의 논리나 경제적 부담의 문제 때문에 안락사가 남용될 가능성도 많다고 주장한다. 마지막으로 안락사는 생명 경시 풍조를 유발할 수도 있다고 강력히 비판받고 있다.

뇌성마비 장애아와 안락사 문제를 정면으로 다룬 테리 트루먼의 청소년소설 『아빠, 나를 죽이지 마세요』는 미국에서 출간 당시 안락사 문제에 대한 반향과 논란을 불러일으킨 작품으로, 마이클 프린츠 영예상을 비롯하여 여러 문학상을 휩쓸었다. 태어날 때 뇌에 손상을 입은 열네 살 소년 숀 맥다니엘. 자신의 의지로는 눈동자 하나도 마음대로 움직이지 못하는 숀은 뇌성마비에 지적 장애아에 식물인간이다. 아이큐는 1.2, 정신연령은 3~4개월이라는 판정을 받은 그는 하루에도 몇 번씩 끔찍한 고통을 동반하는 발작을 일으킨다. 하지만 숀의 내면에는 남들이 모르는 또 다른 모습이 숨어 있다. 숀은 한 번 들으면 뭐든지 완벽하게 기억하는 재능이 있고, 유머감각과 통찰력도 가지고 있다. 다른 평범한 아이들처럼 누군가를 사랑하고 사랑받고 싶은 열네 살 소년이다. 그러나 그 누구도 이런 숀의 진짜 모습을 알지 못한다. 남들이 보기에 숀은 그저 저능아일 뿐이다. 게다가 아빠는 발작으로 고통스러워하는 숀을 보며, 그를 죽이려는 계획을 세우게 된다. 그런데 마지막 순간, 숀은 발작을 일으켰기 때문에 자신의 생명이 어떻게 됐는지 알 수조차 없게 된다. 저자는 이 책에서 끝까지 살고 싶다는 희망의 끈을 놓지 않는 숀을 통해 긍정적인 삶의 태도와 희망의 메시지를 전한다.

- 데릭 험프리, 김종연 외 1명 역, 『마지막 비상구(FINAL EXIT)』, 지상사, 2007.
- 테리 트루먼, 천미나 역, 『아빠 나를 죽이지 마세요(Stuck in Neutral)』, 책과콩나무, 2009.

讀 & talk

1. 자살과 자발적 안락사의 공통점과 차이점은 무엇인지 생각해 보자.
2. 지금 현재 가장 가까운 사람(사랑하는 자, 예를 들어, 부모, 반려자, 자식 등)이 병원에 누워 있다. 그러나 그는 생명 유지를 위한 수단으로 생명 보조 장치를 달고 있다. 이러한 상태의 환자에게 아마도 당신은 두 방향의 선택의 기로에 서게 될 것이며, 하나를 선택하여 결정하여야만 한다. ① "치료를 계속 할 것인가?" 또는 ② "치료를 중단시킬 것인가?"라는 양단 중 하나의 결정을 내려야만 할 것이다. 만약 치료를 계속하는 것으로 결정 내린다면, 그 결정 이전, 당신이 고려해야 할 부분들은 무엇인지를 생각해보자. 만약 치료를 중단하고 기계를 제거하는 것으로 결정 내린다면 그 결정 이전에 고려해야 할 부분들을 생각해 보자.

함께 보면 좋은 텍스트

한스 큉 · 발터 옌스, 원당희 역, 『안락사 논쟁의 새 지평』, 세창미디어, 2010.

토니 호프, 김양중 역, 『안락사는 살인인가』, 한겨레출판사, 2011.

미셸 오트쿠베르튀르, 김성희 역, 『안락사를 합법화해야 할까』, 민음IN, 2006.

이안 다우비긴 저, 신윤경 역, 『안락사의 역사』, 섬돌, 2007.

산제이 릴라 반살리 감독, 영화 〈청원〉, 2010.

종교

06

A. 인간에게 궁극의 문제는 왜 중요한가

『만들어진 신』 & 『연금술사』

인류가 축적해 온 지식은 눈부시다. 그렇지만 여전히 의문으로 남아 있는 문제는 지구와 인류의 기원과 변화 같은 총체적인 것부터 해서, 한 사람의 출생 이전과 사후 세계와 같은 것 등이다. 이런 문제들이 궁극에 해당하는 것인데 그런 문제에 대한 탐구는 인간 본성의 최고점에 위치한다고 할 수 있겠다.

과거 궁극에 대해 훨씬 더 무지했던 인류는 막연한 두려움 때문에 수많은 경배와 신앙의 대상 및 제도를 양산해 왔다. 근대 사회에서는 과학적 사고와 지식의 발달로 그런 양태의 상당 부분이 소거됐으나, 한편으로는 궁극의 문제 자체에 대해서 무신경해지는 양상이 확산되기도 했다. 무척 궁금하기는 하지만 지난한 문제이고 당장의 현실 생활에서 필히 요청되는 문제로 생각되지도 않는 까닭에, 담담히 수용하든지 방치하든지 하면서 살아가는 게 현대인의 일반적 모습이라고 할 수 있다.

하지만 궁극의 문제는 우리 일상에도 고루 작용한다. 시작은 늘 끝을 향하고, 만남에는 늘 헤어짐이 있으며, 점차 피부는 주름지고 머리카락은 희어지니, 인생이 결국엔 끝-소멸로 귀결되는 것임을 나이가 들수록 실감할 수 있는 까닭에서다. 게다가 인간은 의미와 가치를 구함으로써 삶의 이유와 행복감을 고양하는 존재이니, 그 '끝'에 대처하는 자세가 인간에게는 모두 요구되는 것이다. 이러한 견지에서 우리는 궁극을 탐구하는 여정을 저마다 시작해야 한다.

『만들어진 신』은 과학과 이성(理性)의 이름으로 종교와 신앙 세계를 반증하는 저술의 대표급이다. 신의 존재 유무는 과학적 검증이 불가능한 일종의 가설이며, 전지전능한 유일신에 의해 우주와 세상만물이 창조됐다는 주장도 허구일 뿐이라고 맹공격한다. 신의 존재에 대한 사상가 · 과학자 · 경전 등의 주장에서 논리적 허점과 모순을 짚어내는 한편 과학적 증거를 제시하는 작업을 집요하고 철저하게 전개해 나간다.

리처드 도킨스는 종교 때문에 오히려 인류가 겪어 왔던 재앙들을 열거하면서 인간은 종교에 의지하지 않더라도 자체적으로 발휘할 수 있는 윤리적 본성을 지니고 있다고 주장한다. 다만 신을 상상하거나 은유하는 것은 인간에게 나름대로 유익하고 성경과 같은 경전은 일종의 문학으로서 큰 가치가 있다고 했다.

『연금술사』는 평소 생의 의미를 찾기 위해 애쓰던 산티아고가, 어느 날의 꿈을 신의 계시로 받아들이고는, 현실을 뒤로 한 채 그 '자아의 신화'를 찾아가는 여정에서 발생한 사건과 성찰에 대한 기록이다. 그것이 단순한 여행기가 아닌 것은, 산티아고는 그 여행 즉 '자아의 신화'를 발견하는 일 자체에 인생의 모든 가치와 의미를 부여했던 까닭이다. 그 목적을 위해 다른 사정들은 과감히 포기했고 여정의 순간마다에 집중하면서 세계를 감각하고 우주를 호흡했던 것이다. 이해되는 문제는 이해되는 대로, 의심되는 문제는 의심되는 대로, 알 수 없는 문제는 신의 섭리로 받아들이면서 말이다.

도킨스의 입장에서 보면 산티아고는 부정과 긍정의 여지를 동시에 지니는 인물로 해석될 수 있다. 신을 무작정 따르는 듯한 언행은 종교의 권위에 무작정 희생당하는 가련한 인생으로 폄하될 것이지만, 전체적으로는 산티아고가 삼라만상과의 소통을 시도하면서 '자아의 신화'를 찾아가는 모습을 보이기 때문이다. 이러한 생의 자세는 신과 종교에 대한 견해 차이를 넘어서 공감을 살 수 있는 한 인간의 진지한 모습이다.

증명할 수 있는 문제만 믿음의 대상으로 범주화하기에는, 신의 존재 여부 외에도 증명할 수 없으나 중요한 문제가 다양하다. 전술한 궁극에 해당하는 문제들이 모두 그러하다. 가령, 사랑하는 여부를 표출된 언행 즉 증명의 문제로 환원하면 그 사랑의 의미는 퇴색하고 가치도 하락할 것이다. 사랑이 단순히 보거나 만지는 문제는 아니기 때문이다.

우리는 증명할 수 없다고 해서 사랑을 불신하거나 외면하지는 않는다. 오히려 그것은 명백하게 증명 가능한 모든 문제들을 압도한다. 삶의 목적이 거기에서 비롯되고 삶의 의미 또한 거기에서 결정되는 까닭에서다. 마찬가지로 여타의 궁극적 문제들도 사랑처럼 인생에서 중요한 의미와 가치를 지닌다. 다만 그 궁극의 문제들이 본질을 벗어나 악용되지 않는 한에서다.

이런 관점으로 보면 『만들어진 신』은 신 자체에 관한 논쟁보다는 종교의 고질적 폐해로부터 그 집필 의도가 비롯됐다고 할 수 있다. 저명한 과학자의 언술로 주어졌으나 역시 문제의 칼날은, 신을 미명(美名)으로 앞세운 채 종교라는 외양으로 신 노릇하는 그릇된 종교(인)들을 향하고 있는 것이다. 이러한 문제는 진지하고 성실한 신앙인들 일반에게도 경계(警戒)가 된다. 스스로 삼가고 겸손하지 않으면 누구라도 얼마든지 일상에서 신 노릇을 대신하는 잘못에 빠질 수 있기 때문이다.

궁극의 문제는 평생을 바쳐 연구에 몰두하는 일부 과학자나 사상가들의 전유물로 치부되어서는 안 된다. 그 증명 가능성과는 무관하게 그런 문제들을 상상하고 고민하면서 인간은 저마다의 삶을 성찰하게 되고 더욱 겸손하고 성실하게 살아가는 길을 깨달을 수 있는 까닭에서다. 신앙인이든 아니든 인간의 만사에는 모두 '끝'이 있음을 분명히 알고 있기에, 또한 그 '끝'으로부터 현재의 의미와 가치도 시작되는 것이기에….

- 리처드 도킨스, 이한음 역, 『만들어진 신 : 신은 과연 인간을 창조했는가?』, 김영사, 2007. (Richard Dawkins. *The God Delusion*)
- 파울로 코엘료, 최정수 역, 『연금술사』, 문학동네, 2001. (Paulo Coelho. *The Alchemist*)

讀 & talk

1. 가장 슬펐던 기억을 회상해 보고, 그 일을 통하여 깨달은 삶의 의미와 자세에 대해 생각해 보자.
2. 『연금술사』에서 산티아고의 여행과 보물에서 가시적(可視的) 또는 구상적(具象的)인 성과는 잘 찾아지지 않는다. 현실을 포기하고 모든 것을 바쳐서 감행한 여정이었는데도 말이다. 그러나 마지막 페이지에 이르면 산티아고도 우리 독자들도 모두 만족스런 표정을 짓고 있음을 깨닫게 된다. 산티아고의 여정은, 우리의 평소 모습과 생각에 비춰보면 참으로 쓸데없는 일이었다. 그런데 여러분은 왜 미소를 지었는가. 그 이유를 발표해 보자.
3. 『만들어진 신』은 어떤 독서 가치가 있는가. 자신의 신조에 따라 유신론자 또는 무신론자의 입장에서 발표해 보자.

4. 한국은 세계적으로 초대형 교회를 절반 이상이나 보유하고 있다. 그 교회들과 관련된 물의는 이미 대내외적으로 많이 알려져 있다. 신의 존재 여부나 개인의 종교는 제외하고 바람직한 종교와 신앙으로 문제를 국한할 때, 한 집회(장소) 규모의 적정 수준에 대해서 토론해 보자.
5. 'homo religious'라는 술어(術語)가 성립할 수 있겠는가? 종교성이 인간 본성 중 하나라고 할 때, 그 '종교성'의 성격이나 범위는 어떻게 될지 토론해 보자.

함께 보면 좋은 텍스트

김용준, 『과학과 종교 사이에서』, 돌베개, 2005.
화이트헤드, 오영환 역, 『과학과 근대세계』, 서광사, 2008. (Alfred North Whitehead. *The Science and the modern world*)
브라이언 그린, 박병철 역, 『우주의 구조: 시간과 공간, 그 근원을 찾아서』, 승산, 2005. (Brian Greene. *The fabric of the cosmos : space, time, and the texture of reality*)
칼 세이건, 홍승수 역, 『코스모스』 특별판, 사이언스북스, 2006. (Carl Sagan. *Cosmos*)
엘리자베스 퀴블러 로스 외, 류시화 역, 『인생 수업』, 이레, 2006. (Elisabeth Kübler-Ross & David Kessler. *Life lessons*)
루트비히 포이어바흐, 강대석 역, 『종교의 본질에 대하여』, 한길사, 2006. (Ludwig Feuerbach. *Vorlesungen über das Wesen der Religion*)
리처드 도킨스, 이용철 역, 『눈먼 시계공』, 사이언스북스, 2004. (Richard Dawkins. *The blind watchmaker*)
스티브 도나휴, 고상숙 역, 『사막을 건너는 여섯 가지 방법』, 김영사, 2005. (Steve Donahue. *Shifting sands : a guidebook for crossing the deserts of change*)

B. 사람은 종교 없이 살 수 있는가

『성경』 & 『불교성전』

지구상에 사는 사람들은 빈부귀천을 물론하고 모두 하나하나 생명체로서 똑같이 먹고 마시며 배설하며 잠자고 산다. 그러면서 즐거워하고 함께 이야기하며 일을 도모하고 성취하며 산다. 그러다가 계획대로 이루어지지 않고 뜻하지 아니한 일로 사고와 죽음을 당하면 슬퍼하고 깊은 고민에 빠진다. 이 같은 일이 언제까지 갈까? 인간의 생로병사, 죽음은 왜 있는 것일까?

동물들은 번식하여 새끼를 낳고 식물들은 씨를 퍼뜨려 새싹을 피우는 일이 언제까지 계속될 것인가? 극한의 남극지방엔 황제 펭귄이 새끼를 낳아 배털 아래 품고 한겨울 북한산에는 진달래 꽃망울이 바람에 흔들리는 일이 언제까지 계속될까?

모든 생물 중 언어를 가지며 생각하는 존재인 인간만이 종교(宗敎)를 갖고 있다. 인간사회에는 반드시 종교가 존재한다. 1999년도 문화관광부 자료에 의하면 우리나라 인구 100명 중 54명이 종교인이며 세계인구 68억 가운데 3분의 2가 종교인이라고 하지만, 나머지 비종교인들도 사실은 자기 나름의 신조 내지 삶의 태도를 가지고 살아간다고 볼 때에 사람은 미래의 일에 대해 앞일에 대해 죽음에 대해 '믿는 바'가 있다는 것을 의심할 수가 없다. 유명한 산악인 엄홍길이나 박영석은 히말라야 등산 때 음식을 차려놓고 산신제를 드린다. 조선시대의 왕들은 종묘제례를 올리며 조상신을 위로하고 국가의 안녕을 기원한다. 이처럼 사람들은 큰일을 앞두고 미래의 알 수 없는 위험과 죽음을 염두에 두면서 어떤 다른 존재에게 빌고 기원하는 일을 한다. 사실 생명이란 발생부터가 연약하고 나약하여 보호받게 되어 있다. 넓게 보면 대자연의 모든 생물이 오늘날 기후 조건의 변화를 걱정하지 않을 수 없다. 지구 앞날이 어떻게 될 것인가. 지구상의 모든 문제들 – 전쟁과 기근, 지진 – 해일, 홍수, 토네이도 같은 재난, 환경 오염, 빈부 격차, 정치적 이권 다툼 속에서도 사는 사람은 살고 세대를 이어가지만 정작 부모가 죽고 남편이 죽고 사랑하는 아이가 죽어가는 상황에서 인간의 정신은 황망(遑忙)하지 않을 수 없다. 죽음 뒤에는 어떤 일이 있을까? 왜 삶이 있고 죽음이 있는가?

오늘날 문명의 발달과 생활의 안일로 서구와 미국 등 선진국에서는 종교 없이도 살 수 있을 것같이 종교가 상당히 퇴색되고 있다. 그런데 이 같은 현상은 일찍이 서구가 산업화를 경험하고 경제적 부를 누리고, 인간 이성으로 이해되지 않는 것은 모두 배척하는 계몽주의가 유럽을 휩쓸면서 종교심이 인간의 마음에서 상당히 퇴조한 것이 사실이다. 그렇지만 여전히 인간의 마음 깊은 곳에는 삶과 죽음에 대하여 의구심(두려움)이 잠재되어 있는 것이다.

일찍이 계몽주의 시대에 종교를 옹호한 사람으로 슐라이어마허가 있었다. 그의 『종교론』과 더불어 종교에 대해 폭넓은 연구를 한 사람으로 『독일인의 사랑』으로 유명한 막스 뮐러가 있다. 그의 『종교학 입문』은 그의 해박한 언어적 지식으로 인도 · 아프리카 · 이집트 · 그리스 · 로마 · 바빌로니아 등의 신화(神話)들을 연구하며 그 속에 스며 있는 종교들에 대하여 탐구한 학문적 업적이라 할 수 있다. 이 책으로 인해 그는 종교학의 창시자로 불리고 있다.

원래부터 종교적인 인간은 시대를 거쳐 오면서 또 지역을 따라 분포하면서 여러 모양의 종교 형태를 유지해오고 있다. 자연을 숭배하고 토템을 숭배하는 원시종교 외에도 고대로부터 이집트·바빌로니아·그리스·로마의 종교가 있었으며, 지역을 따라서 인도에서 발생한 힌두교와 불교, 중동에서 발생한 이슬람교와 조로아스터교, 중국에서 발생한 도교와 유교가 있다. 우리 한국에도 샤머니즘 외에 천도교와 원불교와 증산교와 대순진리교 그리고 통일교가 있다.

종교를 분류하자면, 경전의 유무에 따라 자연 종교와 계시 종교로 나눌 수 있고, 신(神)의 수에 따라 범신교, 다신교, 일신교로 나눌 수 있으며, 지역성을 따라 부족 종교, 국가 종교, 세계 종교로 나눌 수 있는데, 이를 표로 제시하면 아래와 같다.

| 표 1 | 종교의 분류 (김기곤 〈비교종교학〉)

기준	종류	종파
경전 유무	자연 종교, Natural religion	원시 종교-경전 없음
	계시 종교, Revealed religion	고등 종교-경전 있음
신(神)의 수	범신교, Pantheism	불교, 도교
	다신교, Polytheism	불교, 신도교, 힌두교
	일신교, Monotheism	기독교, 유대교, 이슬람교
지역성	부족 종교, Tribal religion	시크교, 자이나교
	국민 종교, National religion	힌두교, 신도교(일본)
	세계 종교, Universal religion	기독교, 불교, 이슬람교

세계의 '3대 종교'라 하면 기독교, 불교, 이슬람교를 가리키며 이들 3대 종교는 국가의 경계를 넘어 인류역사와 가치관에 큰 영향을 끼쳐온 세계종교다.

우리가 종교를 이해하기 위해서는 경전을 직접 대하는 것이 좋다. 인쇄술의 발달로 우리는 얼마든지 쉽게 그 경전을 접할 수 있다. 따라서 『성경』의 '창세기'와 '마태복음'을 묶어 읽고 『불교성전』 1편의 '부처님의 생애'와 3편의 '대승경전' 몇 장을 읽어보면 좋다. 여기에 『코란』의 114장 가운데 1~2장을 읽어 코란의 분위기와 주지(主旨)를 살펴보면 좋다.

이 3대 종교가 세계 속에 또 어떤 역사를 가지고 전개되었는가를 알아보기 위해서는 이원복의 글, 그림으로 된 『신의 나라 인간 나라』를 살피고 역사연구모임의 저술로 된 『상식으로 꼭 알아야 할 세계의 3대 종교』를 살필 수 있다. 그리고 폭넓게 세계에는 어떤 종교 종파들이 있는가를 알아보기 위해서는 신현광의 『그리스도인이 보는 세계종교』와 김기곤의 『비교종교학』을 함께 읽어보는 것이 좋겠다. 이 3대 종교 중에서도 기독교는 세계적인 경전과 세계적인 신도들을 가지고 있고 유일신을 신봉하는 것으로 독특한데, 기독교에 대한 접근으로는 김은배의 『기독교 알아가기』, 김병철의 『현대인을 위한 기독교』를 비교하면서 읽어보기를 권한다.

삼육대학교는 정통 기독교 대학임을 자부하는데 체육, 지육, 영육이라고 하는 전인적(全人的)인 교육을 표명하는 기독교 교육을 실시하고 있다. 그러면 정통 기독교는 오직 성서에 입각하여 어떤 가르침을 주는가?

그것은 다음의 특징을 지닌다. 즉 절대자요 인격적 존재자가 그의 사랑의 속성을 인하여 함께 대화하고 사랑을 나눌 사람을 창조하였음을 믿는다. 사람을 창조하기 전에 빛과 물, 하늘과 땅, 해와 달과 별, 그리고 식물과 동물 등 모든 세계를 아름답게 창조하여 그곳에 사람이 살도록 하였으며 그분의 속성을 따라 죄와 죽음이 없이 영원히 행복하게 살도록 허락되었음을 믿는다. 그리고 창조 전에 가장 아름답고 영광스러운 지위에 있다가 이기적 욕망으로 하나님을 대적한 천사장이 타락하여 있다가 태초의 사람을 유혹하여 악의 권세 아래 타락시킨 일과 노아의 홍수와 예수 그리스도의 십자가 상의 죽음과 구속, 그리고 그분의 다시 오심에 대한 약속을 믿는다. 또한 성서의 구약(舊約)을 신약(新約)과 똑같이 하나님의 섭리 아래 기술된 거룩한 책이라고 생각하며 믿음의 기초로 삼는다. 기독교에 대한 특히 예수 그리스도에 대한 깊은 이해를 위해서는 이. 지. 화잇의 『인류의 빛』과 김명호의 『예수의 생애와 교훈』을 묶어 읽어보는 것이 좋다.

이밖에 박이문의 『종교란 무엇인가』와 양영란이 번역한 『종교, 신 없는 종교는 가능한가』는 철학자인 저자들이 인간과 종교에 대한 깊은 사색들을 담은 글로서 우리에게 종교에 대하여 깊은 생각을 하게 하는 책들이다.

그리고 한국인으로서 한국 내 여러 종교들에 대해 이해를 넓히기 원한다면, 계창호의 『한국인과 종교』와 채준식의 『한국의 종교, 문화로 읽는다 1, 2, 3』을 읽을 수 있겠다.

- 『성경』, '창세기'와 '마태복음'.
- 『불교성전』(동국대 부설 역경원), 1편의 '부처님의 생애'와 3편의 '대승경전' 몇 장.

讀 & talk

1. 예수 그리스도와 석가모니 삶의 공통점과 차이점은 무엇인가?
2. 3대 종교와 비(非)3대 종교는 가치상 차이가 있는가?
3. 사람이 죽으면 정말 흙이 되고 모든 것은 끝나는가?

함께 보면 좋은 텍스트

1. 김기곤, 『비교종교학』, 시조사, 2002.
   김은배, 『기독교 알아가기』, 삼육대학교 출판부, 2003.
2. 슐라이어마허, 『종교론』, 한들, 1997.
   막스 뮐러, 『종교학 입문』, 동문선, 1995.
3. 이원복의 글그림, 『신의 나라 인간 나라』, 두산동아, 2002.
   역사연구모임 저, 최용훈 역, 『상식으로 꼭 알아야할 세계의 3대 종교』, (주)삼양미디어, 2006.
4. 『코란』, 114장 가운데 1~2장, 이슬람 국제출판국, 1988.
   이원복, 『신의 나라 인간 나라』, 두산동아, 2002.
5. 김은배, 『기독교 알아가기』, 삼육대학교 출판부, 2003.
   김병철, 『현대인을 위한 기독교』, 지샘, 2007.
6. 이. 지. 화잇, 『인류의 빛』, 시조사, 2001.
   김명호, 『예수의 생애와 교훈』, 삼육대학교 출판부, 1989.
7. 박이문, 『종교란 무엇인가』, 도서출판 아름나무, 2008.
   양영란 역, 『종교, 신 없는 종교는 가능한가』, 2001.
8. 계창호, 『한국인과 종교』, 미주개척출판사, 2001.
   채준식, 『한국의 종교, 문화로 읽는다. 1,2,3』, 사계절, 1998.

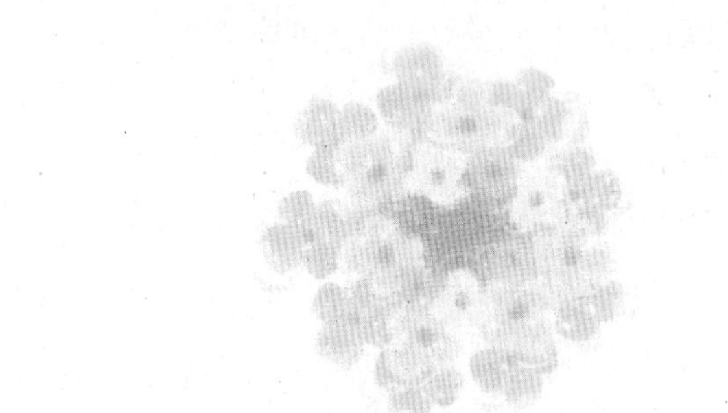

역사

07

A. 과거와 현재는 어디에서 갈라지는가

『삼국사기』 & 『삼국유사』

국가나 회사나 개인이나 역사를 가지고 있다는 것은 자랑스러운 일이다. B.C. 2333년의 단군조선 건국 기록이나 B.C. 57년 박혁거세가 신라를 세웠다는 역사적 기록을 가진 대한민국은 분명 자랑스러운 나라이다.

개인의 기록인 일기도 성실한 삶의 기록일 때 큰 가치를 지닌다. 과거 역사를 뒤돌아보고 현재의 삶을 개선해 나가는 일은 사람의 마땅한 일이다. 과거는 멀리 있는 것 같아도 과거를 바로 본다면 우리는 현재를 보다 확실하게 살찌울 수 있다. 사람은 과거를 통해서 현재를 배우기 때문이다. 지나간 과거를 돌아보는 것이나 어제의 삶을 반추하는 일은 인간의 고유한 사유(思惟) 능력이기도 하다. 결국 어제의 삶이나 먼 과거의 삶은, 우리가 되돌아보고 오늘의 삶에 활용하는 한, 그것들은 모두 나의 것이 될 수 있다.

만일 사람이 과거의 일을 잊어버리면 그 망각은 치매환자가 아닐지라도 사람을 바보스럽게 만든다. 어떤 사람이 어제와 이전의 모든 일을 망각해 버린다면 그는 어떤 사람이 될 것인가! 그런 점에서 사람은 마땅히 과거의 일을 알아야 한다. 가정의 부모에게서, 학교의 스승에게서, 회사의 사장에게서 무엇인가를 배우는 일은 기실 과거에 축적된 노하우(Know-how)를 배우는 일이다. 사람은 역대(歷代)의 사적(史蹟)과 같은 과거의 사실을 배워야 한다. 그것들은 모두 현재의 바탕이 되기 때문이다.

역사학의 고전이 된 E. H. 카의 『역사란 무엇인가』에서는 역사적 사실을 단순한 사실과 견주면서 역사적 사실은 '시저가 루비콘 강을 건넜다.'와 같이 역사의 큰 줄기에 기여하는 사실인데 비해 단순한 사실은 '여기 10만 원짜리 책상이 있다.', '내가 교양국어 강의시간에 출석하고 있다.'와 같이 어떤 큰 맥락 속에서 의미를 갖지 못하는 사실이라고 말한다.

그리고 그는, 과거를 자료(資料)로서만 볼 것이 아니라 현재의 삶과 관계가 있는, 새롭게 해석되는 것으로 보아야 한다면서, 역사는 그런 해석과 정리를 내리는 역사가(歷史家)와 역사적 사실과의 상호작용이며 과거와 현재 간의 끊임없는 대화라고 말한다.

한편, '도전(挑戰)과 응전(應戰)'의 역사학으로 유명한 토인비의 『토인비와의 대화』에서는 젊은이들이 과거의 경험에서 얻을 수 있는 가르침을 무시하는 경향이 있다고 말하면서 역사 속에서 무엇을 배울 수 있는지 한 가지 한 가지 이야기하고 있다. 그의 이야기는 그런 역사를 통한 지식을 통해 학자답게 넓은 시각으로 미래를 전망하는 태도를 보여주고 있다. 이처럼 과거의 역사는 역사가의 눈을 통해 현재의 삶을 풍성하게 해주고 미래의 삶을 넓은 시야로 전망하게 해준다.

어떤 역사서를 읽을 것인가

그러면 대학생은 역사서로서 무엇을 읽을 것인가? 서양에서 최고의 역사서라면 헤로도토스(Herodotos)의 『역사』가 있고, 동양에서는 최고최대(最古最大)의 사마천(司馬遷)의 『사기(史記)』가 있다. 역사의 아버지 헤로도토스는 역사적 자료를 찾아 연구하며 페르시아와 이집트와 스키타이와 그리스 등의 지리, 문화, 풍속을 비교적 체계적으로 구성해 놓았다. 그의 『역사』는 후반 7, 8, 9장에서 유명한 페르시아와 그리스 사이의 전쟁을 자세히 그리고 있다. 한편 동양이 자랑하는 역사서 『사기』는 사마천의 필생의 작업으로 그 책의 부피만도 130권이나 되는 방대한 분량이다. 고려 김부식의 『삼국사기』의 모델이 된 이 글은 기전체(紀傳體)라고 하여 본기(本紀), 열전(列傳)을 두었으며 그밖에 세가(世家), 서(書), 표(表)들로 이루어져 있다. 특히 열전은 연대식으로 기술된 본기가 담지 못하는 중국 고대 역사에 나오는 수많은 제후, 장수, 민중들에 대한 이야기로 객관적이고 요령있게 또 흥미있게 기술해 놓은 전기문학으로서 역사 기술(記述)의 새로운 방식을 보여준다.

우리나라의 역사서는 아는 대로 고려 인종 때 김부식에 의해 기술된 『삼국사기』와 고려 충렬왕 때 일연선사에 의해 기술된 『삼국유사』가 본격적이고 가장 오래된 역사서이다. 삼국사기는 앞서 말한 대로 신라, 고구려, 백제 삼국의 역사를 기술함에 있어서 기전체 방식을 취하여 본기 28권, 열전 10권 그밖에 연표(年表) 3권, 잡지(雜志) 9권으로 구분하여 기술하였다. 반면 『삼국유사』는 저자의 진술처럼 삼국사기에 다루지 아니한 남은 사적(유사, 遺事)를 중심으로 그 내용을 왕력(王曆), 기이(奇異), 흥법(興法) 등 9개 편으로 나누어 기술했는데 맨 처음 왕력은 삼국의 연표와 성격이 같은 것이다. 알고 있겠지만, 『삼국유사』에는 고조선의 기록과 신라 향가의 기록과 불교 고승들의 이야기와 민가에 유포되고 있던 많은 야사적인 이야기를 기술함으로써, 『삼국사기』에서 살필 수 없는, 삼국의 많은 종교적, 문학적, 민속적 이야기를 접할 수 있게 해준다.

보다 쉬운 역사서는 없는가

이제 20, 21세기를 살아가는 사람들이 기술한 역사 이야기책을 살펴보기로 하자. 역사는 역사가에 의해 새롭게 재해석된다고 할 때, 강만길 외 지은 『우리 역사 속 왜?』와 『우리 역시를 의심한다』는 우리 역사의 이면(裏面)에 대해 물어볼 수 있는 여러 '왜?'의 문제를 개화기 내지 해방 이후에 대해 던져 이야기해 주고 있으며, 『내일을 읽는 토론학교-역사』는 중고생을 대상으로 하여, 신라가 당에 의존한 통일의 정당성 혹은 부당성이라든지 조선건국 초기 신권과 왕권의 쟁투라든지 조선 붕당정치의 공적과 과실이라든지 일제 식민통치의 음영 등의 문제들에 대해서 찬반토론식 주장을 제시하여 그 주장을 흥미롭게 독자들에게 읽게 하고 있다.

오늘날 세계의 230여 나라 중에 최강의 나라이면서 세계의 경찰국가로서 활동하는 미국은 그 뛰어난 민주주의 체제로, 수많은 탁월한 인물의 등장으로 유명하다. 미국의 역사는 세계 역사의 한 축을 이룬다는 점에서 우리가 읽어보아야 할 책이다. 미국사를 다룬 책으로는 박보균의 『살아 숨쉬는 미국역사』와 전국역사교사모임의 『처음 읽는 미국사』가 좋겠다.

그리고 우리의 가까운 이웃으로 수천 년 동안 우리나라와 교류하고 있는 중국과 일본의 역사를 이해하는 텍스트로서는 저우스펀의 『중국사 강의』, 강창일과 하종문의 『일본사 101장면』 등을 들 수 있겠다.

■ 김부식, 이우경 역, 『삼국사기』, 한국문화사, 2007.
■ 고운기 글, 일연선사 『삼국유사』, 현암사, 2002.

讀 & talk

1. 역사는 기록물인가 아니면 과거와의 상호작용인가?
2. 『사기』에 나타난 사마천의 역사의식은 무엇인가?
3. 미국 역사가 다른 나라의 역사에 비해 특수한 점은 무엇인가?

함께 보면 좋은 텍스트

1. 헤로도토스(Herodotos), 천병희 역, 『역사』, 도서출판 숲, 2009.
   사마천(司馬遷), 김진연 · 김창 역, 『사기(史記)』, 서해문집, 2004.
2. E. H. 카, 권오석 역, 『역사란 무엇인가』, 홍신문화사, 1988.
   토인비, 김기덕 역, 『토인비와의 대화』, 민성사, 1999.
3. 박보균, 『살아 숨쉬는 미국역사』, 랜덤하우스중앙, 2005.
   전국역사교사모임, 『처음 읽는 미국사』, 휴머니스트, 2010.

B. 역사의 기록인가, 기록의 역사인가

『역사란 무엇인가』 & 『칼의 노래』

역사를 안다는 것은 기록물을 통해 과거의 사건 · 사실들을 익혔다는 뜻이다. 역사화(歷史化)의 작업은 지금 이 순간에도 진행 중이라고 하겠으니, 인간은 본질적으로 어떤 일에 대해서든 이유를 찾고 의미를 구하며 가치를 판단하려 하기 때문이다. 더욱이 인간이 존재하는 시공(時空)은 늘 변화하는 속성을 갖기에, 바로 지금의 일도 곧 제한된 기억과 기록[저장]에 의존하는 과거가 되고 만다.

과거에 대한 정확하고 완벽한 보존은 기술적(技術的)으로 불가능한 일, 하여 과거[역사]는 해석과 판단을 필히 요청하게 된다. 여기가 바로 『역사란 무엇인가』에서 역사 기술(記述)에 관한 한 역사가의 역할이 매우 중시되는 지점이다. 역사가의 관점이나 태도에 따라 어떤 역사적 사건 · 사실의 의미나 가치는 달라질 수 있는 까닭에, 역사가는 과거와의 대화를 통해 끊임없이 그 의미와 가치가 최적하게 되도록 애써야 한다는 것이다.

역사가는 응당 사료(史料)와 사관(史觀)에 최선의 엄정함을 기해야 한다. 우선 사료들을 방대하고 꼼꼼하게 수집하여 그것들이 자명하게 진술하도록 할 것이며, 사료들의 결락으로 온전한 기술이 불가할 경우라도 객관적 분석과 해석을 초과하지 않도록 신중해야 한다. 따라서 역사 기록은 법정에서의 진술과 기록이 그러하듯 다소 딱딱한 내용이 되기 쉽다.

여기에 그럴듯한 상상력을 바탕으로 숨결을 불어넣는 것이 역사소설이다. 역사 기술에서는 배제되는, 사건과 언행의 단면들에서 제기됐을 인간으로서의 고뇌와 의식이 문학의 이름으로 실감나게 형상화될 수 있기 때문이다.

『칼의 노래』는 저 높은 곳에 위치한 '성웅 이순신'을 우리와 같은 보통의 자리에 앉힌다. 그의 공적과 인품을 깎아내림으로써가 아니다. 익히 알려진 역사적 내용에 인간의 무늬를 촘촘하게 입힘으로써, 그를 독자의 곁에 세우는 것이다. 역사의 신화(神話)가 이렇게 문학적 진실로 되살아날 때 후세는 더욱 감동하여 따르게 된다. 하지만 문학적 장치를 악용하여 역사를 왜곡하거나 신화를 창조하려는 불순한 기도(企圖)는 늘 경계되어야 한다. 역사를 통해 과거를 익히고 통찰하는 사고와 문학적 상상력을 통해 그 진실성을 부단히 탐문해야 하는 것이다. 이러한 자세는 역사 문제에만 국한되지 않으니, 전술했듯이 역사화는 매순간 진행 중인 까닭이다.

어떤 사건이나 인물에 대한 평가에서는 물론이려니와 그 구체적 사실관계에서도 엇갈림이 발생하는 것은 어쩌면 자연스런 현상이다. 따라서 견해가 불일치하는 사안에 대해 일방적인 결론을 내리는 것은 어리석은 일이 되기 쉽다. 이해관계가 첨예하게 대립되는 사안일수록 결론이 한쪽으로 쏠리게 하려는 의도가 더 많이 작용되는 까닭에서다.

미디어의 발달이 심화된 현대 사회에서는 보통 사람이라도 시사(時事)와 상식에 상당히 밝을 수 있다. 시공간의 위치상 언제든 확인할 수 있는 내용은 말할 것도 없고, 평생을 두고도 직접 대면할 가능성이 희박한 내용에 대해서도 방대하게 알고 있으니 말이다. 게다가 미디어는 실감을 극대화하는 쪽으로 계속 발달하고 있다. 이러한 환경에서는 어떤 사안을 여과하는 장치와 통찰력이 마비되기 쉽다. 문제는 이 지점에서 시작된다. 정보량이 충분하고 그것들이 완벽한 사실이라는 착각이 팽배하면 현대판 마녀 사냥도 거침없이 자행될 수 있는 것이다.

'역사의 기록인가 기록의 역사인가'라는 논제에는 과거를 수용하는 자세뿐 아니라 현재를 통찰하고 미래를 가늠하는 지성적 태도의 절실함이 함의돼 있는 것이다. 역사는 과거를 통해 현재를 해석하고 미래를 내다보는 혜안을 길러준다는 명제가 막연하거나 공연(空然)하게 느껴졌던 사람도 적잖을 것이다. 역사 공부를 단순히 과거의 많은 사건이나 인물 목록을 섭렵하는 일쯤으로 여겼을 때문일 테다. 하지만 이번 테마를 통해 역사 공부가 현재를 살아가는 인목을 고양하는 네까시 발선할 수 있음을 부디 실감하기 바란다.

- 에드워드 카, 김택현 역, 『역사란 무엇인가』, 까치, 1997. (Edward Hallett Carr. *What is history?*)
- 김훈, 『칼의 노래』, 1 · 2, 생각의나무, 2001.

讀 & talk

1. 철석같이 믿고 있었던 지식이나 사실을 새로운 정보나 깨달음 때문에 수정해야 했던 적이 있습니까? 그 경험에 대해 발표해 봅시다.
2. 종교나 정치 또는 사회 문제에 대한 토론이 곧잘 난관에 봉착하는 까닭은 무엇일까. 그런 문제들에 대한 토론의 생산성을 어떻게 높일 수 있을까.
3. 우리가 획득하는 정보의 대부분은 간접적인 경로로 입수됩니다. 또한 직접 목격한 정보라 하더라도 그 사실성에 있어서는 얼마든지 한계를 지닐 수 있습니다. 그럼에도 불구하고 우리는 그 제한된 정보로 판단하거나 규정하는 오류를 범하곤 합니다. 〈뒷면 계속〉

더욱이 현대사회는 미디어가 상당히 발달된, 가히 정보의 과잉 시대라서 그런 문제가 심화될 가능성이 더 높다고 하겠습니다.
이런 문제들은 확장될까요, 언젠가는 해결–적정 수준으로 유지–될까요. 첨단 기기의 사용자 관점에서 구체적 사례를 들어서 토론해 봅시다.

함께 보면 좋은 텍스트

이한구, 『역사학의 철학: 과거를 어떻게 재현할 것인가』, 민음사, 2007.
함석헌, 『뜻으로 본 한국 역사』(젊은이들을 위한 새 편집), 한길사, 2003.
아놀드 조셉 토인비, 홍사중 역, 『역사의 연구』, 동서문화사, 2007. (Arnold Joseph Toynbee. *A study of history : abridgement of volumes I–VI by D.C. Somervell*)
베네딕트 앤더슨, 윤형숙 역, 『상상의 공동체: 민족주의의 기원과 전파에 대한 성찰』, 나남, 2002. (Benedict Anderson. *Imagined communities: reflections on the origin and spread of nationalism*)
빌 브라이슨, 이덕환 역, 『거의 모든 것의 역사』, 까치글방, 2003. (Bill Bryson. *A Short History of Nearly Everything*)

C. 남북 분단은 우리 역사를 어떻게 바꾸어 놓았는가

『고쳐 쓴 한국현대사』 & 『분단과 한국사회』

역사인식은 단순히 과거에 일어났던 어떤 사실을 아느냐 모르느냐의 문제에 머무는 단편적인 지식이 아니라, 자기 자신과 자신이 속해 있는 어떤 집단의 현재적 위치를 통시적 관점에서 규정할 수 있게 하고, 그 역사적 의의를 판단할 수 있게 하며, 그리고 앞으로 나아가야 할 방향에 대해 모색할 수 있게 하는 사유능력이라 할 수 있다.

특히 지난 과거 굴곡진 근현대사를 거쳐 온 대한민국의 현재를 살아가는 젊은이들에게는 필수적으로 요구되는 것이 바로 역사인식일 것이다. 이것은 누가 가지라고 강요한다고 생기는 것이 아니며, 뺏으려고 억압한다고 사라지는 것이 아니다. 그저 우리 스스로가 내재적으로 가지고 있는 것을 잊은 채 방기하느냐 자각하여 정화하느냐의 차이일 뿐인 것이다.

그러한 의미에서 역사인식은 감정적으로 자극하고 선동하여 어떤 편향된 방향으로 이끌어야 할 대상이라기보다, 가급적 균형적이고 왜곡되지 않은 사실들에 기초한 역사적 사건들과 그 의의를 냉정하게 평가할 수 있도록 하는 것이어야 한다. 이러한 관점에서 『고쳐 쓴 한국현대사』와 『분단과 한국사회』라는 책은 함께 읽어볼 만한 책이다.

『고쳐 쓴 한국현대사』는 일제 식민지 시대부터 현대까지 정치, 경제, 사회, 문화적 측면을 분류하여 두루 검토하는 내용을 담아 그 당대에 대한 이해를 높이는 데 도움을 준다. 책에 소개된 대부분의 내용들이 중요한 의미들을 지니고 있으며, 균형잡힌 역사적 시각을 제공해 준다.

현재의 한반도에 내재한 수많은 문제들, 그것들은 궁극적으로 일본에 의한 36년 간의 식민 지배와, 이념 대립으로 인한 분단과 전쟁, 그 전쟁이 낳은 지리적 분단에 귀착된다. 즉, 지금 현재의 대한민국의 모든 문제는 식민 지배와 분단에서 파생되어 나오는 것이라고 보아도 무방할 터인데, 『고쳐 쓴 한국현대사』는 이렇게 된 과정을 밝혀내고 있다.

더 세부적으로는 식민지 시대 한국의 실상, 좌우의 이념 대립, 남북 분열과 동족상잔의 비극, 민주화 운동의 전개 등 우리 근현대사에서 중요하다고 여겨질 모든 것들에 대해 이해하기 쉽도록 자세히 서술하였다. 뿐만 아니라 정치적인 내용들만을 싣지 않고 경제, 사회, 문화적 부분을 고루 설명해 놓음으로써 일제시대부터 지금까지의 시대 상황에 대한 이해를 돕고 있다.

한편 『분단과 한국사회』는 논문을 엮은 책으로, 다소 어려운 감이 있지만 충분한 시간을 두고 읽어볼 만한 책이다. 우리나라에 있어 분단이라는 특수한 구조는 당시 미국과 소련간의 군사적 경제적인 적대관계와 남북한 간의 전쟁에 의해서 형성되었지만, 단순히 분단이라는 상황 형성의 측면에서만 판단할 일이 아니라 그 분단을 고착화시키는 분단의 재생산이라는 측면에서 또한 충분히 고려될 필요가 있다. 책의 저자는 이러한 문제의식 속에서 한국사회에 분단이라는 특수 구조가 미친 영향에 대해 서술하고 있다.

1부에서는 분단과 한국사회라는 글을 포함해, 한국전쟁과 지배 이데올로기의 변화, 한국 자본주의의 성격과 지배 질서, 사상범 통제의 한국적 특성, 남북한 이질화의 사회학적 고찰로 이루어져 있다. 분단을 계기로 본격적으로 변화하기 시작한 지배 계급과 그 지배 이데올로기의 변화, 나아가 그 이데올로기를 바탕으로 한 사회적 영향 등을 충실하게 짚어나간다. 마지막으로 남북한 이질화에 대한 고찰을 통해서 분단에 대한 기존 연구의 문제점을 비판하고 그 대안을 제시하며 심도있는 분석을 한다.

저자의 중요한 문제의식인 분단을 주제로 한 1부를 넘어 2부로 들어서게 되면 사회운동의 측면에서 바라본 한국사회에 대해서 검토하고 있다. 4 · 19 혁명의 재조명, 민족민주운동으로서의 4 · 19 시기 학생운동, 왜 1960, 70년대 민주화운동은 10월 유신을 저지하지 못했는가, 교사 집단의 계급적 성격과 한국 교원노조운동 등 이 네 개의 글은 우리나라 정치사에서 빼놓을 수 없는 사회운동을 주제로 한 글이다. 미완의 혁명이라 불리는 4 · 19나 그 시기의 학생운동, 끊임없이 이어져 왔었던 민주화 투쟁이 왜 1987년 이전에는 성공하지 못하고 박정희의 유신독재를 허용했는가에 대해서나 아직도 논란의 여지가 많은 교원노조에 대한 저자의 생각을 반영한 글은 인상적이다.

『고쳐 쓴 한국현대사』가 많은 내용을 소략하게 담으면서 흐름을 짚어준다면, 『분단과 한국사회』는 분단, 그리고 한국의 사회운동에 대해 집중적으로 조명한다. 거시적 역사인식과 미시적 역사인식을 구별할 수 있다면, 이 두 책의 특징과도 맞닿아 있다고 할 수 있을 것이다.

식민지배와 분단 외에도 한국사회의 특수성을 드러내는, 지금도 강력한 영향력을 행사하는 역사적 사실들은 많다. 길게 지속되었던 독재와 그를 타개하기 위한 민주화운동, 박정희 독재하의 급속한 산업화와 발전, 현재 빠른 정보화 등이 그러하다. 그러나 이런 것들이 놓여 있는 역사적 지반을 고려한다면, 전혀 새로운 사건은 아님을 다시금 생각하게 된다.

역사는 이미 지나가버렸지만 큰 의미를 지니는 일들을 탐구하면서, 그에 그치지 않고 현대적 입장에서 그 의미를 찾아 재해석하는 작업이다. 단순히 재해석에만 그치지 않고 그것을 바탕으로 한 미래에 대한 많은 생각들은 삶을 살아가는 데 큰 도움이 될 것이다. 사회 전체적으로 보면 우리사회의 좀 더 나은 방향으로의 발전을 모색할 수도 있는 일이고, 개인적으로 봐도 자신의 올바른 역사관에 입각한 견해를 세울 수 있게 도와주는 힘이 될 것이다.

- 강만길, 『고쳐 쓴 한국현대사(개정 2판)』, 창작과비평사, 2006.
- 김동춘, 『분단과 한국사회』, 역사비평사, 1997.

讀 & talk

1. 일제 식민 지배에 대한 평가로서, '식민지 근대화론'과 '자본주의 맹아론'에 대해 조사해 이야기해 보자.
2. 분단이 가져 온 정치, 경제, 사회, 문화 등 다양한 측면에서의 비극적 영향에 대해 이야기해 보자.
3. 지금 대한민국에 있어 통일이란 어떤 가치를 갖는가?

함께 보면 좋은 텍스트

강만길, 『20세기 우리역사』, 창작과비평사, 1999.
박세길, 『다시 쓰는 한국현대사 1, 2, 3』, 돌베개, 1988.
한홍구, 『대한민국사 1, 2, 3, 4』, 한겨레출판사, 2006.

문화와 예술

08

A. 문화와 문명, 시공을 아우르는 문(門)일까

『더불어 숲』 & 『나의 문화유산답사기1』

우리가 살고 있는 이 시대는 시간과 공간이 만나 새로운 세상을 창출하는 누빔점(point de caption, 고정점)이다. 어쩔 수 없이 채워지는 것이 아니라 의미를 갖는 사건과 인물이 서로 충돌하는 역사의 장인 것이다. 우리는 그것을 흔적이라고 말한다. 왜냐하면 다른 시대가 되면 지금의 의미들이 다른 맥락 속에서 달리 해석되기 때문이다. 그렇다면 지금 현존하는 누빔점들이 갖는 의미를 재구성하는 것이야말로 우리에게 필요한 과제가 아닐 수 없다. 이름하여 존재하는 모든 것들에 말걸기이다. 그리고 이러한 사유의 여행에 있어서 길라잡이로서 손색이 없는 신영복 · 유홍준을 만난 것은 축복이다. 이들은 진정 우리 시대의 거장이기에.

다양한 문화의 공존은 가능한가

신영복의 『더불어 숲』은 스페인의 우엘바 항구에서 시작해서 중국의 태산에서 마지막 엽서를 띄우기까지 1년 동안 47번의 서신을 책으로 묶은 것이다. 그의 글을 읽다보면 민중적 세계관을 곳곳에서 만난다. 그 첫단추로 책의 시작을 우엘바로 정한 것은 제3세계에 불행한 역사를 안긴 식민주의가 이곳에서 시작되기 때문이다. 그곳에서 콜럼버스는 신대륙으로 출항했다. 마치 서구의 자본이 인터넷 전산망을 통해 세계 곳곳의 자본을 약탈하듯이. 그렇다면 콜럼버스는 죽었지만 죽지 않은 유령이다. 근대의 의미망 속에 그는 여전히 건재하니까. 이와 같이 신영복은 인류 역사가 스며있는 문명의 탄생지를 찾아 현재적 의미를 부여한다. 세계 곳곳의 역사를 돌아보면서 남긴 그림엽서를 통해 우리는 세계사의 이면에 존재하는 피지배층의 애환을 만난다. 또한 청산하지 못한 역사의 잔재들 앞에서 우리가 어떤 길을 선택해야 하는지를 되묻게 된다.

답사는 과거가 아닌 현재의 이야기를 전달하는 유용한 수단이다. 그 기록을 통해 우리는 현장감을 느끼면서 동시에 대상에 대한 인식이 확대된다. 예컨대 소피아 성당과 블루 모스크가 공존하는 이스탄불이 다양한 문화가 공존할 수 있는 가능성을 보여준 도시였다면, 인도의 갠지스 강에서 맞닥뜨린 원시적 장례문화를 보면서 우리는 문화에 길들여진 우리들의 정서가 먼저 회복해야 할 '당혹감'이 무엇인지를 깨닫게 된다. 간디의 물레소리가 근대 경제학에 대한 강한 비판이라면, 도쿄의 지하철에서 만난 일본 사람들의 자본주의는 근검과 인내에 기초하고 있음을 알게 된다. 이러한 공간 여행을 통해 우리는 다양한 문명의 원형과 현재적 의미를 간접적으로 체험할 수 있는 것이다. 이러한 체험이야말로 문화가 우리에게 남긴 유산이다.

세계 곳곳에는 시공을 초월한 역사의 흔적들이 여행자들의 발길 끝에서 의미화 되기 위해 기다리고 있다. 상트 페테르부르크는 혁명과 예술이 하나로 융화되고 있는 도시이다. 그런가 하면 폴란드에서 보게 되는 아우슈비츠는 진정한 청산의 의미가 무엇인지를 가르쳐준다. 아우슈비츠가 베를린으로 가는 그 순간까지 제2차 세계대전은 끝나도 끝나지 않은 것이다. 지중해의 고대도시 로마는 하루 아침에 이루어지지 않았듯이 몰락도 쉽게 사라지지 않았다. 그들 로마인이 남긴 제국의 역사는 우리들의 무의식에 남아 있는 것이다. 그들이 세운 콜로세움이 정복자의 상징이라면, 고대 이집트의 피라미드는 2000년이 지난 오늘날에는 영혼 불멸을 상징한다. 남아프리카공화국이 흑인차별(아파르트헤이트)의 땅이고, 이들 흑인과 백인이 피아노의 흑백 건반처럼 서로를 인정하고 아름다운 화음을 연주하는 날이 21세기의 미래라면, 라틴아메리카의 라임오렌지나무는 제제와 마찬가지로 아직도 키가 크지 않은 감추고 싶은 현실이다. 이러한 도시와 국가로부터 우리가 배워야 할 것은, 우리 모두가 이기적 욕망에 사로잡혀 제국의 상징에 매몰된다면 우리의 미래는 잉카 최후의 도시 마추픽추가 된다는 것이다.

신영복의 지적처럼 우리의 미래 문명은 그리스의 아크로폴리스와 일본의 가나자와 그 어딘가에 있을 줄 안다. 과거와 현재를 이어주는 21세기 실크로드는 분명 공간과 시간으로부터 독립한 인간들의 수많은 대화에 있다고 믿는 것이 그렇지 않은 상상보다 나을 테니까.

민족 문화의 뿌리를 찾아서

유홍준은 "인간은 자신이 경험한 만큼만 느끼는 법"이라고 했다. 당신은 태어나고 자란 이 땅의 문화유산에 대해 얼마나 알고 있는가. 신영복의 책이 세계의 문화유산을 답사하고 쓴 수필이라면, 유홍준의 『나의 문화유산답사기1』은 우리 민족 문화의 뿌리를 찾아가는 여행이 될 것이다. 이 책을 통해 우리는 이 땅을 살다간 사람들의 얘기와 그들이 남긴 문화재를 더듬어 가면서 진한 감동을 맛볼 수 있다. 기회가 되면 직접 유홍준이 간 길을 답사하는 것도 우리 문화를 이해하는 값진 체험이 될 것이다.

전라남도 강진 땅은 남도답사 일번지이다. 그곳에 가면 다산의 체취를 느낄 수 있고, 전 국토가 문화재임을 실감할 수 있다. 구체적으로 살펴보면, 무위사는 우리나라의 대표적인 목조건축물로, 소박함을 느낄 수 있게 설계되어 있다. 일출의 장엄함은 동해 낙산사에서 봐야 할 것이지만 일몰의 황홀함은 영주 부석사가 단연코 제일이다. 천하의 명당에 자리잡은 절집, 그 중에서도 대웅전에 기대서서 바라다본 세상은 미감의 극치라 할만하다.

유홍준의 감식안에 기대어 그의 말을 몇 자 인용하면, 경주를 제대로 보려면 최소한 한 달은 잡아야 한다. 1박 2일 다녀오고 말하는 것은 KBS에서나 있을 법한 이야기다. 적어도 사물에 대한 인간의 인식은 개별적 · 상대적 · 총체적 차원으로 발전하기에 겉만 보아서는 제대로 알 수가 없다. 유홍준에 따르면 폐사지 또한 답사객이 느낄 수 있는 최고의 행복감이 깃들여 있는 곳이다. 그곳에 가야 역사의 도도한 흐름을 볼 수 있기 때문이다. 유홍준은 말한다. “사랑하면 알게 되고 알면 보이나니, 그때에 보이는 것은 전과 같이 않으리라(유홍준, 281쪽).”

사람들은 왜 여행을 떠나는 것일까? 자신의 참된 실상을 알기 위함일까, 아니면 겸손해지기 위해서일까. 이도저도 아니면 그저 여행 그 자체에서 오는 즐거움 때문일까. 인간은 사물을 통해 언어를 만들고, 그 반대로 언어를 통해 사물을 인식한다. 보고 느끼는 과정을 통해 우리들은 전과 다른 자신의 모습을 발견할 수도 있다. 예컨대 석 달하고도 열

흘을 피는 배롱나무는 세상이 꽃에 대한 감각을 잃어갈 즈음 핀다. 그리하여 대기만성하는 사람에 비유되기도 한다. 자연을 통해서 인간은 배우고 석탑을 통해서도 인간은 자신의 유한성을 깨닫는다. 여행은 이러한 깨달음과 즐거움이 있어서 좋다. "좋은 작품을 좋은 선생과 함께 보는 것"이야말로 진정한 깨달음에 이르는 첩경이다. 이 책을 통해 우리 문화를 알게 되고 직접 눈으로 확인하는 일을 실천한 사람은 진정 전과 다른 자신의 모습을 새삼 느낄 수 있을 것이다.

■ 신영복, 『더불어 숲』, 랜덤하우스 중앙, 2003.
■ 유홍준, 『나의 문화유산답사기1』, 창비, 2011.

讀 & talk

1. 자본주의 문명을 극복할 수 있는 새로운 문화를 어떻게 만들어야 하는가?
2. 백범 김구가 말한 문화강국이 되기 위해 우리는 무엇을 준비해야 하는가?
3. 우리 민족 문화의 뿌리인 불교 문화와 유교 문화의 공통점과 차이점은 무엇인가?

함께 보면 좋은 텍스트

김병종, 『김병종의 화첩기행』, 효형출판, 1999.
김용석, 『철학광장』, 한겨레출판, 2010.
주경철, 『문화로 읽는 세계사』, 사계절, 2005.
제러미 리프킨, 이원기 역, 『유러피언 드림』, 민음사, 2009.(Rifkin, Jeremy, The European dream)
최정규, 『이타적 인간의 출현』, 뿌리와이파리, 2009.

B. 인간행위의 어디까지를 예술로 볼 것인가

『예술이란 무엇인가』 & 『예술철학』

예술은 작가의 상상력을 구체적인 작품으로 형상화하는 활동이다. 그런데 작가의 상상력은 사회의 가치관과 배치될 수 있고, 형상화 과정도 사회 구성원들의 관점에서는 비규범적일 수 있다. 특히 전위 예술은 사회의 통념을 초월하여 새로운 가치를 추구하기 때문에 당연히 사회의 저항을 받게 된다. 이런 전위예술을 과연 예술로 받아들여야 할까?

이 문제를 해결하기 위해 예술이 무엇인지 해명하는 일이 선행되어야 한다. 예술이 무엇인지에 대한 답변은 모방론, 표현론, 형식론의 세 가지로 나뉠 수 있다. 그리스 시대 예술을 배경으로 하여 등장하여 르네상스를 거쳐 18세기까지도 그 영향력을 유지한 모방론에 따르면 예술이란 외부 대상의 외관이나 본질을 모방하거나 재현하는 활동이다. 그런데 오랜 영향력을 유지하던 모방론은 낭만주의 예술이 등장하면서 흔들리기 시작한다. 낭만주의 예술은 외부 대상에 대한 모방이나 재현보다는 작가의 독창적인 감정을 상상력을 통해 표현하는 일을 강조한다. 그리고 그러한 표현을 위해서라면 외부의 대상에 대한 모방이나 재현은 약화되거나 왜곡되어도 무방하다는 것이다. 그러나 이러한 표현론 또한 추상 예술의 등장과 더불어 예술이란 무엇인가에 대한 답변으로서의 위상이 흔들리기 시작한다. 추상적 형식으로 이루어진 예술 작품에서 낭만주의 예술에서처럼 작가의 감정 표현을 읽어 내기는 힘들었던 것이다. 따라서 추상 예술이 점차 예술의 중심에 놓임에 따라 추상 예술을 예술로 인정치 못하는 표현론은 설득력을 잃어 갔다. 추상 예술을 포용하는 예술 이론이 필요해졌으며, 이 필요에 부응하는 이론이 형식론이다. 그런데, 형식론 또한 다다(Dada)류의 예술이 등장함으로써 흔들리게 된다. 예컨대, 뒤샹의 〈샘〉이나 워홀의 〈브릴로 박스〉는 일반 소변기나 물품 상자와 형식적인 면에서는 차이가 없다.

톨스토이의 낭만주의 예술관

러시아의 대문호 톨스토이가 1889년에 집필에 착수하여 1897년에야 비로소 완성한 『예술이란 무엇인가』에는 인간의 행복은 상호간의 결합에 있다는 진리를 이성(理性)의 영역에서 감정의 영역으로 옮겨, 현재 우리를 지배하고 있는 폭력 대신 신(神)의 세계, 즉 우리 모두에게 인간의 최고 목적으로 간주되는 사랑의 세계를 건설하는 일이야말로 현대 예술의 사명이라는 그의 사상이 전편(全篇)에 무르녹아 있다. 톨스토이의 예술관은 예술가의 독창적인 감정을 상상력을 통해 표현하는 낭만주의 예술을 바탕으로 하고 있다. 따라서 톨스토이는 이 책에서 예술이란 인간이 과거에 경험했던 감정을 먼저 자기 자신이 환기시킨 후에 다른 사람들도 동일한 감정을 경험할 수 있도록 운동, 선, 색채, 음향, 언어의 형식으로 만들어 내는 것으로 정의하였다. 예술가는 이처럼 자신이 경험한 감정을 전달해야 하지만, 경험한 감정 중에서도 삶 속에서 성취한 가장 좋은 감정을 감상자에게 전달해야 한다고 보았다.

건축은 예술작품인가

그러나 예술이 예술가가 경험한 감정을 타인에게 전달하기 위해 스스로 속에 그 감정을 불러일으킨 후 일정한 외형적 기호로 표현할 때 비롯된다는 톨스토이의 생각에 대해 고든 그레이엄은 의문을 제기한다. 미학 입문서라 할 수 있는 『예술철학』에서 고든 그레이엄은 예술이 정서를 표현하는 것이라면 시와 오페라, 연극과 달리 건축작품이 정서를 표현하고 있다고 보는 것이 과연 타당할지 문제를 제기한다. 그리고 정서가 작품 속에 표현될 때 그 정서가 예술가 자신의 것이어야 한다는 것이 필수조건이라면 이 사실은 바로 수많은 예술작품을 주목할 만한 것으로 만드는 요소, 곧 그것들이 상상력의 위대한 성과라는 사실을 예술적 노력으로부터 배제하는 것이 된다고 보았다.

이 책에서는 예술의 정의 및 가치에 대해 정의내릴 때 부딪히는 문제점들과 함께 역대 철학자들의 사상을 일목요연하게 설명했다. 아울러 영화를 시작으로 시, 건축, 음악에 이르기까지 모든 예술 분야의 풍부한 사례를 담았다. 이를 통해 무엇을 예술이라고 말할 수 있는가라는 질문에 대한 가능한 모든 답변을 정리해서 보여준다. 조금 더 정확히 말하자면 예술과 비예술을 판단하는 기준은 무엇이고 우리가 어떤 것을 예술이라고 말할 때 그 가치는 어디에 두어야 하는 것인가에 대한 대답을 찾아가는 과정을 담고 있다.

카메라가 발달하기 전 사진과 영화라는 예술은 존재하지도 않았던 것들이었다. 이제는 태블릿 PC로 미디어 아트를 하는 시대가 되었다. 기술은 끝없이 인간의 욕망을 충족시키며 진화해 왔지만, 그러한 진화가 우리의 삶에 재앙이 될 수도 있다. 예술의 경우에 기술에 대한 지나친 환호가 재앙을 초래할 수 있는 것은 아닌지 반성해 볼 일이다.

■ 레프 니콜라예비치 톨스토이, 동완 역, 『예술이란 무엇인가』, 신원문화사, 2007.

■ 고든 그레이엄, 이용대 역, 『예술철학(Philosophy of the arts : an introduction to aesthetics)』, 이론과실천, 2000, 336.

讀 & talk

1. 유명한 현대 작곡가 존 케이지는 〈4′33″〉라는 피아노곡은 삶 속에서 성취한 가장 높고 가장 좋은 감정을 감상자들에게 전달하고 있다고 보기는 힘들다. 이 작품의 연주를 위해 파이니스트는 정장을 하고 무대 위로 걸어 나가 피아노 앞에 앉는다. 그리고 건반 뚜껑을 열고서 정확히 4분 33초 동안 가만히 앉아 있는다. 그리고 다시 건반 뚜껑을 닫고서 일어나서 조용히 무대를 걸어 나온다. 연주는 훌륭히 마무리 되었다. 이 작품을 예술작품이라 할 수 있을지 생각해보자.
2. 리처드 세라의 〈기울어진 호〉라는 작품을 둘러싼 철거논란에 대해 자신의 입장을 정리해 보자.

함께 보면 좋은 텍스트

마거릿 배틴, 윤자정 역, 『예술이 궁금하다』, 현실문화연구, 2004.

수전 손택, 이재원 역, 『사진에 관하여(On Photography)』, 시울, 2005.

아서 단토, 이성훈 · 김광우 역, 『예술의 종말 이후(After the End of Art)』, 미술문화, 2004.

진중권, 『미학 오디세이1』, 휴머니스트, 2003.

앤디 워홀, 김정신 역, 『앤디 워홀의 철학』, 미메시스, 2007.

문학

C. 하늘과 땅이 생겨난 비밀을 아는가

『성경』 & 『그리스 신화』

어린 시절 재미있는 이야기는 할아버지나 할머니께서 해 주셨다. 또 가까운 부모나 삼촌이나 이모가 해 주셨다. 또 책이 해 주었다. 이야기가 성립하려면 인과관계에 따른 긴장미, 이국적이고 이색직인 장면, 주인공의 영웅적 행위 등이 필수요소이다. 같은 이야기라도 전달자에 따라 문체가 달라지기도 하는데, 서양의 그림 형제나 안데르센, 한국의 신재효나 전기수(傳奇叟)들은 전해오는 이야기를 더욱 재미있고 멋지게 전달한 사람들로 유명하다.

흔히 이야기를 민담, 전설, 신화로 구분하고, 신화를 천지와 자연물의 창조에 관한 이야기라고 한다. 그런데 『그리스 신화』에서 신들은, 다음 이야기에서 보듯이, 하늘에 살면서 죽지 않고 사람의 장래를 예언하며 사람의 일에 관여하되 사람처럼 사랑하고 결혼하는 존재로 나타난다. 이에 비해 『성경』의 하나님은 유일신으로 소개되며, 그분은 자신의 사랑의 속성을 따라 사랑의 대상으로 사람을 만들되, 사람을 위하여 먼저 계획적으로 6일간의 시간을 정하여 하늘과 땅과 바다와 물, 그리고 해와 달과 별과 또한 생물들을 만들었다고 이야기된다.

기록자의 태도에 있어서도 차이를 보이는데, 『그리스 신화』는 뛰어난 인물들의 인간적 욕망과 그에 대한 신들의 판단과 관여가 어우러져 깊이 있는 통찰과 흥미로운 상상력으로 이야기되는 데 비해, 『성경』의 이야기는 세상의 사람들 중에 하나님을 사랑하고 따르는 사람들의 삶 속에 하나님이 어떻게 섭리하는지, 하나님이 사람에게 변함없이 무엇을 요구하는지의 이야기가 연대기적으로 다큐멘터리적 사실로 제시된다.

다음의 이야기 6편, 곧 〈피그말리온〉, 〈시지푸스〉, 〈오이디푸스 왕〉, 〈이카로스〉와 〈야곱과 요셉〉, 〈예수 그리스도〉 이야기는 흥미롭고 유익하며, 인간이 무엇인지, 어떻게 살아야 할 것인지 생각해 보게 하는 어떤 깊은 의미를 던져준다.

피그말리온

피그말리온은 여자의 결점을 너무나도 많이 본 나머지 마침내 여성을 혐오하게 되어 평생 결혼하지 않고 지내기로 작정하였다. 그는 조각가였다. 어느 날 빼어난 솜씨로 상아(象牙) 조각상을 만들었는데 그 작품이 얼마나 아름다웠던지 살아 있는 어떤 여자도 따라갈 수 없을 정도였다. 이 조각상은 부끄러워서 움직이지 않을 뿐이지 정말 살아 있다고 여겨질 만큼 완벽한 처녀의 모습이었다. 그의 기술이 완벽했기 때문에 그 조각상은 사람의 손으로 만든 것이 아니라 자연이 만든 것처럼 보였다. 피그말리온은 자신의 작품에 감탄하여 자연의 창조물 같은 이 조각상과 사랑에 빠졌다. 그는 조각상이 살아 있는 것인지 아닌지를 확인이라도 하려는 듯 때때로 그 위에 손을 얹어 보기도 하였다. 그럴 때면 조각상이 단지 상아에 불과하다는 것이 믿어지지 않았다. 그는 조각상을 끌어안기도 하고 반짝이는 조개껍질이라든가 반들반들한 돌 또는 조그만 새나 갖가지 꽃, 구슬과 호박 등 젊은 처녀들이 좋아할 만한 것들을 선물로 가져다주기도 하였다.

그는 조각상에 옷을 입히고 손가락에는 보석을 끼우고 목에는 목걸

이를 걸어 주었으며 귀에는 귀걸이를 달아 주고 가슴에는 진주타래를 늘어뜨려 주었다. 옷은 조각상에 참 잘 어울렸으며 옷을 입은 맵시는 옷을 입지 않았을 때나 매한가지로 매력이 있었다. 그는 그녀를 튀로스 지방에서 나는 염료로 물들인 천을 덮은 침상 위에 눕히고 그녀를 자기의 아내라고 불렀다. 그리고는 그녀가 마치 깃털의 부드러움을 마음껏 즐길 수 있기라도 하듯 그녀의 머리를 가장 보드라운 깃털을 넣어 만든 베개 위에 뉘었다.

아프로디테의 제전이 다가왔다. 이 제전은 키프로스 섬에서 굉장히 호화롭게 거행되었다. 제물이 바쳐지고 제단에서는 향을 피워 향내음이 대기에 가득했다. 피그말리온은 제전에서 자기가 맡은 일을 끝내고 난 뒤에 제단 앞에 서서 머뭇거리며 말했다.

"전능하신 신들이시여, 바라옵건대 제게 상아 처녀와 같은 여인을 – 그는 '저의 상아처녀를'이라고는 감히 말하지 못했다– 아내로 점지해 주소서."

제전에 참석해 있던 아프로디테는 그 말을 듣고 그가 말하려고 한 참 뜻을 알아차렸다. 그래서 그의 소원을 들어주겠다는 표시로 제단에서 타오르고 있는 불꽃을 공중으로 힘차게 세 번 솟아오르게 하였다. 집에 돌아온 피그말리온은 자신의 조각상을 보러 갔다. 침상 위로 몸을 기울여 조각상에 입 맞추니 조각상의 입술에 온기가 있는 듯 여겨졌다. 다시금 조각상의 입술에 입 맞추고 팔다리에 손을 얹어 보았더니 상아가 부드럽게 느껴졌다. 손가락으로 눌러 보니 마치 히메토스 지방에서 나는 밀초처럼 들어갔다. 피그말리온은 자기가 혹시 잘못 안 것은 아닐까 의심하고 걱정하면서도 기쁨과 놀라움 속에서 그의 희망인 조각상을 사랑의 열정으로 거듭 만져 보았다.

조각상은 정말 살아 있었다! 그리고 나서야 마침내 아프로디테의 숭

배자인 피그말리온은 여신에게 감사의 말을 드리고 살아 있는 처녀의 입술에 입 맞추었다. 입맞춤을 받자 처녀는 얼굴을 붉혔다. 그리고 수줍은 듯이 눈을 뜨고는 사랑하는 이에게서 눈을 떼지 않았다. 아프로디테는 자신이 맺어준 이 한 쌍에게 축복을 내려 주었다. 이들로부터 아들 파포스가 태어났는데 아프로디테에게 바쳐진 도시 파포스의 이름은 여기에서 유래하였다.

시지프스

코린토스왕 시지프스는 바람의 기운으로 태어나 활달하고 남의 일에 참견을 잘하면서도 현명한 왕이었다. 그는 강의 신 아소포스의 도움으로 궁전 뜰 바위틈에서 마르지 않는 샘물이 쏟아져 나오게 한 뒤에 그 대가로 아소포스에게 그의 딸을 제우스가 납치해 간 섬의 위치를 알려준다.

이 일이 있기 전에도 전령신 헤르메스가 그의 이복형 아폴론의 소를 몰래 훔치면서 떡갈나무 껍질로 소의 발을 감싸고 소의 꼬리에 빗자루를 달아놓아 소의 발자국을 감쪽같이 없앰으로 소를 차지한 일이 있었는데 소를 찾아다니는 아폴론에게 그 사실을 알려준 사람이 시지프스였다. 이 일로 시지프스는 범행을 저지른 헤르메스 뿐만 아니라 신들의 일에 관여한다는 이유로 제우스로부터 눈총을 받고 있던 터에 제우스는 다시 자신의 비행을 고자질한 시지프스를 지하세계로 데려가도록 죽음의 신 타나토스에게 명령한다. 그러나 이 일을 이미 예상한 시지프스는 튼튼한 밧줄을 들고 궁전 문 뒤에 숨어 있다가 문을 들어서는 타나토스를 꽁꽁 묶어 어두운 지하 돌방에 처 넣는다.

죽음의 신이 갇히자 세상에 큰 일이 벌어졌다. 죽음이 사라져 버린 것이다. 노인은 병을 앓기만 할 뿐 죽지 않고, 전쟁터에서 창의 찔린 병사도 죽지 않고 멀쩡히 걸어 다녔다. 요리를 하려고 잡은 닭도 도망쳐 나갔다. 운명의 여신들이 비명을 질렀다. 자신들이 잣고 있던 실을 잘랐는데도 실은 다시 엉킬 뿐 사람이 죽지 않았다. 지하세계의 왕도 크게 당황했다. 세상의 질서가 엉망이 되고 말았다. 제우스가 전쟁의 신 아레스에게 명령하여 어두운 지하실을 부수고 타나토스를 구해내지 않았더라면 무질서한 세상은 더 오래 지속되었을 것이다.

타나토스는 다시 궁전으로 가 시지프스를 잡아 하데스 앞으로 끌고 갔다. 그러나 시지프스는 하데스에게 하소연한다.

"지하세계의 왕이시여, 저의 죽음이 너무 갑작스러워 내 나라에서 제게 정식으로 장례식을 치르지 않고 지하로 내려보냈으니 한 사람의 죽음을 이렇게 처리하는 것은 명부(冥府)의 질서에 어긋날 뿐만 아니라 존경하는 왕의 명예에도 큰 손상이 됩니다. 또한 갑작스런 죽음으로 제 아내가 미쳐 동전 한 닢을 제 혀 밑에 넣어주지 않았기 때문에 지하세계의 강을 건너올 때 뱃삯을 그만 지불하지 못했는데 이도 부당한 일이 아닐 수 없습니다. 저의 입장을 십분 고려하여 주소서."

그리하여 장례를 위한 사흘 간의 말미를 허락받아 세상으로 돌아 온 시지프스는 간사한 웃음을 지으며 지하세계에서부터 살아 온 것을 매우 흡족히 여겼다. 그 후 하데스가 몇 번이나 타나토스를 보내 을러대고 경고했지만 그 때마다 시지프스는 그의 뛰어난 말재주와 임기응변으로 체포를 모면했다. 시지프스는 오히려 천천히 흐르는 강물과 별빛 비치는 바다와 초목을 안아 기르는 산이며 날마다 새롭게 웃는 대지와 더불어 아내와 함께 행복하게 살다가 늙어서야 죽었다.

이 사실을 하데스가 곱게 볼 수가 없었다. 하데스는 지하세계로 온 시지프스에게 가파른 타르타로스의 언덕 위로 하나의 무거운 바위를 굴려 올리도록 명령했다. 그 때부터 시지프스는 가파른 언덕 위로 바위를 밀어 올렸다. 그런데 그 언덕 꼭대기는 평평하지 못했다. 바위가 언덕 위에 이른 순간 바위는 반대쪽으로 굴러내렸다. 그러면 그는 다시 그 바위를 언덕 위로 밀어올렸다. 언덕 위에 이른 순간 바위는 다시 반대쪽으로 굴러내렸다.

그리하여 시지프스는 바위가 다시 굴러 떨어질 것을 알면서도 바위가 꼭대기에 있도록 하기 위해 수백, 수천, 수만 번 바위를 밀어 올렸다. 다시 굴러 떨어지는 바위를 향해 다시 일어서면서 시지프스는 자기의 운명을 묵묵히 견뎠다.자기 앞의 그 바위는 그의 운명이었다.

오이디푸스 왕

그리스의 도시국가 테베의 왕 라이오스는 새로 태어나는 그의 아들이 그대로 성장하면 그의 왕위와 생명에 위협이 있으리라는 신탁을 받았다. 그래서 왕은 왕비의 반대에도 불구하고 왕궁의 양치기에 주어 산속에 가 죽이도록 하였다. 그러나 양치기는 아이가 가여워 죽일 수 없었고 다만 어린 아이의 발을 칡넝쿨로 묶어 나무에 매달아 놓고 임무를 다했다고 생각했다. 이런 상태로 아이는 이웃 도시국가 코린토스의 다른 양치기에 의해 발견되었고 그 양치기는 오래도록 자녀가 없어 걱정이 많은 자기 나라 코린토스 왕 부부에게 가지고 갔는데 그들은 그를 받아들여 키우면서 이름을 오이디푸스라 하였다. 그것은 '부은 발'이라는 뜻이었다.

그 후 세월이 오래 지난 후 테베에는 왕이 왕비와 사이가 나빠져 지내던 중 다른 여인과 스캔들이 생기자 하늘의 헤라 여신이 왕을 좋게 보지 못하고 스핑크스를 보내 백성을 괴롭혔다. 사자의 몸뚱이에 상반신은 여자인, 스핑크스라 불리는 그 괴물은 도시의 성문 곁 바위 위에 웅크리고 앉아 도시로 드나드는 사람을 막아 세우고는 그들에게 수수께끼를 내주고 그것을 푸는 자는 통과할 수 있으나 풀지 못하는 자는 생명을 앗았다. 그러나 그것을 푼 사람은 아직 한 사람도 없어서 테베 시로 향하는 모든 행인이 살해되었고 도시 기능은 마비되었다.

라이오스 왕은 시종 몇 사람을 대동하고 이 문제의 해결책을 찾아 비밀리에 델포이 신전으로 향하는 중에 한 좁은 길 맞은편에서 역시 이륜차를 몰고 오는 한 청년을 만났다. 왕의 명령하는 대로 길에서 물러서기를 거부하는 청년의 말 한 마리를 왕의 시종이 죽이자, 청년은 몹시 화가 나서 라이오스와 그의 시종들을 살해하였다. 그 청년이 바로 오이디푸스였다. 그래서 그는 자신도 모르는 사이에 아버지 살해자가 되었다. 사실은 그도 델포이 신전에 다녀오며 거기서 확인한, 자신이 부왕을 죽이고 왕비와 같이 살게 되리라는 신탁을 고민하며 코린토스를 떠날 생각을 하고 제 정신이 아닌 상태로 오던 중이었다.

여러 날 후 오이디푸스는 테베 시에 가까이 오면서 스핑크스에 관한 놀랄 만한 이야기를 듣고 조금도 겁내지 않고 대담하게 시험해 보고자 나아갔다. 스핑크스는 물었다. "아침에는 네 발로 걷고, 낮에는 두 발로 걷고, 저녁에는 세 발로 걷는 동물은 무엇인가?" 오이디푸스는 대답하였다. "그것은 사람이다! 사람이 어릴 때는 두 손과 두 무릎으로 기어 다니고, 커서는 똑바로 서서 걷고, 늙으면 지팡이를 짚고 다닌다!" 스핑크스는 자기가 낸 수수께끼가 풀린 데 대해 굴욕을 느끼고 바위 밑으로 떨어져 죽었다.

테베 시민들은 오이디푸스에 의하여 구출된 것을 대단히 감사히 여겨 그를 그들의 왕으로 모시고 선왕비 이오카스테와 결혼하게 하였다. 오이디푸스는 이미 자기 아버지인 줄도 모르고 아버지를 살해하였고,

이번에는 선왕비와 결혼함으로써 자기 어머니의 남편이 되었다. 선왕비는 왕가에 전하여 오는, 미의 여신 아프로디테의 딸 하르모니아의 목걸이로 인해 젊음을 유지하고 있었다.

이런 무서운 일이 발견되지 않은 채 다시 세월이 흘렀다. 그러나 어느 해 테베 시에 심한 기근과 역병이 닥쳐왔다. 모든 시민과 신하들이 아우성일 때 예언자 테이레시아스에게 문의한 결과, 그것은 오이디푸스의 죄 때문임이 진술되었다. 오이디푸스는 신탁을 피하려고 코린토스를 떠났는데 왜 자신이 입에 담지 못할 죄를 지었다는 것인지 두려움 속에 수소문해서 그 옛날의 두 양치기를 찾아 사실을 심문하였다.

염려하던 모든 일이 사실임이 밝혀지자 가장 놀란 왕비는 자살하고 오이디푸스는 미쳐서 자기의 눈을 찔러 빼고 테베 시를 뒤로 한 채 방랑의 길을 떠났다. 그는 저주를 받아 모든 사람의 공포의 대상이 되고 버려졌으나 맏딸 안티고네와 둘째 딸 이스메네만이 그를 충실히 추종하였다. 마침내 비참한 방랑생활을 지리하게 계속하던 그는 불행한 생의 종말을 맞았다.

이카로스

다이달로스는 아테네의 유명한 건축가였다. 그는 또한 손솜씨가 좋아 아테네 여신의 사랑을 받았다. 그런데 그의 제자 탈로스가 톱이라든지 컴퍼스 등을 제작하며 새로운 것을 만드는 것을 보고 자기 명예에 손상이 된다 싶어 그를 신전 지붕 위에서 밀어뜨려 죽게 하였다. 이 사실이 알려지자 그는 아테네 시에서 쫓겨나게 되었고 그래서 찾아간 곳이 크레타 섬이었다. 크레타 섬의 왕 미노스는 그를 환영하고 왕궁의 어여쁜 노예를 아내로 주었으며 그들 사이에 아들 이카로스가 태어났다.

그 일 후 미노스 왕의 부인이 황소와 부정한 짓을 하여 반우반인의 미노타우로노스라는 괴물을 낳았다. 그 괴물은 얼마 안 있어 이리저리 다니며 섬의 백성들을 괴롭혔다. 왕은 바로 다이달로스를 불러 그 괴물을 잡아가둘 집 곧 내부가 거미줄처럼, 샛강이 많은 강물처럼 복잡한 미궁을 지을 것을 명령하였다. 그리고는 만약 그 미궁에서 살아나는 자 있으면 그 책임으로 그 건축자가 갇힐 것이라는 단서를 달았다. 건축 일이 끝나고 괴물을 가둔 지 얼마 안 되어 그리스의 왕자 테세우스가 그 미궁에 들어와 그 괴물을 죽이고 아리아드네가 준 실을 이용해 다시 빠져나간 사건이 발생하자 그 책임을 물어 미노스 왕은 다이달로스를 이카로스와 함께 미궁의 높은 첨탑 속에 가두어버렸다.

미궁의 가장 높은 곳 첨탑 한쪽 작은 창문 밖으로 하늘을 올려다보며 다이달로스는 자신의 운명을 한탄하다가 날아다니는 새를 보고 한 아이디어를 생각하였다. "땅과 바다는 막았지만 하늘은 막지 못하리라." 그리하여 새들을 유인하여 날개의 깃털을 얻고 첨탑 끝으로 찾아드는 벌들의 집에서 밀랍을 얻어 날개를 만들기 시작하였다.

마침내 두 쌍의 날개가 완성되자 다이달로스는 이카로스와 함께 두 팔에 날개를 장착하고 창밖으로 힘차게 흔드니 몸이 공중에 떠올랐다. 아버지가 아들에게 너무 높이도 날지 말고 너무 낮게도 날지 말고 자기만을 따르라고 당부하였다. 높이 날면 태양에 가까워지므로 밀랍이 녹을 것이고 낮게 날면 바닷물의 수증기에 깃털이 젖어 무거워질 것이라는 이유에서였다.

너른 망망대해 위로 유유히 날으면서 그들은 무한한 해방감과 자유를 느꼈다. 푸른 바다와 먼데 섬들, 흰 새들과 높은 허공이 너무도 매력적이었다. 그런데 아들 이카로스는 더 높이 날아 보고픈 충동에 빠졌다. 그리하여 아버지 몰래 뒤에서 날개를 위로 향하여 더 높이 날다가 불타는 태양의 열 기운에 밀랍이 녹고 급기야 지중해 너른 바다 물속으로 추락하였다. 순식간에 그는 바다의 제물이 되고 말았다. 아버지의 슬픔은 말할 것도 없었다. 출발의 기쁨은 완전히 사라지고 아버지는 혼자 외로이 더 날아 시칠리아 섬에 도착했다.

훗날 '이카로스 날개'는 작은 재주와 능력을 믿고 자만하여 판단을 그르치는 일을 일컫는 말이 되었으나 오늘날은 젊은이의 새로운 세계를 향한 도전을 의미하는 말로 쓰이고 있다.

야곱과 요셉

성경 〈창세기〉에는 다음과 같은 전원적이고 목가적이면서 감동적인 이야기가 나온다.

큰 목축을 하는 야곱은 네 아내에게서 열두 아들을 낳았다. 아내 넷 중 제일 사랑하는 이에게서 늦게야 열한 번째 아들을 얻었는데 그 이름이 요셉이었다. 후에 아들 하나를 더 낳다가 그 아내는 죽고 말았다. 야곱은 요셉을 특별히 사랑하여 당시에 구하기 어려운 채색옷을 입혔다. 형들의 시기가 있었던 것은 물론이다.

요셉이 한번은 꿈 이야기를 하는데, 밭에서 형들이 묶어놓은 곡식단이 모두 자기 곡식단을 향하여 절을 하더라는 것이었다. 며칠 지난 후 다시 꿈 이야기를 하는데 이번엔 해와 달과 열한 별들이 자기를 향해 절하였다는 것이다. 형들이 분노했다. "부모님과 우리 형제가 너한테 절한단 말이냐?"

요셉이 17세 되던 해였다. 집에 있던 요셉은 아버지의 명을 받고 오랫동안 목축하러 나가 있는 형들에게 안부를 묻고 음식을 전달하기 위해 물어물어 세겜 지방 너머까지 나아갔다. 멀리서 형들이 그의 오는 모습을 보고 수군거리기 시작했다. “저 녀석을 죽여 어디 꿈이 이루어지나 보자!” 그를 붙들어 위협을 가하는 순간, 첫째 아들 르우벤이 아버지의 걱정하는 모습을 상상하고 죽이지는 말자 하여 요셉을 깊은 구덩이에 던져 넣었다. 음식을 먹다가 형들 중 하나가 이런 제안을 했다. “우리가 우리 손으로 저를 해하지는 말고 저기 이집트로 가는 낙타 상인들이 있으니 노예로 팔아버리자. 그리고 아버지께는 요셉이 사자에게 찢겨죽은 것을 보았다고 하고 그의 옷에 피를 묻혀 갖다 드리자.”

그리하여 집에서 애지중지 사랑받던 소년 요셉은 졸지에 노예 신세가 되어 낙타 등에 실려 낯선 타국으로 향하게 되었다. 요셉은 벌리 사라져가는 고향 마을 쪽을 뒤돌아보며 아버지의 사랑과 아버지에게서 들었던 할아버지들의 이야기, 곧 하나님이 그들을 이리저리 인도하고 승리하게 했던 이야기를 회상하고 자기도 어디에 가든지 하나님을 의지하여 올바르고 성실하게 살 것이라고 혼자 다짐하였다.

그가 이집트에 팔려간 집은 공교롭게 왕의 시위대장 곧 경호실장의 집이었다. 그는 그 집에서 10여 년 봉사하면서 누구보다 성실하게 일하였기 때문에 시위대장의 집이 크게 번성하고 사람들이 활발하게 내왕하게 되었다. 주인은 요셉이 정직하고 부지런하게 일하므로 저가 믿는 하나님이 복을 준 것이라고 생각할 정도였다. 그래서 그는 집안 사무를 총괄하는 사무장의 직책을 맡겼다.

그런데 준수하고 아름다운 청년이 된 요셉을 탐내는 눈이 있었으니 곧 시위대장의 아내였다. 그녀는 요셉에게 접근하여 교태를 부렸다. 그러나 그게 잘 통하지 않았다. 요셉은 말하였다. “어찌 이 같은 일을 행하여 하나님께 범죄하겠습니까?” 그녀는 다른 수를 쓸 수밖에 다른 방도가 없었다. 한번은 맡길 일이 있는 것처럼 자기 방에 불러 들였다. 방에 들어서는 요셉을 와락 붙들려 하자 요셉은 옷을 벗어던지고 달아났다. 그 순간 그녀는 고래고래 소리를 질렀다. 요셉이 자기 방에 들어와 자기를 겁탈하려 했다는 것이었다. 저녁 늦게 귀가하여 사실을 보고받은 경호실장은 요셉의 정직성을 믿으면서도 그를 투옥하도록 했다.

요셉이 투옥된 감옥은 여러 정치범이 갇힌 곳이었다. 거기서도 요셉은 방정하게 행하였다. 투옥된 인물 중에는 유명인사도 있어 이집트의 정치사회 돌아가는 이야기를 더 많이 듣게 되었다. 감옥에서 그는 왕의 술 맡은 관원장과 빵 맡은 관원장의 꿈을 해석해 준 일이 있었는데 과연 그의 해석대로 술 맡은 관원장은 복직이 되어 나갔다.

그 무렵 이집트의 왕 파라오가 한번은 꿈을 연속하여 비슷하게 꾸었으나 내용이 놀랍고 기이하여 무슨 의미인지 알 수가 없었다. 무슨 깊은 의미가 있는 것 같았으나 해석해 낼 수가 없었다. 파라오는 왕궁의 술객과 박사들을 불러 자신의 꿈을 해석하라고 명하면서 해석하지 못하면 죽음을 각오하라고 으름장을 놓았다. 모든 이집트의 내노라 하는 지성인들이 죽게 생겼다. 이쯤 되니 술 맡은 관원장이 감옥의 요셉을 생각하게 되었다. 그리고 요셉을 왕에게 추천했다.

수염을 깎고 몸을 단정히 한 후 요셉은 왕 앞에 섰다. 그리고는 하늘에 계신 자기 하나님이 그에게 보여준 바를 근거삼아 해석하기 시작했다. "왕이여, 왕께서 보신 것은 나일강변에 풀을 뜯는 살진 황소 일곱 마리였습니다. 그들이 한가롭게 풀을 뜯고 있을 때 바로 파리하고 비쩍 마른 다른 소 일곱 마리가 나타나 살진 소 일곱을 다 잡아먹었습니다. 다시 꾸신 꿈은 한 무더기 줄기에서 실하고 잘 익은 보리 이삭 일곱이 나왔는데 이번에도 곧 바로 뒤이어 나온, 동풍에 시들시들 여윈 일곱 이삭이 앞서의 실한 이삭을 삼키고 말았습니다. 이 두 꿈의 내용은 하나입니다. 이 일이 확실할 것이므로 하나님께서 두 번 보여 주신 것입니다. 곧 이 나라에 풍년이 일곱 해 계속되다가 뒤이어 말할 수 없는 심한 흉년이 일곱 해 계속 될 것입니다. 그러니 여차여차 대비해야 할 것입니다." 왕은 요셉이 꿈을 자세히 설명한 것도 신통했지만 그 지혜롭고 분명한 해석에 감탄하였다. 왕은 다른 선택의 여지가 없었다. 곧바로 요셉을 국무총리에 임명하고 다가올 풍년과 흉년에 대비하게 하였다. 그때 요셉의 나이 30세였다.

전에 없던 풍년이 7년 계속되자 요셉의 명으로 지어진 곡식창고는 곡식이 가득가득 넘쳐났다. 그런데 흉년이 다가오자 백성들이 우왕좌왕하기 시작했다. 그들은 자신들의 재물과 전답문서를 가지고 와서 곡식을 사갔다.

흉년은 이집트만이 아니라 팔레스타인 지방까지 이어졌다. 팔레스타인 지방 곧 가나안에 살던 야곱의 가족들이 이집트에는 곡식이 있다는 풍문을 듣고 열 명의 아들들이 곡식을 사러 와 이집트의 국무총리 앞에 허리를 구부려 사정을 했다. 요셉은 자신을 감추고 그들에게 오히려 스파이 누명을 씌워 형들 중에 제일 자신을 미워한 둘째 시므온 형을 인질 삼아 다음에 올 때는 이번 오지 않았다고 말한 막내 동생을 데려온다면 누명을 벗으리라 엄포를 놓으며 곡식을 주었다.

아들들의 전하는 말을 들은 야곱은 다시 곡식을 사러 보낼 때 막내아들 벤야민을 동행시켜야 한다는 사실에 몸부림쳤다. 둘째가 붙잡힌 상황에 막내까지 잃게 되는 것 아니냐고 그의 동행을 불가하다고 했다. 그때 넷째 아들 유다가 이치를 밝혀 설득하고 또 자기 아들들을 담보하겠다고 적극적으로 나서자 야곱이 어쩌지 못하고 허락하였다(이 유다의 이름을 따서 이스라엘 사람이 유태인이라고 불리게 된다).

이집트에서 막내를 본 요셉은 자신을 더 이상 숨기지 못했다. 형들의 이전 진술이 틀림이 없었다. 요셉은 형들에게서 변화된 모습을 보았다. 요셉은 북받치는 설움에 소리 높여 울었다. 그리고 자신이 요셉임을 분명한 소리로 밝혔다. 요셉의 말에 더욱 놀란 것은 형들이었다. 요셉이 자신들을 어떻게 할 것인가! 그때 요셉이 말하였다. "형님들이 저를 이집트에 보낸 것은 하나님께서 저를 이곳에 미리 보내어 이때를 준비하도록 한 것입니다."

요셉은 곧 많은 마차와 필요한 물자를 형들 편에 내어 주며 팔레스타인에 있는 모든 가족을 모셔오도록 했다. 많은 마차와 물자를 본 야곱의 놀람은 이만저만 큰 것이 아니었다. "정녕 요셉이 살아있단 말인가! 내 죽기 전에 그를 보아야지." 그는 힘을 다해 마차에 올랐다.

그때 이집트 고센 지방으로 이주한 야곱의 가족이 여러 손자녀까지 포함해 70명이었는데 그들이 이집트에 400년 가까이 살면서 200만 명으로 증가하였다. 이들이 모세의 인도 하에 이집트(애굽)를 나온 기록이 성경의 두 번째 책 〈출애굽기〉이다.

예수 그리스도

예수 그리스도, 그를 기독교의 창시자, 4대 성인의 한 사람으로만 우리는 규정지을 수 없다. 또한 그를 당시 유대 땅의 가난하고 병든 자의 친구로서, 12제자를 길러 그의 가르침을 전한 이스라엘의 메시아로만 우리는 생각할 수 없다.

그의 탄생과 생애와 죽음과 부활이 너무 놀랍고 아름답고 기이하여 우리의 필설로 충분히 묘사하기가 어렵다. 세상에 한 아이로 태어나 성장하고, 마지막 3년 반 동안 그가 행하고 전한 행동과 말씀은 우리 인류 역사에 지대한 영향을 끼쳤다. 그의 탄생을 기준으로 B.C.(Before Christ)와 A.D.(Anno Domini, 구주 탄생 후)라는 역사 서술의 연대 기준이 생겨났으며, 그의 탄생을 기념하는 날은 지구상의 많은 나라가 휴일로 정하고 있다.

예수 그리스도의 탄생과 생애의 이야기는 성경의 네 복음서에 잘 나타나있다. 그런데 성경 전체를 보면, 그는 세계를 창조한 하나님이셨는데, 약속을 따라 이 땅에 아기로 태어나서 인간의 고통과 슬픔을 맛보면서도 순결한 삶을 살았고, 인간이 어떠한 삶을 살아야 할 것인지 온전한 모본을 보여 주었다. 그리고 예언된 대로 사람들의 조롱과 멸시 속에 십자가의 형틀 위에서 죽었고 놀라운 신적인 힘에 의해 다시 살아나셨다.

왜 하나님이 인간이 되고 또 죽어야 했는지는 〈창세기〉에 나오는 바대로 범죄한 인류의 조상에게 약속한 바, 너희에게 한 후손이 태어나 마귀의 권세를 무너뜨리고 너희를 구원할 것이라는 약속의 내용 때문이었다.

영국의 시인 밀턴의 〈실락원〉에도 나오는 것처럼 인류 창조 이전에 하늘에 전쟁이 있었다. 하나님이 창조한 루스벨이라는 영광스러운 천사장 곧 천사들의 우두머리가 자신에게 주어진 자유의지를 이기심으로 사용하여 하늘 천사들의 3분의 1을 유혹하는 일이 벌어졌다. 완전한 하나님의 창조 세계에 그처럼 죄가, 반역이 시작된 것은 기이한 일이며 우리의 지성으로는 잘 이해할 수 없는 부분이다. 다만 창조하신 하나님은 지적 존재자를 만들 때 그를 로봇처럼 주인에 따르는 그런 존재로 만들지 않고 주인의 사랑스럽고 자애로운 품성을 좇아 주인을 따르든지, 아니면 자기의 교만하고 이기적인 마음을 따라 주인을 따르지 않을 수 있는 자유의지를 지닌 존재로 만들었다는 것이 답이 될 뿐이다. 루스벨은 하나님과 같이 되고자 했다. 뭇 별 위 가장 높은 보좌에 자신을 두고자 했다(오늘날 사람들 사회에 사랑과 평화와 협력의 원칙보다는 조그마한 차이를 내세워 자기를 높이고 시기와 차별과 투쟁의 원칙을 따라 행하는 모습을 보라).

하늘에서 쫓겨난 악한 존재 루스벨과 그 추종 세력이 아름답게 창조된 푸른 별 지구에 사는 최초의 사람 아담과 이브를 유혹하였다. 즉 그는 먹지 말라고 한 선악과를 먹어도 죽지 않는다는 거짓말을, 그들에게 접촉하기 좋게 당시 아름다운 느낌을 주었던 뱀의 입을 통해 전하면서, 먹음직해 보이고 지혜롭게 할 것 같은 그 과일을 자기도 먹고 또 하나를 따서 여인에게 주기까지 하였다. 여인이 어떻게 행동했는지는 창세기 기록(3장)에 잘 묘사되어 있다. 여인은 "먹으면 정녕 죽으리라."고 했던, 자주자주 반복된 하나님의 경계와 교훈을 무시하고 유혹을 따라 자기 욕망을 따라 과일을 먹고 또 아담에게 전하였다.

물론 성경학자들이 말하는 대로, 과일을 따먹은 것 자체가 잘못(죄)은 아니었다. 다만 하나님의 한 가지 지시에 얽혀있는 하나님과의 관계를 끊어버린 것이 죄가 되었다. 왜냐하면 에덴동산에는 수많은 과일들이 먹음직스럽게 주렁주렁 달려있었다(오늘날 세계 각국의 과일 시장에 나와 있는 많은 과일들의 향과 맛을 상상해 보라). 다만 동산 한 가운데 접근할 수 있는 생명나무와 함께 나란히 서있는 선악과나무, 그 열매를 먹지 말라고 한 것은, 인간의 순종심, 곧 자신들을 만든 창조주 하나님에 대해 경배하는 마음을 가져달라고 하는, 인간에게 자유의지를 준 하나님 측의 최소한의 요구였던 것이다. 그런데도 왜 인류의 시조는 그것 하나를 지키지 못했을까!

그리스 신화 속 '판도라의 상자'가 대신 이야기하고 있듯이, 하나의 죄 곧 하나님의 명령 대신에 자기 마음의 욕망을 따라 행한 이 태도, 이 사고방식은 그 후 고집스러움과 불경스러움, 거짓과 탐욕, 미움과 살인과 같은 끔찍하고 잔인한 죄의 성향과 정신을 불러오고 말았다. 이 죄로 얼룩진 초록별 세계를 어찌할 것인가.

사랑을 나눌 대상으로 인간을 빚으시고 해와 달과 별들과 온갖 생물들을 만드신 사랑의 하나님은 세계를 창조하기 전에 구원의 계획을 세우셨다. 곧 인간이 그의 자유의지로 범죄하면 성부, 성자, 성령 하나님 중 성자 하나님이 사람의 아들로 태어나 그들의 죄값을 당신의 죽음으로 갚아, 회개하고 하나님께 돌아오는 인류를 사겠다는 계획이었다. 그런 계획은 성경의 곳곳(창세기 3장, 22장, 이사야 6장, 53장 등)에 선지자를 통해 밝혀져 왔고 드디어 B.C. 4년 이스라엘 땅 베들레헴에 갓난아기로 세계를 창조하신 분이 태어났다!

어린 시절, 소년 시절, 청년 시절, 예수 그리스도의 삶에는 그를 죽이려 하고 범죄케 하려는 마귀의 유혹이 많았다. 그러나 정결하고 경건한 부모의 교육과 가업인 목공일과 천연계의 가르침, 그리고 기도하며 하늘과 교통하는 일은 젊은 예수 그리스도를 정신적으로 육체적으로 강건케 하였고 훗날 3년 반 동안 민중을 향하여 치료와 전도와 교육 사업에 매진할 인간적 인프라를 구축하게 하였다. 그분의 가르침은 힘이 있었고 로마 제국의 속박 아래 놓여있던 백성들이 어둠 속의 빛을 보듯 그에게로 시선이 집중되었다.

그분의 〈돌아온 탕자〉 이야기는 하나님 아버지의 사랑이 얼마나 지극한지 잘 보여준다. 그리고 〈선한 사마리아 사람〉 이야기는 사람이 낯선 다른 사람에게 보여줄 수 있는 최고의 선을 보여준다. 또 〈씨 뿌리는 자〉의 비유는 사람들 개개인의 마음 밭에 하나의 씨로 뿌려진 '하나님 나라'를 각자 어떻게 키우고 그 열매를 맺을 것인지를 잘 가르쳐 준다.

사랑했기에 미움 받고 선했기에 악으로 대접을 받아 죽음에 이른 예수 그리스도는 자신이 죽기 전에 예언한 대로 하늘의 권능으로 다시 살아나셨다. 죽음의 권세를 이기고 일어나셨다. 예수 그리스도의 가르침

중 가장 중요한 것 – 죽은 이가 창조하시는 분의 능력으로 다시 살아난다는 진리는 바로 예수 그리스도 자신에게서 실현되었다. 다시 살아나신 예수 그리스도는 낙담해 있던 제자들에게 나타나 부활한 모습이 어떠한지를 보이며 새로 창조될 새 하늘과 새 땅 이야기를 해주었고 때가 되면 다시 오겠다고 마치 이별을 앞에 둔 엄마처럼 제자들을 위로하며 예루살렘 성 동쪽 감람산 위에서 열 한 제자들이 지켜보는 가운데 천사들의 호위를 받아 하늘로 올리워 가셨다(요한복음 20, 21장, 마태복음 28장, 마가복음 16장, 누가복음 24장. 사도행전 1장).

베드로와 요한과 야고보와 같은 제자들과, 나중에 예수 그리스도를 환상 중에 만난 바울은 예수 그리스도의 가르침과 다시 살아난 사실을 힘써 전했다. 국경을 넘어 세계로 전했다. 비록 중세의 종교 암흑기와 근대의 계몽주의와 프랑스 혁명기와 같은 종교 말살의 험악한 분위기가 있었지만 루터와 캘빈의 종교개혁기를 거치면서 성경 66권의 이야기가 들려주는 하나님의 창조와 구원, 재창조될 세계로의 초대는 세상의 많은 사람들의 마음을 사로잡고 있다.

오늘날 우리는 과학의 시대에 살지만 여전히 다 이해하지 못하는 기적을 경험하고 있다. 정자 하나와 난자 하나가 만난 지극히 작은 수정체 하나가 성인의 완전한 몸이 되고 유지되는 기적, 수천 억 개의 별이 그 질서를 따라 밤이나 낮이나 말없이 변함없이 처음 궤도를 따라 움직이는 기적, 태양계의 위성 중 초록별 지구에서만 그 풍성한 바닷물이 순환하며 숱한 생명체의 수자원이 되는 기적, 이런 놀라운 기적들을 바라보는 참된 기독교인들은 “하나님이 천지를 창조하시니라”로 시작하는, 어느 종교경전에 유례가 없는 이 체계적인 창조 이야기를 믿으며, 또한 지진과 기근과 전쟁으로 얼룩진 이 지구상에서 예수 그리스도의 다시 오심과 재창조될 세계에 대한 그의 약속을 바라며 산다. 그들은 경건함과 의로움으로 살며 하나님께 예배하고 부지런하여 게으르지 않고 이웃을 사랑하며 그 약속을 전하며 살아간다.

- 『성경』 중에 〈창세기〉와 〈요한복음〉
- 볼핀치, 『그리스 로마 신화』, 김명희 역, 세계문학 18, 하서, 1991.

讀 & talk

〈피그말리온〉을 읽고 사람이 사랑하는 방법이 무엇이 있는지 이야기해 보자.

〈시지푸스〉가 어떻게 인간의 삶의 욕망을 반영하는지 이야기해 보자.

〈요셉〉의 삶에 있어서 가장 빛나는 점이 무엇인지 이야기해 보자.

〈예수 그리스도〉는 왜 죽어야 했는지 말해보고, 그 죽음이 과연 유효한지 이야기해 보자.

함께 보면 좋은 텍스트

소포클레스, 『소포클레스 비극전집』, 숲, 2008.

안데르센, 『안데르센 동화 32가지』, 세상모든책, 2003.

그림 형제, 『그림동화집』, 시사영어사, 1976.

버어튼, 김남석 역, 『아라비안 나이트』, 삼성출판사, 1975.

1. 헤밍웨이, 『노인과 바다』, 혜원, 2006.
   멜빌, 『백경』, 혜원, 2003.
2. 톨스토이, 『안나 카레니나』, 홍신문화사, 2001.
   플로베르, 『보봐리 부인』, 홍신문화사, 1994.
3. 생 텍쥐베리, 『어린 왕자』
   바스 콘셀로스, 『나의 라임오렌지나무』
4. 조지 오웰, 『1984년』와 『동물농장』
5. 박경리, 『토지』
   펄 벅, 『대지』, 홍신문화사, 2004.
6. 호머, 『일리아드』, 혜원, 2006/ 다락원, 2007.
   『오딧세이』
7. 아우렐리우스, 『명상록』, 글읽는세상, 2003.
   파스칼, 『팡세』, 홍신문화사, 1996.
8. 도스토예프스키, 『죄와 벌』, 혜원, 2006.
   톨스토이, 『부활』, 혜원 2005.
9. 앙드레 말로, 『인간조건』, 일신서적, 1993.
   헤르만 헤세, 『수레바퀴 밑에서』, 홍신문화사, 2006.
10. 아더 밀러, 『세일즈맨의 죽음』, 범우, 2011.
    미하엘 엔데, 『모모』, 비룡소, 1999.
11. 김소월, 『진달래꽃』, 혜원출판사, 1997.
    백석, 『백석시집』, 문학동네, 2011.
12. 보들레르, 『악의 꽃』, 자유교양사, 1995.
    서정주, 『화사집』, 문학수첩, 2004.

D. 우리 한번 의미있는 소리를 내 볼까요

『서양음악사』 & 『한국음악사』

음악은 우리의 삶에 매우 중요한 부분을 차지하고 있다. 일찍이 그리스 시대에 문법 · 수사 · 논리 · 음악과 같이 4개의 교양교과 가운데 음악을 두었다는 것은 음악이 정신과 인격 도야에 매우 중요하다고 생각했기 때문이다. 또한 원시시대부터 음악은 커뮤니케이션의 중요한 수단으로 여겨졌는데 전쟁 때 싸움의 시작과 중단 및 고무시키는 일을 모두 소리로써 했던 것이라든지 일상생활에서 커뮤니케이션의 수단으로 소리를 내는 것을 보면 음악의 소리로서의 중요성을 더 생각할 수 있다.

현대의 음악을 소통을 위한 또 다른 언어라고 말하기도 하는데 곧 음악을 '만국의 인터네이셔널한 랭귀지'라고 말하는 것이다. 왜냐하면 감성과 내적 소통을 소리를 통해 매우 심도 있게 구현할 수 있기 때문이다. 또한 음악은, 전문적으로 말해서, 소리에 어떤 논리나 의미를 부여하는 것이라고 정의하기도 하는데 소리가 물리적 현상인 것은 분명하다. 곧 말소리는 입(발음체)에서 나간 공기의 진동하는 특성이 상대방의 귀(고막)에 도달되어 신경학적으로 전달되는 물리적 현상인 것이다. 그래서 음악치료라는 것도 이런 소리의 정신적이고 물리적인 현상을 이용하여 치료의 기능을 담당하도록 한 것이다.

감정을 표현하고 노래하고 연주하는 것에서처럼 대부분의 사람들은 음악을 감성적인 교류의 수단으로 생각한다. 또한 오랜 음악의 역사를 보면, 성서에서는 음악을 영적인 것으로 보기도 한다. 왜냐하면 음악은 기도의 차원을 넘어 언어 이상의, 언어가 갖는 소통의 의미를 넘어서는 한 차원 높은 소통의 수단이 되기 때문이다. 곧 음악은 언어가 표현하지 못하는 그 이상을 표현하는 영적인 소통의 수단이 되는 것이다. 모든 큰 행사에 음악을 사용한다든지 애국가를 부르며 눈물에 젖는 것도 음악이 말을 넘어서는 감동 영적 교감을 나누는 수단이 되고 있음을 뜻한다.

이런 음악을 제대로 감상하자면 단계가 필요하다. 그 첫 단계는, 음식에 비유해 말하자면, 음식을 맛보는 단계가 있듯이 다양한 음악을 맛보는 단계가 필요하다. 곧 짜장면이 무슨 맛인지 망고 주스가 무슨 맛인지 토종꿀맛이 어떤 것인지 알아야 자기 취향이 생길 수 있듯이 음악도 말만 들어서는 그것을 제대로 감상하기 어려운 것이다. 요즘 퍼퓰러한 음악들이 많이 쏟아져 나온다. 그런데 수많은 음악들이 있는데도 보통 사람들은 극히 일부분만 들으면서 그것이 음악의 전부인 양 그것에 빠져버린다면 이는 큰 낭패다. 심지어 팝 시장에는 엄청난 종류의 팝음악이 있다. 재즈, 락, 뉴에이지, 댄스음악 등 종류도 많다. 따라서 사람들이 그것을 제대로 소화해서 음악을 접한다고 할 수 없다. 교양 대학생들은 사물을 총괄적으로 접하고 이해하는 일이 필요하다. 계속 짜장면만 시켜 먹다가 다른 데 가서 많은 음식을 맛보며 새로운 맛을 배우듯이 음악도 학창시절에는 다양한 음악을 접해보는 기회가 중요하다. 그리고 거기서부터 자기 취향을 찾아가는 것이 좋을 것이다.

요즈음 대학생들이 자기의 음악적 취향이 무엇인지도 모르고 사는 수가 많다. 그러나 혼자서는 전문가도 아닌데 다 접할 수는 없고 좋은 방법 중 하나는 음악의 가이드가 되는 음악사를 읽기를 권한다. 다만, 너무 얇은 책은 가이드가 안 된다. 자세한 설명이 없는 것이다. 좀 사이즈가 크고 볼륨이 있는 책을 읽기를 원한다. 그런 책은 음악의 시대 배경, 작곡한 사람, 연주한 사람, 당시의 청중들의 문화 수준 등 그런 문화적 배경을 폭넓게 파악하게 해주고 초기에서부터 현대에까지 모든 음악을 접할 수 있게 가이드를 해주는 책이다.

학창시절에 이런 도움을 받고 이런 경험이 있을 때 그는 기억을 살려 인상적인 음악을 계속 찾게 되고, 대단치 않게 들었던 음악도 친구나 이웃이나 연인이 설명을 더해주면 큰 의미를 부여하고 음악을 사랑하게 된다. 그리고 그런 일을 통해 인간 상호간에 이해를 넓혀가며 세상을 폭넓게 살아갈 수 있게 된다. 그래서 학창시절에는 깊이 있는 감상보다 폭넓은 감상을 할 필요가 있다. 사실 음악사를 통해서 하나하나 음악을 맛보면서 음악만 듣는 것이 아니라 다른 예술에 대한 안내도 받게 된다. 왜냐하면 예술의 장르들은 서로 관련을 맺고 서로 영향을 주고받기 때문이다. 그리하여 미술 문학 건축 무용과 같은 다른 장르에 대한 이해도 깊어진다. 또 요즘은 씨디(CD)도 많이 나와 원하는 음악을 쉽게 접할 수 있다. 이 일이 실행하지 못할 만큼 어려운 일만은 아니다. 학창시절에 음악사 한권쯤은 읽기를 강력히 추천한다. 음악사를 죽 훑어본다면 자기 전공밖에 더 모르고 졸업하는 아날로그 시대의 스타일을 떠나서 디지털 시대의 폭넓은 사회생활이 가능한 사람으로 성장할 수 있을 것이다.

발성법에 대해 읽어보는 것도 중요하다. 한국 사람은 노래와 땔 수 없는 인연을 가지고 있다. 춤과 음악은 조금 못해도 노래 한 가닥씩은 다 한다. 또 노래가 아니더라도 말소리는 상당히 대인관계에 중요하다. 자기 소리를 계발하고 자기 가능성을 극대화할 필요가 있다. 얼굴도 영향이 크지만 말소리가 사람의 인상, 직업 못지않게 남에게 신뢰성을 주는 데 엄청난 영향을 준다. 그래서 자기 매력을 극대화하기 위해 목소리 훈련이 필요하다. 좋은 목소리로 노래 잘하면서 자기를 적극적으로 피알(PR)하고 사회에서 자기역량을 발휘하고 분위기 메이커 역할을 한다든지, 가족 친지들이 모인 곳 또는 교회에서 노래를 잘하면 여러 이점이 많다. 요즘 중창단이나 합창단이 많이 조직되어 있는데 회사나 가족 단위의 중창이나 합창을 통해 그 집단의 화합과 융합에 크게 기여할 수 있다. 중요 작곡가 중에는 합창 출신이 많다.

또 노래하면서 상당히 음악성이 개발된다. 기악은 음역이 높고 리듬이 복잡하고 까다로운 데 비해 성악은 리듬이 단순하고 음역도 두 옥타브 정도에 그친다. 사실 모든 음악의 뼈대를 보면 성악 곧 노래가 가진 선율 등이 뼈대가 되고 있다. 그러므로 음악성을 개발하고 쉽게 커뮤니케이션하는 데 있어서 노래한다는 것은 상당히 중요하다. 그런 의미에서 발성법에 관한 책을 읽기를 권한다. 기악은 르네상스 이전에는 거의 다 성악곡이었다. 그러다가 바로크 시대에 악기가 개발되면서 기악이 발달하고 지휘자도 서게 되었다. 기악 음악이 꽃핀 것은 낭만주의시대였다. 그 후로 리스트, 라흐마니노프 등이 나타나기에 이르렀는데, 악기가 개발되고 연주가 개발되고, 음악 내용의 발달되면서 음악은 오늘날처럼 발달하게 되었다.

한편 음악은 음악 치료, 음악 경영, 음악 공학과도 폭넓게 연관된다. 음악 공학 분야에서는 아이팻의 발명으로 쌍방 소통이 가능한 새로운 콘텐츠 개발을 서두르고 있으며, 음악 경영 분야에서는 음악 전문가가 아니더라도 매니져가 되어 엔터테인먼트사에서 활동하는 길을 열어놓고 있으며, 음악 법학 분야에서는 음악 관련 소송 내지는 판권 문제 등을 다루게 된다. 예전에는 음악가가 이런 일을 다 했지만 지금은 음악가만

이런 일을 하는 것이 아니라 음악과 관련하여 새로운 능력 있는 사람들이 법학, 경영, 공학, 치료 쪽으로 그 범위를 확대하고 있는 것이다. 그런 의미에서 음악치료에 관한 책을 읽어 볼 수도 있다.

- 홍정수, 김미옥, 오희숙, 『두길 서양음악사 1, 2』, 나남출판, 2006.
- 장사훈, 『한국음악사』, 세광아트, 1991.

讀 & talk

1. 한국음악의 5음계와 서양음악의 7음계의 차이를 이야기해 보자.
2. 서양의 고전주의 음악과 낭만주의 음악의 특징을 이야기해 보자.
3. 「음악은 정신치료에 유용하다」라는 논제로 토론해 보자.

함께 보면 좋은 텍스트

1. 그라우트, 『서양음악사』, 서우석 문호근 역, 이앤비플러스, 2009.
2. 한흥섭, 『한국의 음악사상』, 민속원, 2000.
   조유희, 『조선후기 실학자의 자주적 음악사상』, 보고사, 2011.
3. 김형주, 『음악감상법』, 세광아트, 2011.
   조성진, 『서양고전 음악감상법』, 대원사, 2003.
4. 이주영, 『신나는 음악치료 교육』, 파라다이스복지재단, 2011.
   정현주, 『음악치료 기법과 모델』, 학지사, 2006.

E. 어떻게 놀이가 미술이 되는가

『한국의 미를 다시 읽는다』 & 『옛 그림 읽기의 즐거움』

세상을 아름답게 하는 미술은 생활 곳곳에 스며있다. 한 나라의 역사와 문화와 정치와 사회와 경제 그 어느 것도 미술과 관련되지 않는 것은 없다. 미술을 스케치북 위에 크레용을 칠하는 것이나 석고 데생을 하는 것으로만 착각하면 안 된다. 음악뿐만 아니라 화학, 물리학, 철학, 신학, 경영학도 미술이다. 왜냐하면 세상을 아름답게 하는 것 모두가 미술이기 때문이다.

미술은 상상력의 세계다. 〈그림의 떡〉은 못 먹는 떡이지만 미술가는 그 〈그림의 떡〉을 그리고 그것을 가지고 먹고 산다. 다른 사람은 쓸모없다고 하지만 예술가에게는 다 쓸모 있는 것이다. 예술가는 누구인가? 그들은 대상을 바라볼 때 지식인이나 사상가와 다른 방식으로 세계를 본다. 그들 나름의 방식 곧 제3의 방식으로 삶의 문제를 풀어가는 것이다. 예술가가 이미 있는 공식만을 가지고 문제를 푼다면, 그는 매너리즘에 빠지고 모방에 그치고 말 것이다. 그렇게 되면 예술가는 생명을 잃는다. 자기 정체성을 잃는다. 남과 비슷해지는 순간 치명적인 순간에 이르고, 유사하면 아류가 되고 정체성을 잃어버리는 것이다. 그래서 예술가들은 남들이 알아주지 않는 뜬금없는 엉뚱한 방법을 써서 나아가며 그런 것을 취미로 활용한다. 제2 제3의 미켈란젤로나 김홍도가 되기는 쉽지만 앞서가는 '제1의 자기'가 되기는 어려운 법이다. 그래서 예술가는 고독하며 군중 속에서도 고독한 존재가 되는 것이다. 미술에서는 음악처럼 무리지어 합창하는 일도 없다. 오직 자기 생각, 자기 철학으로 자기 삶을 드러내며 여러 매체를 써서 자기를 표현할 뿐이다.

미술이 삶에 어떻게 관여해 왔는가를 이해하기 위해서는 미술사를 살피는 것이 좋다. 미술은 사회와 떨어져 있는 것이 아니며 역사와도 밀접하게 달라붙어 있다. 우리는 미술사에 관한 책으로 『한국미술사 101장면』, 『서양미술사 101장면』을 읽어볼 수 있을 것이다.

다음으로 유홍준의 『나의 문화유산답사기』와 『한국의 미를 다시 읽는다』를 읽어보면 좋겠다. 『나의 문화유산답사기』는 93년에 1권이 나온 뒤로 최근에는 6권까지 나와 있다. 이 책은 우리 미술을 아주 쉽게 풀어쓰고 있는데, 이 책은 우리나라에 인문학 바람이 불게 한 책이며 우리 문화에 새롭게 눈뜨게 한 책이다. 할아버지와 아저씨와 학생의 수준에 맞추어 쓴 것이다. 『한국의 미를 다시 읽는다』는 12명의 미술가가 쓴 한국의 미에 대한 미론(美論)이다. 유홍준이 곳곳에 산재한 한국의 미를 발견했다면 그 미의 의미가 무엇이냐 라는 질문에 답하고 그 의미를 확대 논의한 책이 바로 이 책인 것이다. 즉 도자기 막사발 하나에 스며있는 한국미의 의미를 더 확대시켜 논의하고 있는 것이다. 다시 말해 한국미가 슬프다느니 기쁘다느니 하면서 한국미술의 의미를 평가해 본 것이다. 다시 더 말해 이 책은 유홍준의 책의 의미를 보다 더 심화시켜 놓은 것으로 미의 배경에 뭐가 깔려있는지 한국미가 왜 아름다운지 왜 서러운지 왜 슬픈지, 우리의 정서를 어떻게 담고 있는지 그것을 미학자의 입장에서 바라보고 평한 것이다. 말하자면 한국미술의 특질을 미술사학자들의 눈으로 논의한 책이라고나 할까.

다음으로 도자기 회화 조각 건축 서예 불탑 청자 등 한국의 미술품을 골고루 다룬 책 『무량수전 배흘림기둥에 기대서서』는 일본과 중국과의 미술적인 차이를 찾아낸 책으로, 국립박물관장을 지낸 최순우가 집필한 우리 미술에 대한 폭넓은 관심을 보인 책이다. 그리고 도자기 전문가 윤용이의 『아름다운 우리 도자기』는 청자 백자 분청사기 등 갖가지 도자기에 대해 매우 평이하게 서술한 책이다. 사실 숟가락 젓가락과 모든 그릇이 회화보다도 더 실용성을 지닌다. 그 중 도자기는 우리들의 미술 표현에 매우 적합한 수단인데, 그런 도자기가 수더분하면서 또 어떻게 구수한 숭늉맛을 내는지 그것이 우리 입맛에 왜 좋은지, 이 책은 그런 점을 쉽게 이야기 해주고 있는 것이다. 우리는 그 책이 이야기하는 한국의 도자기 터만을 좇아서 도자기 여행을 즐길 수도 있을 것이다. 그밖에 미술 분야에 오주석의 『옛 그림 읽기의 즐거움』은 우리 회화 쪽에 매우 심도 있게 파고 들어가 한국화에 들어있는 의미를 발굴하였다. 김명국 김홍도 안견 등의 유명한 회화들을 아주 쉽게 확실하게 써 놓았다. 한국 회화를 알려면 이 책을 꼭 보아야 할 것이다. 이 책을 통해 우리는 고리타분하다고 생각하는 한국화가 이렇게 독자에게 즐거움을 선사할 수 있는지 새롭게 눈을 뜰 수 있다.

다음으로 진중권의 『놀이와 예술 그리고 상상력』을 읽으면 좋겠다. 사실 미술은 무거운 철학이론이나 담론을 담는 것이 아니다. 살아있는 사람들의 놀이 곧 유희본능에 미술이 존재한다고 보고 있다. 사실 현대미술의 특징은 놀이 쪽이다. 변기를 광장에 갖다 놓으면 얼마나 우스꽝스럽고 재미있겠는가! '예술을 놀이로 보자' 하는 것이 작자의 태도이다. 사람은 호모 사피엔스가 아니라 놀이하는 인간 호모 루덴스*homo rudens*가 되는 것이다. 집 한 채, 차 한 대를 갖추면 인간은 무엇을 해야 하는가. 결국 사람은 놀게 되어 있다. 모든 문명을 좌우하는 게 결국은 놀이이다. 상품 하나를 만들 때도 재미있게 놀이라는 개념이 들어있을 때에 가치가 상승된다. 똑같은 일도 즐거울 때 더 효과적으로 이루어

낼 수 있다. 놀이에 관한 책은 굉장히 많다. 『놀이와 인간』, 『우리 놀이 100가지』, 『놀이-마르지 않는 샘』, 『노마디즘』 같은 서적도 모두 놀이와 관련된 것을 모아 놓은 것인데- 진중권 씨의 좋은 장점이라고 할 수 있다. 요새 미술 분야의 트렌드를 알려면 놀이 쪽에 관심을 가져야 한다.

예술을 놀이로서 본다면 아무리 심오한 『장자』, 『도덕경』 같은 책도 놀이 개념으로 해석할 필요가 있는 것이다. 사실 인터넷 SNS, 스마트폰 들도 장난감이 아니겠는가?

■ 권영필 외, 『한국의 미를 다시 읽는다』, 돌베개, 2005.

■ 오주석, 『옛 그림 읽기의 즐거움』, 솔, 2007.

讀 & talk

1. 왜 한국의 미의 배경에는 '슬픔이나 한(恨)'의 정서가 깔려있는지 이야기해 보자.
2. 우리 도자기의 아름다움이 어디에 근원을 두고 있다고 생각하는지 이야기해 보자.
3. '놀이가 예술이 된다'는 관점에서 우리 주변에 어떻게 놀이문화를 창출할 수 있을지 토론해 보자.

함께 보면 좋은 텍스트

1. 유홍준, 『나의 문화유산답사기』 1–6, 창작과비평사, 1993–2011.

2. 임두빈, 『한국미술사 101장면』, 가람기획, 2006.
최승규, 『서양미술사 100장면』, 가람기획, 1997.
3. 윤용이, 『아름다운 우리 도자기』, 학고재, 1996.
최순우, 『무량수전 배흘림기둥에 기대서서』, 학고재, 2002.
4. 진중권, 『놀이와 예술 그리고 상상력』, 휴머니스트, 2005.

F. 조각 같은 건축도 가능할까

『서울의 영감, 풍경의 매혹』 & 『예술로서의 건축』

건축은 집 짓는 일이 아니다. 영어로 건축을 아키텍처*Architecture*라고 하고 건축가를 아키텍*Architect*이라고 하는데 건축은 'archi(큰, 첫째가는) + tecton(예술, 기술)'의 합성어로서 정신적이고 예술적인 재능을 의미하는 말이다. 그리고 정관사를 붙인 The Architect은 '조물주, 신(神)'을 의미하는 말도 된다. 그리하여 신의 모든 창조가 건축(Architecture)이 되는 것이다. 그래서 성형외과 의사를 the architect of face라고 하고 아주 멋진 게임맨을 the architect of game이라고 한다. 예술로서의 건축을 정의하면 '건축예술이란 미, 기능, 구조 등이 그것을 실물로서 만들어내는 경제 개념과 잘 어우러져 잘 조화된 최고의 상태'라고 말할 수 있다.

어떻게 고대의 이집트 사람들은 피라미드와 같은 장엄한 건축물을 창조했을까. 어떻게 중세 로마네스크 시대의 건축가들은 높은 고딕건물을 세웠을까. 생각해 보면, 이집트 사람들은 나일강의 수직적 흐름의 방향과 직교하여 이집트에 풍요를 가져다준 태양을 마주하도록 피라미드를 만들었다. 또 로마네스크 시대 건축가들은 하나님은 보호자라는 개념을 두터운 성벽으로 처리하였다. 따라서 한 시대를 대표하는 그들 건축예술가들은 단순히 물리적인 축조자나 기술자일 수만은 없고 그것을 넘어서서 자연과 인간을 조화시키고 자연의 이치를 그대로 건축에 담아놓은 위대한 사상가였으며 예술가 차원을 넘어선 위대한 휴머니스트였다고 말할 수 있다. 이집트의 부와 경제력이 바탕이 되어 이룩된 이집트 건축물은 그들의 자연신앙을 받아들인 것이며 기둥에 새겨놓은 문양들은 이집트의 파피루스나 종려나무를 그대로 옮겨놓은 자연친화적인 예술이었다. 또한 중세 시대에 고딕건물 안으로 스테인드글라스를 통해 빛이 비쳐들게 하는, 큰 공간 속으로 빛이 비쳐드는 그런 모습은 장엄한 신성의 세계를 모방한 것이다.

그 이후 근대의 산업혁명 후 시대가 바뀌고 19세기에 인간의 미의식이 발달하고 예술이 근대의 미학으로 넘어오면서 미술 분야에 피카소 입체주의 초현실주의 인상주의 화풍이 나오게 되고 건축도 많은 변화를 입게 된다. 곧 근대 미학이 도입되어 인간의 미의식이 변화하고 건축이 변화한 것이다. 따라서 이 시기는 장식이 배제되고 구조나 기능이 실용화된다. 건축이 시대변화에 따라 또 기술의 발달에 힘입어 변화하게 된 것이다. 다시 말해 아름다움과 기능과 구조가 기술발달에 따라 새로운 형식으로 바뀌게 되는 것이다. 건축이 시간과 더불어 미의식에 있어서 크게 변화하게 되는 이것을 건축의 시간성이라고도 한다.

건축의 역사를 다 다룬다는 것은 어려운 일이다. 따라서 내 주변의 건축 이야기부터 살펴보는 일이 좋을 것이다. 곧 내가 살고 있는 서울 가까이에서 볼 수 있는 건축물로부터 시작해서 공간적으로 시간적으로 영역을 넓혀가는 것이 좋겠다. 그런 의미에서 먼저 원제무의 『서울의 영감 풍경의 매혹』을 들춰보면 좋겠다. 이 책은 서울의 특색 있는 건축물을 찾아 그림과 더불어 상세한 해설로 도시와 건축을 이야기해준다. 그리고 최준석의 『어떤 건축』은 에세이식으로 쌈지길, 선유도 공원, SKT 타워 등을 이야기한다. 이 책을 읽으면서 도시를 걸어보고 건축물을 바라본다면 도시건축이 내 몸 가까이 새로운 아이콘으로 다가옴을 느낄 수 있을 것이다.

다음으로 저술가 장정제의 『예술로서의 건축』과 또 『생활 속의 건축 이야기』를 읽을 수 있겠다. 이 책들은 건축물이 통일, 균형, 리듬을 어떻게 이루어 시각적 아름다움을 주는지 전문적인 내용도 쉽게 설명식으로 이야기한다.

다음으로 승효상『빈자의 미학』, 윌리암 카우델의『건축의 이해』를 함께 읽어볼 수 있다.『빈자의 미학』에는 건축가 승효상의 건축에 대한 독특한 관점이 소개되고 있으며『건축의 이해』에는 보다 보편적인 건축 이야기가 전개되고 있다.

■ 원제무,『서울의 영감 풍경의 매혹』, 공간사, 2004.
■ 장정제,『예술로서의 건축』, spacetime, 2009.

讀 & talk

1. 집으로서 나타나는 예술인 건축은 다른 예술에 비해서 어떤 요건들을 충족시켜야 하는지 이야기해 보자.
2. 서울이 자랑하는 건축물에는 무엇무엇이 있는지 말해 보자.
3. 『빈자의 미학』에 나타난 미의 세계에 공간의 확보가 어떤 의미를 갖는지 토론해 보자.

함께 보면 좋은 텍스트

장정제 외 2,『생활 속의 건축 이야기』, spacetime, 2010.
승효상,『빈자의 미학』, 미건사, 2002.
윌리암 카우델,『건축의 이해』, 박만식 역, 기문당, 2012.
김석철,『20세기의 건축』, 생각의 나무, 2005.
최준석,『어떤 건축』, 바다출판사, 2010.

과학기술

09

A. 아라비안나이트 같은 꿈을 얼마나 이룰 수 있을까

『과학철학의 이해』 & 『과학혁명의 구조』

과학은 누구에게나 중요하다. 과학은 TV나 스마트폰 같은 문명의 이기(利器)를 만들어 주었고 자동차나 비행기 같은 교통수단을 인류에게 제공해 주었다. 또한 그것은 산업혁명으로 인해 필요한 물자를 대량 생산할 수 있게 해 주었으며, 의학적 발견으로 질병의 고통을 덜어주었고 인류의 수명을 연장시켜 주었다.

과학은 수천 년 전 인류가 문자를 사용하기 이전에 시작되었다. 그러나 누가 불을 발명하고 활을 발명했는지는 모른다. 또 해가 뜨고 지는 것을 설명하게 되었는지 모른다. 그러나 이런 초기의 발명이나 설명들이 과학사에 주요한 사건이었음은 틀림없다. 과학의 발달은 B.C. 3,000년 무렵 이집트에서 시작되었다고 한다. 이집트에서는 죽은 자를 향유처리하기 위해 의학을 시작하였으며 땅을 측량하는 기하학과 수학을 발달시켰고 달력을 만들기도 하였다. 이집트보다 늦게 시작한 것으로 보이는 중국 문명은 문자와 수학체계를 발달시켰으며 천문학과 화학과 약학을 발달시켰다. 아메리카의 아즈텍, 잉카, 마야 문명도 과학이 있었으며, A.D. 600년경 발달한 수(數) 체계는 그 시기 유럽보다 앞섰다고 한다.

과학사에서 히포크라테스가 질병이 초자연적 현상이 아니라 자연현상이라고 가르친 것은 B.C. 400년경이었으며, 아리스토텔레스가 논리학을 가르치고 유클리드가 기하학의 공리를 정리한 것은 B.C. 300년경이었다. 아르키메데스가 부력의 원리를 실험적으로 밝힌 것은 B.C. 200년경이었다. 그 후 중세를 거쳐 A.D. 1,500년을 지나면서 르네상스 시대에 레오나르도 다빈치가 관찰과 실험의 중요성을 역설했고, 코페르니쿠스가 관찰을 통해 지동설을 주장했고 이어 케플러는 천체운동을 천문학으로 정립했다(1609). 갈릴레오는 물리학의 법칙과 실험을 수학적으로 해석했으며(1600년경), 1687년에 뉴턴은 만유인력에 대해 책을 썼으며, 1774년에 프리슬리는 산소를 발견하였다. 1831년 페러데이는 자석을 움직여 전기를 얻어냈으며 1839년 실라이덴과 쉬반은 생명체의 세포를 발견하였다. 그리고 라이트 형제의 비행기가 성공한 것이 1903년이었으며 보잉 747항공기가 나온 것은 1969년이었으며 인류가 달을 밟은 것도 1969년이었다. 그리고 유전자 속의 유전정보를 밝혀 그 완전한 지도를 만든 것은 2000년의 일이었고 스마트폰을 발명하여 시판한 것은 2011년의 일로서 이런 일은 2000년대에 들어서이다.

과학은 날이 갈수록 눈부신 발전을 거듭하고 있으며 과거에 꿈꾸던 편리한 생활을 모두 현실화시켰다. 또 꿈꾸어 오던 장수(長壽)에 대해서도 새로운 의학지식들이 이를 가능케 하고 있다.

과학의 주된 방법은 관찰과 실험이다. 관찰을 통하여 새로운 가설을 세우고 이를 실험을 통해 검증하고 이론을 세운다. 과학의 또 하나 방법은 분류이다. 갖가지 사실들을 기준에 따라 그룹화 하고 보다 의미 있는 정보를 만들어간다. 과학은 물리학 화학 생물학 지구과학 천문학 같은 자연과학과 정치학 사회학 경제학 지리학 언어학 인류학과 같은 사회과학으로 나눈다.

우리가 과학에 관하여 읽을 책이 많이 있지만 대학생으로서 읽어보아야 할 책은 몇 권 소개하면 다음과 같다.

우선 과학이 철학과 어떻게 같고 어떻게 다른지에 대해서는 『과학철학의 이해』를 읽어보고, 과학이 각 시대에 어떤 패러다임을 제공하였는지 금세기에 과학은 어떻게 바뀌어 가고 있는지에 대해서는 『과학혁명의 구조』를 읽으면 좋다.

다음으로 과학사를 읽을 수 있는데 과학의 역사 속에 나오는 인물과 사건, 과학자의 꿈을 꾸게 하는 책으로서 과학사를 쉽게 해설해 놓은 책 『3일만에 읽는 과학사』와 우리의 과학의 과거가 어떠한지 금속기술 토목기술 건축기술 공예기술 및 천문학 기상학 지리학이 어느 수준인지 이야기하고 있는 『한국의 과학사』를 읽으면 좋다. 그리고 서양의 과학자로서 주목하게 되는 두 과학자에 대하여 읽어본다면 맥라클란의 『갈릴레오』와 글릭의 『뉴턴』을 읽을 수 있다. 전자는 여러 그림과 사진을 곁들여 르네상스 시대의 위대한 과학자의 생애와 생각을 쉽게 이야기하고 있으며 후자는 뉴턴이 품었던 여러 생각과 새로운 원리 발견의 과정을 이야기 식으로 쉽게 풀어 써 놓았다.

다음으로 우주는 인류의 영원한 관심사다. 우주는 어떻게 생겼으며 얼마나 큰 것인가? 우주에 대한 이야기를 하려면 특히 유명한 상대성 이론에 대한 이야기로서 『아인슈타인의 우주』를 읽으면 좋고, 그리고 금세기 우주관을 다룬 『스티븐 호킹의 우주』를 읽으면 좋다.

우주의 기원과 더불어 생명의 기원 또한 인류의 영원한 관심거리다. 이에 관련해서는 다윈의 『종의 기원』을 해설한 책과 성경에 근거한 창조와 홍수 이야기를 다룬 『처음부터 끝까지』를 읽으면 좋다.

또한 물질의 구조를 다룬 『쿼크로 이루어진 세상』과 유전자의 구조를 이야기하는 『게놈』을 읽어도 좋다.

- 제임스 레이디만, 『과학철학의 이해』, 이학사, 2004.
- 토마스 쿤, 『과학혁명의 구조』, 까치, 2005.

讀 & talk

1. 과학적 사고방식은 사물을 어떤 태도로 바라보는지 서로 이야기해 보자.
2. 과학자들의 생애 중 무엇이 그런 업적을 낳게 하였는지를 이야기해 보자.
3. 「지구상의 생물은 진화를 통해서 오늘날의 생물의 종이 되었다」라는 논제를 두고 토론해 보자.

함께 보면 좋은 텍스트

1. 공하린, 『3일만에 읽는 과학사』, 서울문화사, 2006.
   전상운, 『한국의 과학사』, 세종대왕기념사업회, 1974.
   나카야마 시게루, 『하늘의 과학사』, 김향 역, 가람기획, 1991.
2. 제임스 맥라클란, 『갈릴레오』, 이무현 역, 바다출판사, 2002.
   제임스 글릭, 『뉴턴』, 승산, 2008.

3. 나이절 콜더, 김기대 역, 『아인슈타인의 우주』, 미래사, 1992.
   존 보슬로우, 홍동선 역, 『스티븐 호킹의 우주』, 책세상, 1990.
4. 다윈, 『종의 기원』, 윤소영 해설, 사계절, 2004.
   클라이드 웹스터, 최종걸 역, 『처음부터 끝까지』, 삼육대지구과학연구소, 2008.
5. 한스 그라스만, 『쿼크로 이루어진 세상』, 생각의 나무, 2002.
   매트 리들리, 하영미 외 2 역, 『게놈』, 김영사, 2001.

B. 기술 발전을 어떻게 받아들일 것인가

『야누스의 과학』 & 『기술이 인간을 초월하는 특이점이 온다』

지난 반세기 동안 과학기술의 진전은 엄청난 변화를 수반했다. 현재 인류는 질병 치료, 수명 연장, 빈곤, 그리고 생태 위기 등 당면한 여러 문제의 해결책을 유전학을 비롯한 과학 기술이 제공해 줄 것이라는 기대를 갖고 있다. 나아가 인류의 이런 희망이 현실로 가시화되었고, 이제 그 희망은 판타지적 욕망으로까지 발전하고 있다. 특히 1950년대 이후 눈부시게 발전한 분자생물학과 그 성과에 힘입은 새로운 생명 공학의 출현은 인간의 본질적 특성을 담은 유전자 지도를 완성했고, 이것은 유전자 검사 및 치료, 유전 상담 등이 대중화되는 계기가 되었다. 그러나 무분별한 생명 공학으로 인해 생태계 질서의 파괴와 인간성 상실이라는 심각한 문제가 발생하였다. 신문에 자주 보도되고 있는 유아 유괴와 살해, 인신 매매, 자살, 패륜 범죄 등은 인간을 도구화하고 생명을 경시하는 풍조를 잘 반영하고 있다.

두 얼굴의 과학

『야누스의 과학』은 이처럼 야누스의 얼굴을 가진 20세기 과학의 딜레마를 살펴보는 책이다. 현대 과학기술은 생활의 편의를 제공하고 질병을 퇴치하는 등 삶의 질을 향상시켰지만 전쟁에 이용됨으로써 인간을 살상하기도 하고 생태계를 파괴해 인간을 더 큰 위기로 몰아넣었다.

과학기술이 비약적인 발달을 하게 된 결정적인 계기는 다름 아닌 전쟁이었다. 첨단 무기 없이 국지전과 게릴라전만 거듭하는 나라는 전투기가 날아다니고 미사일이 바다를 건너는 시대에 제대로 싸우지도 못하고 백기를 들 수밖에 없었다. 두 차례의 세계대전과 냉전을 거치며 각국은 기술 개발에 전폭적인 지원을 하기 시작했고 이때부터 수천 명의 전문가들이 하나의 연구 프로젝트를 수행하는 거대과학이 탄생하기에 이르렀다. 국가 간 경쟁은 미국과 소련의 냉전 시대 우주개발로까지 팽창되며 더욱 심화되었다. 이때는 양국이 이데올로기의 차원에서 생존과 자존심을 건 체제경쟁을 했던 시기였다. 이로 인해 천문학, 지구과학 등 순수한 '자연적 발견'의 영역이 빛을 보기도 했지만 원자폭탄, 로켓, DDT 등 전쟁의 산물은 인류의 삶을 근본적으로 뒤틀어놓았다. 이제 그 위협의 중심에는 환경문제가 있다. 지구온난화, 유전자변이, 환경호르몬 등에 의해 지구는 큰 변화를 예고하고 있다.

인간과 기술의 융합 시대

한편 미래학자 레이 커즈와일은 『특이점이 온다』에서 과학기술 발전으로 생물학적 인간의 조건을 뛰어넘는 미래 인류의 모습을 전망한다. 기술이 인간을 넘어 새로운 문명을 낳는 시점을 뜻하는 '특이점'이라는 개념을 강조하고 어떻게 활용할지, 대처하기 위한 방법은 어떤 것들이 있는지 소개한다.

특이점이란 미래에 기술 변화의 속도가 매우 빨라지고 그 영향이 매우 깊어서 인간의 생활이 되돌릴 수 없도록 변화되는 시기를 뜻한다. 저자는 인류가 진화해온 패턴을 분석해 그 단계를 여섯으로 구분 짓는다. 제 1단계에는 물리학과 화학의 패턴에서 DNA가 진화했다. 제 2단계에는 생물학 패턴에서 뇌가 진화했다. 제 3단계에는 뇌의 패턴에서 기술이 진화했다. 제 4단계에는 기술의 패턴에서 기술이 인공지능의 방법을 터득한다. 그리고 제 5단계인 특이점의 패턴에서 기술과 인공지능의 융합으로 진화하며 마지막으로 제 6단계에서는 인공지능이 우주로 확대된다.

이 책은 특이점이 나타날 시기와 각종 기술 진화에 따른 변화와 그에 따른 혁명과 특이점이라는 변화가 인간과 전쟁, 우주의 지적 운명에 미칠 영향, 저자의 주장을 비판하는 내용들에 대한 반론 등으로 구성되어 있다.

과학 기술의 영향력

과학 기술은 인류의 탄생 이래 눈부신 발달을 거듭해 왔다. 정자 없이 난자를 통해 생겨나는 아기, 나노 미터보다 미세한 세계를 통해 만들어지는 섬유, 인간의 언어 구조와 유사한 구조를 지녀 언어를 사용하는 기계 등 연이어 쏟아지는 과학적 연구의 성과물들은 과학 기술의 발전에 대한 한 치 앞의 예상도 허용하지 않는다. 그런데 이러한 기술의 발달에 대해 장밋빛 미래를 떠올리는 한편, 인류의 미래를 위협할 잠재적 위험 요인으로서 우려의 시선을 보내는 것 또한 사실이다. 과학 기술의 발달로 인한 기술 문명의 토대 위에 세워진 현대 사회의 태생적 한계를 감안할 때, 과학 기술이 인간의 삶에 어떤 영향을 미치는지를 살펴보는 것은 중요한 과제가 아닐 수 없다.

■ 김명진, 『야누스의 과학』, 사계절, 2008, 251.
■ 레이 커즈와일, 김명남, 장시형 역, 『기술이 인간을 초월하는 특이점이 온다(The Singularity Is Near : When Humans Transcend Biology)』, 김영사, 2007, 840.

讀 & talk

1. 난치병 치료에 획기적인 전기를 마련할 수 있을 것이라는 전망에도 불구하고 인간 배아줄기세포에 대한 연구를 반대하는 이유를 생각해 보자.
2. 과학기술이 가치중립적이라 할 수 있을지 생각해 보자.

함께 보면 좋은 텍스트

레이철 카슨, 김은령 역, 『침묵의 봄(Silent Spring)』, 에코리브르, 2011, 398.
루이 로랑 장 클로드 프티, 이수지 역, 『나노기술 축복인가 재앙인가』, 민음IN, 2006, 74.
최재천, 『생명이 있는 것은 다 아름답다』, 효형출판, 2006, 268.
제레미 리프킨, 이창희 역, 『엔트로피(Entropy)』, 세종연구원, 2007, 322.
리처드 파인만, 김희봉 역, 『파인만 씨 농담도 잘하시네(SURELY YOU'RE JOKING, MR. FEYNMAN)』, 사이언스북스, 2000, 274.

C. 시간은 관리될 수 있는가

『시간의 문화사』 & 『근대적 시공간의 탄생』

2003년, 사이쇼 히로시의 〈아침형 인간〉은 한국에 소개된 즉시 순식간에 화제가 되었다. 출판사뿐 아니라 기업에서도 아침형 인간의 생산성에 주목해 아침 시간을 활용하는 방안을 마련할 정도였다.

이 책이 화제가 된 이유는 사람이 활용할 수 있는 시간의 질이 다르다는 점, 그리고 그 시간을 어떻게 활용하는가에 따라 개인과 기업의 생산성이 달라진다는 점을 상당히 설득력 있게 제시했다는 점 때문이다. 책을 읽고 상당히 많은 사람들이 생활 습관을 바꾸기 위해 노력했고, 기업은 아침시간을 활용할 방안을 모색했다.

책의 열기가 지나가고 모두가 아침형 인간으로 사는 것이 쉬운 것만은 아니라는 생각이 들 무렵, 다른 책이 출판되며 아침형 인간에서 낙오된 이들에게 기쁨을 주었다. 바로 김승호의 〈저녁형 인간〉이다. 책에서 저자는 성실하고 완벽하지만 피곤하고 강박증적인 아침형 인간 대신, 창조적이고 예술적이며 생명력 있는 저녁형 인간을 제시한다. 아침과 저녁이 있으니, 점심형 인간이 없을 수 없다. 이후 시간을 관리하는 '~형 인간'이 우후죽순 등장하게 되었다.

복잡하게 보이지만 이러한 현상의 뿌리는 같다. 아침형 인간이나 저녁형 인간, 그리고 그 외에 ~형 인간을 다룬 책을 둘러싼 사람들의 반응은 기본적으로 동일하다. 곧 이들 책을 구입하고 그것에 열광하는 태도, 곧 시간을 지배함으로써 일정한 성과를 얻으려고 한다는 점에서 이들은 같은 입장을 고수하고 있기 때문이다. 다시 말해, 생산량의 척도로 시간을 생각하고 같은 시간 대비 최대의 생산을 목적으로 두는 근대 자본주의에 접속했다는 점에서 이들은 출발지점이 같다. 시간관리를 효율적으로 해 주는 프랭클린 다이어리가 "시간은 돈이다"라고 자본주의 정신을 말했던 밴저민 프랭클린의 이름과 생활방식을 따 왔다는 것을 생각해 보자.

우리에게 시간이란 무엇일까. 시계와 시간을 분리해 보자. 시계와 시간은 다르기 때문이다. 우리는 시간을 어떻게 인식하고 있는가?

시간을 지칭하는 단위, 말은 여러 가지가 있다. 시간의 경과에 따라 과거와 현재와 미래를 생각할 수 있고, 개인이 시간을 느끼는 방식에 따라 순간과 영원이 있을 수 있으며, 자신이 몸담고 있는 세계와의 관계에 따라 삶과 죽음을 생각할 수 있다. 역사의 차원에서는 발전 혹은 반복을 질문할 수 있고, 종교적인 차원에서는 이생과 내생(현생과 구원 등)으로 구분할 수 있다.

그렇다면 과거의 나와 현재의 나, 그리고 미래의 나는 같을까, 다를까?

이 질문을 좀 더 쉽게 바꾸어 보자. "매일이 같은 날인데 왜 어떤 날에는 의미를 부여하여 축하를 하는가?" 이 질문은 기념일마다 머리를 앓는 사람들에게 더 쉽게 다가갈 수 있다. 결국 이러한 질문은 시간은 분리되어 있는가, 연결되어 있는가, 다시 말해 연속적인가 불연속적인가에 따라 다른 답을 제공한다. 특정한 시간에 의미를 부여한다는 것은 그 이전과 이후를 나눈다는 점에서 '다른' 시간을 만들어낸다.

휘트로는 태음력과 태양력의 역사를 설명하며, 죽었다가 재생하는 이집트의 신 오시리스 신화가 죽음과 재생으로 시간을 구분하였음을 지적하였다. 해가 뜨고 지는 것, 강이 불어나고 식물이 변화하는 계절로 변화를 인식했지만 그 변화에 일관성을 부여하는 것은 이 시점이다.

삶의 리듬으로서의 시간 개념이 생겨난 때라고 할 수 있는데, 이진경의 〈근대적 시공간의 탄생〉에서는 위에서 말한 삶의 리듬을 '리트로넬로'에 가깝다고 말한다.

이후 철학적으로 시간의 개념을 이해한 것은 헬레니즘 시대의 아리스토텔레스에 이르러서이다. 이것은 해가 뜨고 달이 지는 물리적인 시간의 차원에서, 시간을 '인식'하는 사람에게로 관심을 옮겼다는 것을 의미한다. 칸트와 하이데거, 후설, 베르그송, 그리고 최근의 철학가 들뢰즈에 이르기까지 시간에 대한 철학적 논쟁은 계속되고 있다.

하지만 위의 논의에서 우리가 현재 우리 삶과 연결 지어 생각해 볼 것은 시계를 떼어 놓고 생각할 수 없는 우리의 삶이다. 이진경은 일정했던 삶의 리듬이 근대에 들어서면서 어떻게 바뀌는가를 지적하고 있다. 태엽과 진자가 발달하면서 생겨난 시계는 10분이라는 시간을 눈에 보이는 시계의 움직임으로 공간화한다. 측정이 가능한 공간을 시간으로 전환하면서, 사람들은 10분 안에 할 수 있는 일, 한 시간 안에 할 수 있는 일로 점차 생산성과 시간을 연결 지어 생각하게 된다. 이후 당연히 출몰하는 것은 속도 개념이다. 같은 시간에 더 빠르게, 더 많은 것을 생산하게 하는 것. 그렇지 못한 것이 능력의 부족이라고 생각하게 하는 것. 채플린의 영화 〈모던 타임스〉에서 시간당 생산성을 높이기 위해 작업 속도를 높이자, 노동자들은 사주를 비난하는 것이 아니라 느리게 움직이는 동료 작업자를 비난한다. 채플린이 나사만 보면 조이려고 달려드는 모습 뒤에는, 기계화된 인간에 대한 연민뿐 아니라 속도를 맞추지 못하는 사람, 생산성을 맞추지 못해 낙오되는 사람을 쓸모 없는 부품 버리듯 버리는 사회에 대한 비판이 숨어 있다. 세월이 지난 2010년대에도 시간과 생산성이 경쟁력이라는 이름 아래 낙오자를 구분한다. 이제 다른 '리트로넬로'를 찾아야 할 때가 아닐까.

■ G.J, 휘트로, 이종인 역, 『시간의 문화사』, 1998.
■ 이진경, 『근대적 시공간의 탄생』, 푸른숲, 2002.

讀 & talk

1. 몇 살까지는 무엇을 해야 한다는 부담이 있다면, 왜 그러한 부담이 생겼는지 생각해 보고, 나에게 그 '나이'가 어떤 의미가 있는지 생각해 봅시다.
2. 특별히 챙기는 기념일이 있습니까? 있다면 언제이고, 주로 무엇을 기념하는지, 기념일마다 특별히 하는 일이 있다면 무엇이 있는지, 그 목적은 무엇인지 생각해 봅시다.
3. 흔히 우리는 "시간을 멈추고"라는 말을 씁니다. 이 말의 의미를 생각해 봅시다.

함께 보면 좋은 텍스트

앤서니 애브니, 최광열 역, 『시간의 문화사』, 북로드, 2007. (Anthony Aveni, *Empires of Time*)

외르크 뤼프케, 김용현 역, 『시간과 권력의 역사 – 인간 문명 그리고 시간의 문화사』, 알마, 2011. (Jorg Rupke, *Zeit und Fest*)

틸 뢰네베르크, 유영미 역, 『시간을 빼앗긴 사람들』, 추수밭(청림출판), 2011. (Till roenneberg, *Wie Wir Ticken*)

윌리엄 파워스, 임현경 역, 『속도에서 깊이로 – 철학자가 스마트폰을 버리고 월든 숲으로 간 이유』, 21세기북스, 2011. (William Powers, *Hamlet's Blackberry*)

볼프강 쉬벨부쉬, 박진희 역, 『철도는 시간과 공간을 어떻게 변화시켰는가』, 궁리출판사, 1999. (Wolfgang Schivelbusch, *Geschihite der Eisenbahnreise*)

나라와 글로벌

10

A. 세계화는 우리에게 덫인가 기회인가

『렉서스와 올리브나무』 & 『세계화의 덫』

세계화(globalization)는 냉전체제 해체로 인한 단일한 세계시장의 형성 또는 인터넷 등 기술발전에 의해 전 세계가 급속히 하나의 사회공간이 되어가고 있는 현실을 지칭한다. 세계화라는 개념에는 세계 어느 한 지역의 발전이 지구 반대편의 개인이나 공동체의 삶에 심대한 결과를 가져올 수 있다는 통찰이 깔려있다. 현대의 경제, 사회, 문화의 변화 규모와 속도는 개별 국가 또는 시민이 통제하거나 이의를 제기하고 저항할 수 있는 정도를 넘어서고 있다. 따라서 세계화는 숙명처럼 보이며 일국 차원의 정치로는 감당하기 어려워 보인다.

과대세계화론, 회의론, 변환론

세계화는 우선 문화에서 범죄, 또 금융에서 영혼까지 현대 사회생활의 모든 면을 포괄하는 전 세계적 상호연결성이 넓고 깊고 빨라지는 것으로 이해할 수 있다. 그렇지만 세계화가 가져오는 사회변동을 바라보는 입장은 상이하다. 토마스 프리드먼의 『렉서스와 올리브나무』, 오마에 겐이치의 『국경 없는 세계』, 『국민국가의 종말』 등으로 대표되는 과대세계화론자들은 현대의 세계화를 세계의 모든 국민이 점점 더 전 지구적 시장법칙을 따르게 되는 새로운 시대라고 정의한다.

허스트(Hirst)와 톰슨(Thompson) 같은 회의론자는 세계화란 본질적으로 몇몇 국가들이 여전히 막강한 가운데 국제경제가 세 개의 주요 지역블록으로 결집되어가는 현실을 은폐하는 일종의 신화라고 주장한다. 로즈노(Rosenau)와 기든스(Giddens)로 대표되는 변환론자들은 전 세계의 국가와 사회들이 이전보다 더 상호연결되어 있고 대단히 불확실한 세계에 적응하려고 노력하는 가운데 심대한 변화과정을 경험하고 있는 만큼, 세계화의 현대적 유형은 역사적으로 전례가 없는 현상이라고 생각한다. 이처럼 과대세계화론과 회의론은 세계화가 국가정부의 권력에 어떤 영향을 미치고 있는가에 상반된 관점을 보인다.

첨단기술과 전통의 조화

뉴욕타임즈 칼럼니스트 토마스 프리드먼이 쓴 『렉서스와 올리브나무』(The Lexus and the Olive Tree)는 다양한 비유와 일화들을 통해 세계화를 가장 훌륭하고 재미있게 다뤘다는 평을 듣는 책이다. 최첨단의 일본 도요타 자동차의 최고급 자동차인 렉서스는 첨단기술, 세계화의 상징이다. 나아가 맥도날드, 스타벅스 등의 문화양식을 포함한다. 반대로 올리브나무는 전통 문화를 상징하며, 특정 문화권을 가진 지역, 국가의 인민들이 자기네 것에 대해 가지는 향수와 같은 감정을 포함한다.

중동 특파원을 오래 지낸 프리드먼은 이 지역에서 '올리브나무'가 신성한 나무로 통한다는 사실에 주목하여 세계화 시대에는 렉서스와 올리브 나무가 균형을 이뤄야 한다고 주장한다. 그러나 좀더 부유해지기를 바라는 사회는 더 좋은 렉서스를 만들어야 한다며 자신이 열렬한 세계화 예찬론자임을 감추지 않는다. 프리드먼은 세계화를 좋든 싫든 찾아오는 새벽에 비유하며, 세계화가 냉전 체제를 대체하는 새로운 국제 시스템으로 이미 자리잡았다고 선언한다. 따라서 이 시스템의 논리와 작동원리를 이해하는 것이 바로 세계화의 무자비함에 대응하는 최선의 방책으로 본 것이다. 경제적 세계화가 초국적인 생산 · 무역 · 금융 네트워크를 확립함으로써 경제의 '탈국가화'를 가져오고 있다는 것이다. 이런 식의 '국경없는 경제' 안에서 개별 국가는 세계자본의 구동(驅動)벨트에 불과한 처지에 불과하거나, 점차 강성해지는 지방 · 지역 · 지구적 공치(共治, governance) 메커니즘 사이에 끼인 단순한 매개제도로 전락하게 된다. 과대 세계화론자들은 경제적 세계화가 새로운 형태의 사회조직을 구축하고 있으며, 이것이 세계사회의 주요 경제단위인 동시에 정치단위인 전통 국민국가를 대체하고 있거나 결국 대체할 것이라는 확신을 공유한다.

세계화가 가져오는 고통

세계화에 대한 미국인들의 무분별한 찬양과 일방주의를 살펴볼 수 있는 것이 '렉서스와 올리브나무'라면, '세계화의 덫'은 이와는 상반되게 세계화의 진행에 따른 단점과 고통들을 적나라하게 경고하고 있다. 19세기부터의 전 세계 무역, 투자, 노동에 관한 통계를 바탕으로 현대의 경제적 상호의존 정도가 결코 역사상 전례가 없는 현상은 아니라고 주장한다. 세계화라면 모름지기 '단일가격법칙'이 지배하는 완벽하게 통합된 전 세계경제를 전제해야 하는데, 역사적 증거는 주로 국가경제들 사이의 상호작용인 국제화(internationalization)가 심화되고 있다는 사실을 보여줄 뿐이라는 것이다. 대다수 회의론자들은 세계경제가 유럽, 아시아-태평양, 북아메리카라는 3개의 주요 금융 · 무역블록으로 지역화(regionalization)과정을 거치고 있다고 본다. 따라서 고전적 금본위제 시대와 비교해 볼 때 현재의 세계경제는 통합정도가 훨씬 덜하다는 것이다. 회의론자들은 세계화와 지역화를 모순적 현상으로 본다. 또한 회의론자들은 세계화로 인해 국가중심적인 새로운 세계질서가 약화될 것이라는 전망을 무시하는 경향이 있다. 그들은 일국 정부가 세계화과정에서 무력화되기는커녕 국제적 경제활동을 규제하거나 촉진하는데 점점 더 중심적인 역할을 하고 있다는 점을 지적한다. 국가는 세계화의 수동적인 희생자가 아니라 주역이라는 것이다. 또한 이 입장에 따르면 세계화가 남반구-북반구간의 불평등을 감소시키지 못했으며, 오히려 세계의 대부분 지역이 소외된 상태에서 잘사는 북반구 국가들 내의 무역과 투자 흐름이 심화되면서 상당수 '제3세계' 국가경제는 점차 주변화되어간다. 해외투자흐름이 선진자본국에 집중되고 있고 대다수 다국적 기업은 주로 모국 또는 출신지역 내의 기업으로 남는다는 사실을 강조하면서 '세계기업'이라는 '신화'를 깨뜨리려고 노력한다.

- 토마스 프리드먼, 신동욱 역, 『렉서스와 올리브나무(The Lexus and The Olive tree)』, 창해, 2003, 824.
- 한스 피터 마르틴, 강수돌 역, 『세계화의 덫(Die Globalisierungsfalle)』, 영림카디널, 2003, 430.

讀 & talk

1. 세계화의 가장 큰 위협은 바로 세계화라고 한다. 세계화의 위험성에는 무엇이 있을지 생각해 보자.
2. 세계화가 한국문화와 경제에 미칠 영향을 생각해보고, 우리에게 덫으로 작용할지 기회로 작용할지 생각해 보자.

함께 보면 좋은 텍스트

월든 벨로, 김공희 역, 『탈세계화(Deglobalization)』, 잉걸, 2004, 256.

조지 리치, 김종덕 역, 『맥도날드 그리고 맥도날드화(The Mcdonaldization of Society)』, 시유시, 2003, 376.

울리히 벡, 조만영 역, 『지구화의 길(Was ist Globalisierung?)』, 거름, 2000, 328.

장하준, 『사다리 걷어차기』, 부키, 2004, 328.

카를 알브레히트 이벨, 클라우스 트렌클레, 서정일 역, 『세계화를 둘러싼 불편한 진실』, 현실문화, 2009, 382.

B. '우리'와 '단일민족'의 울타리를 뛰어넘을 수 있을까

『상상의 공동체』 & 『완득이』

문메이슨, 김디에나 등의 스타들의 공통점은 무엇일까. 이들은 외국인 아버지를 둔 혼혈아라는 공통점이 있다. 잠시 다른 풍경을 살펴보자. 매번 명절마다 포털을 장식하는 기사 중에는 농촌에서 시부모와 남편을 잘 '봉양'하고 '효도'하는 필리핀이나 베트남을 비롯한 동남아시아권 여성들의 기사가 등장한다. 앞의 스타들이나 뒤의 여성들의 기사는 '한국인'의 시선에서는 읽기에 흐뭇한 기사라는 점에서 공통적이다. 하지만 그 '흐뭇함' 안에 숨어 있는 우리의 배타성과 이중잣대를 확인할 수 있다는 점에서도 이들은 공통적이다.

위의 스타들을 평가하는 귀엽고 예쁘다, 혹은 '이국적'이라는 가치판단의 저변에는 금발의 흰 피부라는 앵글로색슨 백인 남성과의 혼혈이 전제된다. 흔히 생각하는 예쁜 혼혈아를 떠올려 보자. 흑인 혼혈이나 동남아시아권 혼혈을 떠올리기란 쉽지 않다. 노골적이지만 흑인 혼혈인 '인순이' 씨가 대중문화에서 주류로 등장한 것은 최근의 일이다. 그녀가 백인 혼혈이었다면 그렇게 오랜 세월이 걸렸을까 생각해볼 일이다.

동남아시아권 여성들이 효도를 하고, 김치를 담그는 등 한국 전통문화를 수호하는 데 앞장선다는 기사에 우리가 즐거워하는 이유 역시 생각해볼 필요가 있다. 이 안에서 우리는 경제적으로나 문화적으로(근거 없이) '우수한' 한국의 문화를 배우고 이를 유지하는 데 '헌신'해야만 한국이라고 하는 공동체 안에 편입될 수 있는 동남아시아권 여성들의 현실을 읽어야 한다. 결국 위의 예들은 '민족'을 둘러싼 모순성을 보여주는 좋은 예라 할 수 있다.

위의 설명이 어렵다면 조금 쉬운 작품으로 들어가 보자. 2011년 개봉한 영화 『완득이』는 김려령의 소설 『완득이』가 원작이다. 소설에서 두드러지는 것은 완득이의 폭력성만이 아니라 완득이의 가정환경이다. 완득이의 아버지와 삼촌은 중증 장애인이고 어머니는 등장하지 않는다. 나중에 동주 선생님의 도움으로 만난 어머니는 베트남(영화에서는 필리핀으로 나오지만, 원작에서는 베트남으로 나온다) 사람이다. 자연 장애가 있는 아버지나 삼촌의 벌이는 시원치 않다. 그 결과 학교에서 햇반을 받아가는 기초수급대상자, 우울한 청소년 완득이.

완득이의 특기가 싸움이라고 말하기 전에, 싸움을 즐긴다기보다는 주변에서 그를 삐딱하게 만드는 일이 더 많다는 것을 기억해야 한다. 심지어 담임선생님 '동주'는 햇반을 뺏어갈 뿐 아니라 마음 편히, 내키는 대로 살고 싶은 완득이의 마음을 무시한 채 매번 완득이가 마주보고 싶지 않은 현실, 곧 얼굴을 볼 수 없는 어머니의 존재와 졸업 후 살아가야 하는 세계를 계속 환기시킨다. 동주 입장에서는 완득이를 성장시키려는 의도였지만, 완득에게는 그것이 너무나 귀찮고 괴로운 일이었기에 동주를 '똥주'라 부르며 제발 똥주가 죽었으면 좋겠다는 기도까지 올리는 것이다. 티격태격하던 두 사람은 완득이가 복싱에 재능이 있다는 것을 찾아내고 그것으로 분노를 승화하는 과정에서 점차 마음을 털어놓게 된다. 이 과정에서 완득이는 교회에서 몰래 이주노동자들을 위해 헌신하는 동주의 마음을 알게 되고, 또 외국인 어머니를 만날 용기를 얻으며 성장하게 된다. 완득이가 근사하게 복싱에서도 성공했다면 하는 아쉬움이 남지만, 어쩌면 완득이의 앞날이 마냥 평탄하지만은 않을 것이라는 점을 생각하면 현실성 있는 결말이 아닌가 생각하게 된다.

이 소설은 가난과 장애 문제뿐 아니라 최근 문제점으로 지적되는 이주노동자를 비롯한 '혼혈'에 대한 유의미한 질문을 던지고 있다. 왜 완득이는 교실 안에서 자연스럽게 편입되지 못할까? 첫째로 눈에 드러나는 외모를 차별의 근거로 찾을 수 있다. 둘째로는 가난의 대물림에서 얻는 교육의 부족을 들 수 있을 것이다. 그러나 이것이 완득이의 탓일까?

혼혈의 문제로 돌아가서, 백인 혼혈아와 흑인 혼혈아, 그리고 아시아권 혼혈아를 떠올려 보자. 그 부모의 사회경제적 지위가 어떠하건, 우리 사회 안에서 손쉽게 호감을 얻는 혼혈아는 백인 혼혈아이다. 우리 안에 이미 경제적으로 '덜' 발전한 흑인, 그리고 동남아시아권 사람들을 '열등한' 존재로 설정한 것 자체가 한국사회의 기준이라는 점에서 문제가 출발했기 때문이다. 이 문제는 경제적으로 우월한 것의 기준, 그리고 민족의 기준이 불분명함에도, 이를 인과적으로(백인 > 황인 > 흑인, 혹은 한국인 > 동남아시아인) 연결하여 생각하는 데서 비롯된다.

그렇다면 과연 민족의 경계를 무엇이라고 말할 수 있을까? 사는 곳, 피부색을 비롯한 외모, 언어, 혹은 정신? 외국에 나가 살아도 한민족이라고 주장하는 교포들이 있다. 다른 쪽에서는 우리 말을 사용하고 우리의 정신을 공유하는 사람들은 한민족이라고 하지만 외모가 다르면 일단 편견을 갖는 것이 현실이다. 결국 외적으로 드러나는 피부색이 가장 큰 구별점이 된다. 이 구별점에는 또다른 문제가 잇따른다. 중국이나 몽고, 그리고 일본인과 한국인을 구별하는 외모 기준은 뚜렷할까? 결국 민족의 경계는 명확하지 않다는 결론이 도출된다.

그럼에도 불구하고 우리는 국사 교과서를 비롯하여 인쇄매체를 통해 지속적으로 반만 년의 역사, 단군에서부터 시작되는 단일민족에 대한 환상을 키워 왔다. 그러나 과연 사천만 대한민국 국민 중 순수 한민족이라 말할 수 있는 사람이 몇 명이나 될까?

이런 고민에 적절한 답변을 제공하는 텍스트가 있다. 베네딕트 앤더슨의 『상상의 공동체』가 그것이다. 앤더슨은 민족이라는 개념은 허구의, 상상된 것이라는 도발적인 결론을 제시한다. 실상 같은 혈족의 확장으로서 공동체라는 개념, 곧 원시적인 부족이 왕조로, 그리고 현대로 지속되어 왔다는 개념은 허구에 가깝다. 앤더슨은 왕조국가가 쇠퇴하고 자본주의가 발달하는 시기에 나타나는 문화적인 조형물이라고 지적한다. 같은 시기를 살아가는, 비슷한 지역의 사람들이 주권과 서로가 연결되어 있다는 의식을 갖게 되는 데는 신문을 비롯한 인쇄매체의 역할이 컸다. 같은 언어로 같은 공간 안에서 일어난 소식을 읽는다는 동질성이 민족의 경계를 형성한 것이다. 이 사실은 다른 지역에 있을지라도 같은 언어로 같은 소식을 전해들을 때, 비슷한 정체성을 형성할 수 있다는 결론을 도출한다. 실제 스페인은 아메리카 식민지배를 이와 같은 방식으로 활용하였다. 이 외에도 교화 정책과 교육, 그리고 애국심, 인종주의 등이 민족성을 사후적으로 구성하는 도구가 되고 있음을 지적한다. 결국 앤더슨이 지적하는 '민족' 개념은, 필요에 따라 만들어진 도구적인 개념이라 할 수 있다.

그럼에도 아직도 우리에게는 순수한 한국인, 혹은 한민족이라는 판타지는 살아남아 있다. 올림픽을 비롯한 국제경기에서 대한민국 선수가 우승할 때, 단순히 기뻐하는 것을 넘어 한민족의 우수성을 성토할 때, 경제가 안정적일 때는 저임금의 외국인 이주노동자들을 환영하고선 경기가 나빠지자 그들을 안전을 위협하는 존재로 탈바꿈할 때. 우리 안의 민족주의가 얼마나 일상적으로, 치밀하게, 작동하는가 살펴보아야 한다.

■ 베네딕트 앤더슨, 윤형숙 역, 『상상의 공동체』, 나남출판, 2002.
■ 김려령, 『완득이』, 창작과비평사, 2008.

讀 & talk

1. 서양 혼혈아들에 대한 호감과 민족 개념을 어떻게 연결하여 생각할 수 있을지 생각해 봅시다.
2. 우리 주변에서 만날 수 있는 민족주의적 태도를 생각해 봅시다.

함께 보면 좋은 텍스트

고미숙, 『한국의 근대성, 그 기원을 찾아서 : 민족, 섹슈얼리티, 근대성』, 책세상, 2001.
장문석, 『민족주의 길들이기』, 지식의풍경, 2007.
주디스 버틀러, 가야트리 스피박 대담, 주해연 역, 『누가 민족국가를 노래하는가』, 산책자, 2008. (Judith Butler, Gayatri Chakravorty Spivak, Who Sings the Nation-State?: Language, Politics, Belonging)
닐 블룸캠프, 〈디스트릭트9〉, 2009.
EBS 지식채널E, 〈피부색〉

C. 개인과 국가의 호혜적 공존을 위한 길은 무엇인가

『나의 개인주의』 & 『국가의 품격』

개인은 누구나 그가 속한 어떤 집단 속에서 자신의 모습을 투영하며 그의 실존에 대해 사유한다. 여기서 집단이란 가족(혈연공동체), 또래집단(연령공동체), 지역공동체 등 다양하겠으나 근대사회 이후 개인의 존재의의를 규정짓는 최대한의 공동체는 국가일 것이다. 종교를 매개로한 초국가적 공동체도, 인류애에 기반한 전인류적 공동체도 성립불가능한 것은 아니겠지만, 지금 우리에게 존립기반으로 여겨지고 또한 강고한 소속감을 부여하는 집단은 국가라고 보아도 무방할 것이다.

다수의 다양한 개인이 모여 형성된 국가 그리고 국가 속의 개인에 대해 그 관련성을 인정하면서도 한편으로 우리는 그 어느 한편만을 바라보는 데에 익숙해져 있다. 이 방법이 생각하기에 비교적 편리하고 이해하기에 쉽기 때문이다. 편향된 또는 편협한 결론과 오해에 대한 두려움이 있겠지만, 일이관지(一以貫之; 하나의 이치로써 모든 것을 꿰뚫음)라는 사자성어가 시사하듯이, 어느 하나에 천착하다보면 그와 관계된 다른 사항들까지 관통하는 어떤 통찰을 얻을 수 있다.

나쓰메 소세키의 『나의 개인주의』와 후지와라 마사히코의 『국가의 품격』에서도 그 일단을 엿볼 수 있다. 전자는 개인주의에 대한 통찰과 주장을 담은 책이고, 후자는 국가의 번영과 발전을 위해서는 그 품격을 높여야 한다는 주장을 담은 책이다. 개인과 국가라는 서로 다른 방향에서 접근이 이루어지지만, 기존에 많은 사람들이 가지고 있었을 오해와 편견을 바로잡고자 하면서 개인과 국가의 올바른 상호작용의 방향과 구체적 방법을 모색하는 데 그 본질적 공통점이 있다 하겠다.

끊임없는 성찰을 통해 얻어진 진지한 사유를 말끔히 여과된 수사와 표현으로 담아낸 『나의 개인주의』에서는, 타인본위에서 자기본위로의 전환을 통해 얻는 내적 자긍심 고양. 그 과정에서의 책임이 그의 개인주의로 설명된다. 다음 문장에서 이러한 관점이 잘 드러난다. "첫째, 자기 개성의 발전을 완수하고자 생각한다면 동시에 타인의 개성도 존중해야 한다는 점. 둘째, 자기가 소유하고 있는 권력을 사용하고자 한다면 거기에 수반하는 의무사항을 인식해야 한다는 점. 셋째, 자기의 금력을 나타내려 한다면 거기에 수반하는 책임을 중히 여겨야 한다는 점."

으레 개인주의라고 하면 떠오르는 생각. 그것은 곧 국가주의 혹은 집단주의와의 대립성이다. 개인의 자유와 집단의 공리는 두 마리 토끼로 비유되어 동시에 추구하기 어려운 것으로 이해되기도 한다. 하지만 『나의 개인주의』에서는 상호보완성에 주안점을 두고 있다. 개인주의와 국가주의는 대립하는 것이 아니며, 그것들은 상황에 따라 주어지는 서로 다른 선택안이라고 설명한다. 하나의 잣대로 평가하는 것을 전제하는 '무엇이 더 옳은 것으로 추구되어야 하는가?'라는 질문 따위는 성립할 수 없다는 것이다.

예를 들면, 평소에는 개인주의적인 삶을 누리다가도 전쟁이 일어나면 자신의 국가를 지키기 위해 전투에 임하는 국가주의적 삶을 선택하게 된다는 말이다. 앞서 언급했듯이 자기본위의 개인주의를 추구하면서도, 그에 상응하는 책임은 져야한다는 것이 나쓰메 소세키의 개인주의이다. 국가주의는 그의 개인주의에서는 하나의 책임으로써 기능한다고 볼 수 있다. 요즘엔 대한민국 같은 불안한 나라에서 살기보다 돈만 많으면 전쟁이 일어나기 전에 얼른 미국 같은 나라로 이민 간다는 말도 많지만, 이러한 비겁한 이기주의를 반박하는 탁견이라 할 수 있을 것이다.

『나의 개인주의』에는 현대 일본의 개화, 내용과 형식, 도덕과 문예 등의 글이 더 있다. 현대 일본의 개화라는 글에서는 무려 백년 전의 당시 일본의 나아갈 길에 대한 소세키의 의견을 개진하고 있는 것이지만, 마치 지금 우리의 현 상황을 꿰뚫어보며 우리에게 전하는 느낌이 들 만큼 소상하게 그의 의견을 이야기하는 것처럼 보인다. 내용과 형식, 도덕과 문예 등은 철학적인 고민이 담긴 내용을 이해하기 쉽게, 또한 삶의 자세와 연관시켜 잘 설명하고 있다.

하나하나의 내용을 들여다보면 각 주제들을 관통하는 특별한 공통점은 없어보인다. 그렇지만 그 저변에 흐르고 있는 백년 전 나쓰메 소세키의 인식은 지금의 우리에게 경종을 울릴만 하다고 생각된다. 다음의 인용문으로 『나의 개인주의』에 대한 총평을 갈음하기로 한다.

"나처럼 어딘가로 돌파해 나가고 싶어도 돌파할 수 없고, 뭔가 움켜쥐고 싶어도 대머리를 만지듯 미끈미끈해서 답답해하는 사람이 있으리라 생각합니다. 만일 여러분 중에 이미 자력으로 길을 개척한 분이 있다면 예외이고, 또 다른 사람 뒤를 따라서 그것으로 만족하며 이미 있는 옛길로 나아가는 사람도 나쁘다고는 결코 말할 수 없지만 (안심과 자신감을 확실히 수반한 경우라면) 혹시 그렇지 않다면 아무래도 한 번 자신의 곡괭이로 팔 수 있는 곳까지 진행해 나아가지 않으면 안 될 것입니다. 그렇게 나아가지 않으면 안 되는 이유는 만약 팔 수 있는 곳이 발견되지 않는다면 그 사람은 평생 불유쾌하고 시종 엉거주춤한 자세로 사회에서 우물쭈물하고 있어야 하기 때문입니다."

한편 후지와라 마사히코의 『국가의 품격』에서는 현대 자본주의 사회가 빚어내는 빈부격차, 전쟁, 비인간화, 금전만능주의 따위에 대한 비판적 견해를 드러내면서, 그 모든 것은 인간의 생활양식과 사고방식이 이성과 합리, 논리에만 치우친 결과라고 진단한다. 그의 목소리는 그의 신념을 반영하는 듯 너무나 단호하고, 그에 비해 제시하는 근거는 꽤 추상적이고 원론적인 것에 그쳐 어느 정도의 반감을 유발시키는 것이 사실이지만, 곰곰이 뜯어보면 타당한 인식에 바탕한 주장임을 알 수 있다.

저자는 소위 논리와 합리, 자유와 평등, 자본주의와 이윤추구라는 미명아래 (글에서는 일본인들이, 더 확대시켜 이해하자면 전체 인류가) 잃어야만 했던 것으로 정서와 틀(양식), 무사도 정신 등 고유한 문화적 감성과 사상을 꼽는다. 미국화라도 해도 무방한 글로벌리즘이 팽배한 시대에 자기 것도 잃고, 남의 것도 온전히 되지 못하는 품격 상실을 저자는 애통해 한다. 그러면서 세계에서 인정받는 길은 남의 것을 잘 따라하는 것이 아니라, 자기 것을 사랑하고 체득하여 잘 아는 것임을 줄곧 강조한다.

여기서 자기 것이란 언어, 생활환경 등 문화적이고 사상적인 것이다. 정서, 문화, 감수성, 생활양식 등을 잘 익혀 자기와 관련된 가장 작은 것부터 사랑할 줄 알아야 한다고 주장한다. 그가 말하는 가족애, 향토애, 조국애, 인류애는 사랑할 줄 알아야 하는 것을 순서대로 나열한 것이다. 가족애 없이 향토를 사랑하고 조국을 사랑할 수 있을까? 자기 조국도 사랑하지 않거나 못하면서 인류를 사랑할 수 있을까? 모든 일에는 단계와 순서가 있는 법이다. 물론 민족과 국가에 대한 사랑을 강조하는 것을 구태의연한 민족주의적 국가주의적 사고인 것으로 비판하고 그 필요성과 의의를 부정하는 이들이 많다. 나치즘이나 파시즘의 폐해를 직간접적으로 경험한 이들이라면 더욱 그럴 것이다.

그러나 저자가 제시한 '조국애'라는 새로운 어휘가 일종의 탈출구로써 작용할 수 있을지도 모르겠다. 이것은 비판의 핵심에 치고 들어가는 것이 아니라 어쩌면 비겁하게 빗겨가는 것일지도 모른다. 하지만 자기 자신, 가족, 고향, 국가를 사랑하지 않고 사랑하지 못하는 사람이 세계 평화와 번영을 말하는 것은 어딘가 구색이 맞지 않고 일면 위선이 가미된 우스운 행동임을 생각한다면, 자기애로부터 출발하는 가족애와 향토애, 조국애는 인류애 이전에 전제되어야 할 것일지도 모른다.

무엇보다 『국가의 품격』에서 가장 의미있는 내용은 인문적신, 도덕성, 감수성의 회복을 주장하는 것이다. 금전과 권력으로부터 멀리 있는 구성원들은 그것을 소유한 이들의 탈법행위들을 자주 목격하면서 상대적 박탈감만을 느낀다. 소위 있는 사람들은 법적으로만 문제가 없으면 괜찮다는 식으로, 비열한 행위에도 부끄러움을 느끼기는커녕 오히려 떵떵거리며 잘만 살고 있으니, 소위 없는 사람들의 공허한 외침만 나날이 커져가는 세상이다. 이런 사회 속에서 온갖 문제를 야기하며 날이 갈수록 심해지는 빈부격차, 팽배하는 배금주의는 인문정신의 회복없이는 극복될 수 없다. 국민 개개인의 도덕성, 판단력, 남의 아픔을 함께 느낄 수 있는 감수성(책에서는 측은이라 한다.) 등이 바로 서야 품격있는 국가가 가능하다는 주장은 결코 공허한 것이 아니다.

저자는 문학과 예술, 자연을 즐길 줄 아는 감성을 키워야 한다고 말한다. 이성의 여백을 채워, 인간을 사랑할 줄 알고 나만큼 남을 생각하는 사람이 되어야 한다고 주장하는 것이다. '사람을 죽이면 안 된다.' 등과 같은 기본적인 행동강령은 논리적이고 합리적인 근거로 무장하는 것도 좋지만, 저자의 말대로 '안 되니까 안 되는', 그 이상의 말이 필요 없는 너무나 당연한 것이 되어야 한다. 이런 교육이 어릴 때부터 이루어지면 제도권에서 그러한 것들의 교육을 위해 쓸데없이 시간과 인력, 정신력, 자본을 소모할 필요가 없다. 인간성을 갖추고 모두의 행복과 평화를 생각할 줄 아는 인간이 허위로 무장된 논리에 휘둘려 인간을 돈으로 판단하거나 전쟁을 지지하거나 하는 잘못을 쉽게 저지르지는 못할 것이기 때문이다.

국가주의를 전제하는 개인주의를 보여주는 『나의 개인주의』, 개인주의를 전제하는 국가주의를 보여주는 『국가의 품격』. 이 두 권의 책에서 우리는 개인과 국가 사이의 관계를 다시 한번 생각해보게 된다. 인문정신의 회복 속에서 최선의 노력을 다하는 개인과, 그러한 개인들이 모여 만들어내는 국가의 품격은 결국 따로 떼어 설명할 수 있는 것이 아님을 확인하게 된다.

- 나쓰메 소세키 저, 김정훈 역, 『나의 개인주의 외(책세상 문고 고전의 세계 40)』, 책세상, 2004.
- 후지와라 마사히코 저, 오상현 역, 『국가의 품격』, 광문각, 2006.

讀 & talk

1. 왜곡된 개인주의와 국가주의의 역사적 사례에 대해 이야기해보자.
2. 개인주의와 이기주의의 차이는 무엇일까?
3. 국가주의와 민족주의, 지역주의의 차이는 무엇일까?

함께 보면 좋은 텍스트

알랭 로랑 저, 김용민 역, 『개인주의의 역사』, 한길사, 2001.
임지현 저, 『민족주의는 반역이다』, 삼인, 1999.
장문석 저, 『민족주의』, 책세상, 2011.
코모리 요우이치 저, 이규수 역, 『국가주의를 넘어서』, 삼인, 1999.

정치와 사회 11

A. 국가의 생존이 우선인가, 개인의 가치가 우선인가

『소통의 정치학』 & 『정치학 개론』

우리는 모두 혼자서는 행복한 삶을 영위할 수 없다. 그렇기 때문에 인간이 살아가는 조직 안에서 정치는 필수 불가결한 것일 수밖에 없는 것이다. 왜냐하면 인간에게는 양면성을 가지고 있기 때문에 필연적으로 타인들과 경쟁할 수밖에 없으며, 그 안에서 성장해 가는 부분이 분명이 존재하기 때문이다. 정치는 여러 가지 의미로 사용되어 질 수 있는 가능성을 안고 있는데, 가치의 배분에 있어서의 정치가 있고, 국가의 생존과 국력을 키우기 위한 정책을 위한 정치가 있을 수 있다. 이는 다른 국가들 간의 정책과 경쟁 · 합의를 위한 정책일 수 있다.

현실적으로 우리에게 다가오는 정치는 어떠한가? 국회의원, 국회의사당의 이미지, 선거, 뉴스에 나오는 여러 가지 법안들의 통과 소식들이 정치와 가깝지 않은가? 사실 오늘 날 정치에 대한 일반 시민들의 인식은 썩 좋은 편이 아니다. 뉴스 프로그램에서 보여지는 정치 분야의 소식들은 국회의원들의 몸싸움 장면, 우파와 좌파, 여당과 야당들 간의 세력 다툼 소식이 많으며, 그 소식들이 우리들에게 하여금 정치에 대한 인식을 부정적으로 몰아간 것이 사실이다. 하지만 우리는 정치의 의미를 제대로 알고 바로잡을 필요가 있다. 정치는 우리가 뉴스에서 접하는 것이 전부가 아니며, 우리에게 반드시 필요한 것임과 더불어 정치가 없을 때에 우리 사회가 얼마나 혼란에 빠질 수 있는지 인지할 필요가 있는 것이다.

하지만 정치의 의미를 손쉽게 내리기는 그렇게 쉬운 일이 아니다. 여러 가지 의미일 뿐만 아니라 하나의 뜻으로 정의된다 하더라도 그 뜻이 모두에게 승인받을 수 있는 진정한 정의가 될 수 없을 것이기 때문이다. 단순하게 살펴보더라도 동양과 서양에서 보는 정치의 개념이 다르며, 같은 국가 안에서도 사람의 관점에 따라 다르다. 하지만 정치의 필연적 가치는 조직 형태에서 생활하고 있는 인간이라면 누구나 인정할 수밖에 없는 부분일 것이다.

물질적 욕망을 비롯하여 심리적 욕망에 이르기까지 인간의 욕망은 무한하다. 이에 비하여 일정한 사회가 자유롭게 처리할 수 있는 자원은 유한하다. 우리는 이것을 개인이나 집단이 추구하는 여러 가지 가치의 희소성이라고 말한다. 따라서 집단 내 사람들을 평화로운 세계에서 자유롭고 행복하게 살아가게 하려면 그러한 대립과 투쟁관계를 조정하는 작용이 필요하게 된다. 즉, 인간의 생활에서 공동생활의 범위가 확대되어 갈 때 거기에서 발생하는 여러 가지 이해를 적절하게 조정하고 처리해주어야 할 필요가 있다. 이렇게 사회적 가치를 둘러싼 의견의 차이를 조정하여 정책으로 결정한다. 여기서 출발하여 사회나 집단을 통합하는 것을 그 사회에서의 '정치'라고 하는 것이다.

정치는 몇 가지 범주로 크게 나누어 설명할 수 있다. 즉 정치를 철학과 과학의 두 분야로 나누는 경우와 또 이를 정부, 합법적 정부, 국가 등으로 보느냐 혹은 권력, 권위, 갈등의 차원에서 파악하느냐 등의 서로 다른 입장이 있다.

서구의 전통 속에서도 국가를 중심으로 한 정치의 개념은 일정하지 않았는데, 그들의 자유주의적 정치관은 결국 국가와 개인과의 관계를 중심으로 형성되었기 때문이다. 홉스는 '인간은 평등한 존재'이며 누구도 기꺼이 타인에게 굴복하려 하지 않는다고 하였고, '만인에 대한 만인의 투쟁 상태'가 바로 인간의 자연 상태라고 보았다. 따라서 정치란 주로질서를 유지하고 사람들의 생명과 재산을 보존하는 일이라고 생각하였다. 로크(John Locke)에 의하면, 인간은 자연 상태에서 자유로우며 그 자신 스스로 자연법을 시행할 수 있는 힘을 부여받고 있다고 하여 사회계약론의 개인주의적 의미를 강조하였다. 지금까지의 논의에서 볼 수 있는 바와 같이, 서구에서는 정치를 국가나 정부 등과 동일시하는 입장에 있으면서도 결국은 개인의 권익보장이나 최선의 행복을 그 목적으로 하고 있으며, 그것은 무엇보다도 입헌주의 및 합법적인 정부의 운용과 관련되는 것이었다.

결국 정치는 갈등과 통합의 양면에서 볼 수 있다. 정치에는 지배집단과 피지배집단이 있으며, 지배집단이 정치권력을 자신들의 이익을 보호하는 수단으로 활용할 때 피지배집단은 불이익을 받게 된다. 여기에서 지배집단과 피지배집단과의 갈등은 조성되지 않을 수 없다. 다른 한편 정치는 사회질서의 유지와 개인의 통합 등 일반선(一般善)을 추구하는 통합적인 면이 있다.

정치는 무엇보다도 인간에 의해 이루어지는 현상이며, 인간의 사회적 · 실천적 활동에 하나의 방향을 이루어가는 것이라고 말할 수 있다. 또한 정치는 가치를 둘러싼 사회의 분쟁을 일정한 규범에 따라 해결한다는 데서 발생한다. 그렇다면 누가 이 같은 분배를 할 것인가? 정치에 있어서 가치배분은 국가, 정부 혹은 통치제 등의 합법적이고 공식적인 권위에 있다. 권위는 정치권력 행사의 한 유형이라고 볼 수 있으며, 정당성을 기초로 하여야 한다. 이와 같이 정치는'가치의 배분'이라는 문제와 관련되며, 이에 관하여 사회의 세력 간의 대립 · 투쟁에 의하여 그 근본적인 개혁을 쟁취해야 한다는 주장과 타협에 의한 질서와 통합을 강조하여 안정을 중요시하는 입장이 있다. 결국 정치는 이들 양면을 모두 소홀히 할 수 없는 이중적 성격을 가지고 있음을 알 수 있게 된다. 결국 정치란'사회에 있어서 가치의 분배와 이에 관련된 권력 및 영향력을 둘러싼 관계와 현상'이라고 말 할 수 있을 것이다(구영록 외, 『정치학 개론』, 서울: 박영사, 1986, 10~11쪽 참고).

■ 구영록 외, 『정치학 개론』, 박영사, 2011.
■ 정병화 저, 『소통의 정치학』, 한누리미디어, 2012.

讀 & talk

1. 선거를 비롯하여 우리가 정치에 참여할 수 있는 여러 가지 방법들을 생각해보자.
2. 아리스토텔레스의 정치학과 오늘의 정치학에는 어떤 차이가 있는지 생각해보자.
3. 신문의 정치면을 펴보고 현재 가장 귀추가 주목되고 있는 기사에 대해 토론해 보자.

함께 보면 좋은 텍스트

1. 아리스토텔레스 저, 천병희 역, 『정치학』, 숲, 2009.
   국가가 개인에 우선하고, 인간의 사회성을 강조한다. 오늘날 정치학 발전의 초석이 되는 책이다.
2. 존 하워드 요더 저, 신원하 역, 『예수의 정치학』, 한국기독학생회출판부, 2007.
   신약성경 '누가복음'을 강해하여 예수의 삶과 사역의 그의 제자들의 사회적 행동에 준 본질적인 영향을 다루고 있다.
3. 21세기정치연구회 저, 『정치학으로의 산책』, 한울아카데미, 2009.
   급변하는 정치적 현상을 감안해 최근 한국의 변화에 비춰 여러 정치적 현상을 설명한다.
4. 강준만 저, 『나의 정치학 사전』, 인물과사상사, 2005.
   남북관계에서부터 신자유주의에 이르기까지 한국의 모든 주요 현안들이 국제적 맥락 속에서 파악되고 해결책을 모색해야만 하는 것들이다. 이 책은 그 점을 최대한 반영하고자 했다.

B. 사회학, 현실의 과학적 지각인가 변동에 대한 이론적 관심인가

『마음의 사회학』 & 『사회학적으로 생각하기』

인간은 사회적 동물이고 사회를 통해서 자신의 이상을 추구한다. 그리고 그 이상을 현실 속에서 실천해 나가며 자신의 삶을 완성시키려고 노력한다. 이 과정에서 우리가 사회현상이라고 부르는 모든 종류의 갈등과 대립, 투쟁이 생겨나게 된다. 그렇다면 사회학이란 무엇일까? 그 물음에 대해서는 다양한 측면에서 답이 제시 될 수 있을 것이다. 문화사회학, 정치사회학, 경제사회학, 종교사회학 등 사회학의 분야가 여러 갈래로 나누어지기 때문에 그 질문에 대한 해답 역시 여러 측면에서 찾아볼 수밖에 없는 것이다. 하지만 그 뿌리를 찾아 답을 해본다면 사회학이란 인간의 공동생활에 관해 연구하는 학문이며, 그들 사이의 상호작용이나 그들의 제도에 관해 연구하는 학문이다.

사회학이라는 학문의 이름은 1839년 프랑스의 오귀스트 콩트(Auguste Comte)에 의해 붙여졌으나 사회학이 독자적인 학문분과로 성립하기까지는 그 과정이 쉽지 않았다. 인류는 공동체를 이루어 생활해왔는데, 처음에는 혈연으로 맺어진 씨족 공동체에서 씨족의 통합체인 부족공동체의 형태로 발전해왔다. 여기에서는 원초적 유대가 중요시 되었고, 지역공동체가 생활세계의 전부였다. 근대사회는 이러한 공동체적 삶의 양식이 해체되면서부터 출발한다. 농업에 의존하던 사람들이 화폐를 사용하고 상업을 일으켜서 자본이 축적되자 상품을 생산하는 공업을 발전시켰다. 상품을 만들고 생산하는 상사(商社)나 회사라는 새로운 조직이 생겨났으며, 이 새로운 조직 원리의 확대가 공동체를 넘어서는 대규모의 새로운 사회 형태를 만들었다.

그러한 사회 형태가 만들어지면서 자연스럽게 사회 전반에 대한 연구가 이루어지기 시작했는데, 콩트가 연구를 시작한 이후 그보다 조금 늦게 영국에서는 스펜서(Herbret Spencer)가 독일에서는 슈타인(Lorenz von Stein)이 각각 사회학을 제창했다. 하지만 사회학의 역사를 특정한 학자 몇에게서 찾는 것은 불가능한 일이며, 19세기 전반의 유럽의 상황, 특히 봉건국가에서 해방되었거나 해방되고 있던 시민사회라는 현실이 사회학을 만든 것이라 보는 것이 적당할 것이다.

사회학의 종류는 여러 갈래로 분리할 수 있지만 그 전환을 크게 보아 종합사회학 · 형식사회학 · 문화사회학 이렇게 셋으로 나누어 볼 수 있다.

종합사회학은 초기 사회학으로서 사회현상은 그것이 법률이건 경제이건 또는 정치이건 어느 것이나 서로 관련을 맺고 있으며 전체사회 가운데 존재하고 있다는 입장이다. 전문적인 사회과학만으로 그것을 깊이 연구하기 위해 이를 분리시키는 것뿐이고, 이것을 다시 합쳐 전체로서 취급하는 입장이 필요하기 때문에 이러한 요청에 대답하기 위해 출발했다고 설명할 수 있다. 그리고 이 경우 이론적 기초가 된 것이 사회유기체설이라고 불리는 학설이다.

형식사회학을 제창한 것은 독일의 짐멜(G. Simmel)이었는데, 금세기 초의 20~30년간 세계의 학계는 이 형식사회학에 주목하였다. 원래 종합사회학은 사회 여러 과학의 성과를 종합하는 것이지만 사회생활의 모든 분야는 이미 사회 여러 과학에 의해 점유되고 있다. 하지만 사회현상을 사회현상답게 하는 것, 이것이 형식사회학자들이 말하는 형식, 정확하게 말하면 '사회화의 형식'이다. 구체적으로 지배 · 복종 · 경쟁 · 분업 · 모방 등으로서 이것들은 어떤 사회현상에서도 볼 수 있다. 그리고 이러한 형식은 그 자체로서는 어느 사회과학도 취급하고 있지 않다. 여기에 사회학의 영역이 확장된다. 즉, 사회학은 이와 같은 형식을 전문적으로 연구하는 학문이라고 할 수 있게 되는 것이다.

문화사회학은 형식사회학을 버리고 사회생활의 내용을 적극적으로 다루려고 한다. 법 경제 정치 종교 등의 내용을 포괄적으로 '문화'라 한다. '문화사회학'이라는 명칭도 여기에서 유래된 것이다. 하지만 문화사회학이 문화를 문제 삼을 경우에는 일정한 견해와 입장이 있어야 한다. 그것은 문화를 그 사회적 배경 또는 사회적 기반에서 관찰하기 때문이다. 문화사회학은 형식사회학의 반성에서 탄생한 것이므로 독일에서 개화했다. 독일의 학풍은 관념적 · 역사적인 성향이 강하다. 이에 반하여 미국의 문화사회학은 역시 본토의 학풍을 반영하여 심리학이나 인류학과 결부시켜 현대사회를 설명하려고 한다. 한편 프랑스에서는 '문화사회학'이라는 명칭은 사용하지 않지만, 뒤르켐(E. Durkheim)을 중심으로 한 프랑스 사회학파의 업적을 문화사회학적이라고 해도 충분하다. 문화사회학을 다시 분화하면 법사회학 · 경제사회학 · 정치사회학 · 종교사회학으로 나눌 수 있을 것이다.

사회는 단순히 개인의 총합이라는 개체주의적 접근을 비판하고, 인간과 사회를 비판적으로만 이해하는 비과학적인 태도를 거부하며, 사회의 질서와 변동에 대하여 이론적 관심이 보인 것이 사회학의 지적 전통이었다. 우리나라에 사회학이 들어 온 것은 20세기 초였다. 서양문물의 도입과정이 주로 그러했듯이 사회학도 한편으로는 중국 대륙을 통하여, 다른 한 편으로는 일본을 통하여 우리나라에 들어왔다. 스펜서의 『사회학(study of Sociology)』을 군학(群鶴)으로 옮겨 쓴 것이 1903

년이었는데, 우리에게는 1909년 장지연의 『만국사물기원역사』에 의해 그 말이 소개되었다(김영종, 『신사회학 개론』, 형설출판사, 2008, 15~22쪽 참조).

■ 김홍중, 『마음의 사회학』, 문학동네, 2009.
■ 지그문트 바우만, 박창호 역, 『사회학적으로 생각하기』, 서울경제경영, 2011.

讀 & talk

1. 사회학적 문제들 중에 자신이 통계 · 연구 해보고 싶은 주제는?
2. 우리나라 사회적 현안들 중에 가장 해결이 시급하다고 여겨지는 현안은?
3. 신문의 사회면을 살펴보고 현재 가장 귀추가 주목되고 있는 기사에 대해 토론해 보자.

함께 보면 좋은 텍스트

1. 앤서니 기든스, 김용학 · 박길성 · 김미숙 역, 『현대 사회학』, 을유문화사, 2011.
2. 한국산업사회학회, 『사회학』, 한울아카데미, 2009.
3. 구정화, 『사회학 에세이』, 해냄출판사, 2012.

자본주의와 욕망

12

A. '빨리빨리' 따라갈 것인가, '느릿느릿' 존재할 것인가

『새로운 미래가 온다』 & 『느리게 산다는 것의 의미』

추천도서나 베스트셀러에 이름을 올리는 책 중에는 가히 협박조라 할 만한 제목을 단 것들이 꽤 있다. 가령 '죽기 전에 꼭 … 할 ~'과 같은 식으로, 거기에는 무한정 쏟아지는 정보와 지식에 나름대로 대처하는 현대 사회의 심리가 배어 있는 듯하다. 잠시라도 정체해 있으면 금방 도태해버릴 것만 같은 위기감이, 사고의 심층을 담아내는 미디어인 책에도 전이돼 있는 단면인 것이다.

정적(靜的)인 상태에서 사색하거나 숙고하는 일은 시대를 거꾸로 사는 이의 모습으로 여겨지기 십상이다. 생각에 돌입하면서 동시에 움직이는 것이 유능하고 바람직한 현대인의 모습으로 인식되기 때문이다. 하지만 생각하기는 하는 것일까. 정보의 홍수와 그것들을 중계하는 첨단기기 덕에 현대인은 웬만한 일들은 생각할 필요도 없어졌다. 일정한 검색 및 기기 사용 능력을 갖춘 사람이라면 정보를 그저 취사선택하면

되기 때문이다.

속도는 현대사회에서 능력과 효율성의 척도로 자리 잡은 지 오래다. 글로벌리즘과 신자유주의로 통칭되는 무한 경쟁의 구도 아래서 어떤 제품이나 기업의 생성-성장-소멸의 주기는 그만큼 짧아질 수밖에 없기 때문이다. 상대적으로 작은 규모일수록 가볍게 사라져가는 것은 물론이려니와, 철옹성 같았던 세계적 대기업의 침몰도 더 이상 놀랄 일이 아니다.

기업이 이러한데 개인이야 오죽하겠는가. 생명 주기는 길어지지만, 그 생업 주기는 짧아지다 못해 파편화하는 양상까지 보이니 말이다. 그래서 현대인은 위험할 만큼 빠른 속력에도 불구하고 결코 멈춰 설 수 없게 된다.

첨단 기기나 기업은 흔히 빛의 속도로 자신을 은유한다. 더불어 개인에게도 그러한 은유는 멋지게 상상된다. 그러나 그 '빛의 속도'를 향한 열망이 혹시 '빚의 속도'를 따라잡기 위한 몸부림에 불과한 것은 아닐까 생각해 볼 필요가 있다. 개인과 가계의 빚이 날로 불어나는 실상, 앞서 소비한 돈을 평생에 걸쳐 갚으면서 살아가야 하는 생활 구조가 보편화되고 있으니 말이다.

현실이 이러할진대 거기에는 분명 과잉의 그늘이 짙게 드리워져 있는 것이다. 20세기 초중반까지만 해도 최빈국(最貧國)으로 분류되던 우리나라였으나 이제는 물품과 편의와 소비가 넘쳐나는 사회로 일신(一新)됐다. 소위 밥 굶지 않는 시대를 넘어서 특별하고 희소했던 아이템이나 일들이 일상화하고 있는 것이다. 그런 환경에서라면 인간은 특별한 시간과 가치의 소중함보다는 충분한 경제력만을 희구하게 된다. 돈만 있으면 얼마든지 그 특별함을 '소유'한 것인 양 착각할 수 있기 때문이다.

『새로운 미래가 온다』는 여타의 미래 또는 자기계발 전략서가 그러하듯 탁월한 인재에게 요구되는 능력과 자질을 설파하고 있다. 하지만 이 책은 한계에 봉착한 현대사회 문제들의 해법을 인간 본성에 근간하여 제시했다는 점에서 새롭고 설득적이다. 인류를 풍요롭게 한 기계 문명의 발달 과정에서는 좌뇌의 기능이 우선하였으나, 이제 그러한 기능들은 다른 지역의 우수하고 풍부한 노동력 및 기계로 대체되는 추세이므로 우뇌의 기능이 발휘되어야 한다는 것이다.

저자는 그것을 '하이 콘셉트(high-concept)'와 '하이 터치(high-touch)'로 정의하는 한편, 미래를 주도하는 자질로서의 그 중요성을 역설한다. 그러고 그 하위를 여섯 가지 항목으로 대별하여 제시한다.

이 책에 제시된 자질들은 한국사회의 기성세대가 강조하는 그것들과는 사뭇 다르다. 또한 그렇게 학습되고 세뇌된 청소년들의 희망 능력이나 직업과도 그 지향이 다르다. 오히려 최근 10여 년 동안 한국사회에서는 안정적인 전문직이 전보다 더욱 선호돼 왔음을 상기해 보라. 그러한 일반의 인식은 매우 안이한 것이다. 한국사회도 저자가 분석 대상으로 하는 미국과 그 흐름이 크게 다르지 않기 때문이다.

맥락을 파악하고 이해하는 과정을 결여한 채 무작정 그 안정을 좇는 일이 오히려 모험에 가깝다. 안정 여부가 아닌 개인적 소질과 희망에 따른 일이었다면 무관하겠으나, 안정만을 위해 고생스럽게 얻은 일에서 기대한 안정도 누리지 못한다면 어디에 하소연하겠는가.

미래의 안정을 기대하기 위해서는 오히려 지금 이 순간에 안정을 취할 필요가 있다. 인간으로서 산다는 것은 매순간 행복감을 고양하는 일과 같다. 그럼에도 불구하고 미래의 흐름에는 무신경한 상태에서 미래를 준비하겠다며 현재의 행복을 방기하는 것은 생에 대한 위배다.

시간은 인간에게 많은 가르침을 준다. 현재는 결코 잡히지 않는 찰

나이고, 지나고 나면 인생 전체가 찰나에 불과함을 일러주기 때문이다. 그럼에도 우리는 마치 지금이 영원할 것처럼 과거에 집착하거나 미래 준비에만 매달리기에, 자기 자신에게도, 현재의 소중한 사람이나 의미와 가치에도 집중하지 못한다.

『느리게 산다는 것의 의미』는 우리에게 현재를 사는 지혜와 그 방법을 귀띔해준다. 그것은 생의 과속에 대한 부드러운 경고이자 정지 또는 서행이 주는 행복감에 대한 사색이다. 저자는 애써 설득하거나 강요하려 하지 않는다. 잔잔한 울림으로 우리의 원시적 감성과 정서를 일깨우는 식이기에 당장은 '느림'으로 변속하지 않으려는 독자라도 위안을 받고 영감을 얻을 수 있다.

- 다니엘 핑크, 김명철 역, 『새로운 미래가 온다』, 한국경제신문사, 2006. (Daniel H. Pink. *A Whole New Mind*)
- 피에르 쌍소, 김주경 역, 『느리게 산다는 것의 의미1』, 동문선, 2000. (Pierre Sansot. *La beauté m'insupporte*)

讀 & talk

1. 일반적으로 풍요로움은 좋은 것이라 할 수 있지만, 경우에 따라서는 풍요 자체가 문제가 되거나 문제를 일으킬 수도 있다. 이런 사례들에 대해 발표-토의해 보자.
2. '기러기 아빠' 등 현대사회에서 가족의 장기적인 이산(離散) 상태는 무엇을 위한 것인가. 그런 상태에서 행복감은 어떻게 고양할 수 있을까.
3. 『느리게 산다는 것의 의미』에서는 삶의 속도가 선택의 문제라고 했다. 그 생각에는 현대사회에서 삶의 속도가, 인간 본질에 위협을 가할 만큼 지나치게 빠르다는 시각이 내포돼 있다고 할 수 있다. 이에 대한 여러분

의 생각은 어떠한가. 만약 문제가 있다고 하면 그 해결 방안에는 어떤 것들이 있겠는가.

4. 서울 홍대 입구에서 30여 년간 인기리에 영업해 왔던 R제과점이 2012년 1월 말일자로 문을 닫았다. 이유인즉슨 수 년 동안 계속돼 온 대기업 계열 영업점들의 공세를 견뎌내지 못했던 것. 여기에는 자본주의의 그늘이 여러 겹 덧칠돼 있다. 여러분은 이 사태를 어떻게 해석-이해하는가?
   (1) 대기업의 횡포쯤으로 단일하게 결론짓기에는 석연치 않은 점이 있다. R제과점이 긴 기간 동안 성공적인 영업을 해온 데에는, 역시 수많은 경쟁에서 사라져 갔을 상대적으로 약했던 업소들이 있었을 테니 말이다. 자본주의 사회에서 생업의 영위는 끝없는 생존 싸움일 수밖에 없을까? 상대를 패퇴(敗退)시키지 못하면 내가 그렇게 되는 관계는 자본주의 사회의 사람들에게 숙명일까?
   (2) R제과점은 5년 전에 대기업 제과점의 프랜차이즈 제안을 거절했다고 한다. 대기업의 사원은 '그러면 어쩔 수 없겠다.'라며 권위적인 태도와 냉소적인 표정을 내보이며 돌아갔단다. 이어서 공격이 들어왔고 임대료는 두 배로 뛰었다. 한국에서 손꼽히는 제과 업계의 장인(匠人, master)으로서 업주는 그 조건을 맞추며 자존심과 자리를 지켜냈다. 그러나 몇 년 뒤 다른 대기업의 A커피전문점이 임대료를 다시 대폭 올려서 자리 뺏기에 성공한 게 사태의 전말이다.
   이런 사태는 더욱 일반화 · 일상화될 것이다. 그런 과정들에서 대기업의 '위엄'을 과시하며 위협의 칼날을 휘두르는 그 사원들의 정체는 무엇일까? 그들의 직급이 무엇인지 알아볼 일도 없겠으나 그들이 '대리(代理)'로서 동족 – 결국 그도 경제 사정에는 늘 예민하거나, 적어도 일정한 한계가 있는 보통 시민일 테니까 – 을 제거한다는 것만은 분명한 사실이다. 경쟁에서 '빨리빨리' 앞섬으로써 '영광스럽게' 하게 되는 일들이 이런 식이라면 우리는 어디에서, 어떻게 보람을 찾고 행복할 수 있을까.

함께 보면 좋은 텍스트

노자(老子), 오강남 풀이, 『도덕경』, 현암사, 1995.

이동환 역해, 『中庸(중용)』, 현암사, 2008.

버트런드 러셀, 송은경 역, 『게으름에 대한 찬양』 개정판, 사회평론, 2005. (Bertrand Russell. *In praise of idleness*)

헨리 데이빗 소로우, 강승영 역, 『월든』 개정판, 이레, 2001. (Henry David Thoreau. *Walden*)

잭 웨더포드, 권루시안 역, 『야만과 문명, 누가 살아남을 것인가』, 이론과실천, 2005. (Jack McIver Weatherford. *Savages and civilization*)

자크 아탈리, 이효숙 역, 『호모 노마드 유목하는 인간』, 웅진닷컴, 2005. (Jacques Attali. *L' homme nomade*)

제레미 리프킨, 이경남 역, 『공감의 시대』, 민음사, 2010. (Jeremy Rifkin. *The Empathic civilization: the race to global consciousness in a world in crisis*)

니콜라스 카, 최지향 역, 『생각하지 않는 사람들』, 청림, 2011. (Nicholas G. Carr. *The shallows : what the Internet is doing to our brains*)

스티븐 컨, 박성관 역, 『시간과 공간의 문화사: 1880-1918』 휴머니스트, 2004. (Stephen Kern. *The Culture of time and space 1880-1918*)

스튜어트 매크리디 편, 남경태 역, 『시간의 발견』, 휴머니스트, 2002. (Stuart McCready (Ed). *The discovery of time*)

B. 자본주의에 대한 대안은 없는가

『그들이 말하지 않는 23가지』 & 『오래된 미래』

오늘날 세계 경제는 어둡고 암담하다. 1퍼센트에 해당하는 부자들이 99퍼센트의 서민들이나 빈민들이 가져야 할 경제적 혜택을 블랙홀처럼 흡수하고 있다. 이는 강대국과 약소국의 관계와 비슷하다. 이제 자본은 금융의 날개를 달고 세계 곳곳을 경영하고 있는 것이다. 그리하여 경제적 토대를 붕괴시키고 유럽과 미국을 불안에 떨게 하고 있다. 왜 이렇게 된 것일까? 국경을 넘나드는 다국적 기업은 신자유주의에 힘입어 더욱 번창하고, 이에 반비례하여 실업자들은 넘쳐나고 있다. 전문경영인(CEO)들의 연봉은 계속 올라가는데 노동자들의 실질 임금은 감소하는 추세다. 정규직보다는 비정규직이, 평생직장보다는 투잡 쓰리잡의 시대가 보편화되고 있는 21세기는 과연 헌법에 기초한 자유와 평등이 모든 사람에게 주어진 시대라고 볼 수 있는가

자본주의의 숨겨진 진실

장하준의 〈그들이 말하지 않는 23가지〉는 경제 시민의 주권 회복을 위한 지침서이다. 장하준은 말한다. "자유 시장은 없다"라고. 그에 따르면 시장에 존재하는 것은 정치적 행위일 뿐이다. 또한 CEO는 주주들을 위한 기업 경영을 하며, 이로 인해 자신들의 명성을 높이고 회사에서 고액의 연봉과 특전을 받는다. 그 결과는? 당연히 복지 혜택의 축소

와 고용 삭감, 그리고 기업의 생산 잠재력 훼손이다. 이 모든 것은 장기적으로 기업에 해를 끼친다. 이를 막을 방법은 무엇인가? 주주들의 권한을 축소하는 것이다. 지금과 같은 체제에서 주주들은 기업의 법적 소유주이기는 하지만, 기업의 장기적인 생존보다는 현재의 이익에 관심이 많다. 회사가 부도가 나도 이들은 쉽게 빠져나가지만 노동자와 하청업체는 치명적인 상황에 직면할 수밖에 없다. 따라서 시장에 맡겨 두기만 하면 모든 사람이 타당하고 공평한 임금을 받는다는 말은 거짓말이다. 소수의 사람들이 노동에 비해 훨씬 많은 임금을 받고 다수의 사람들은 그로 인해 빈곤해진다.

자유 시장 정책으로 부자가 된 나라는 거의 없다. 동유럽의 붕괴가 사회주의의 실패라면 라틴아메리카의 현실은 자본주의의 몰락을 보여준다. 왜 이런 일이 발생하는 것일까? 선진국으로 불리는 부자나라들은 자신들이 개발도상국이었을 때 쓰지도 않았던 정책을 개발도상국에게 강요한다. 라틴아메리카의 경우 경제 원조를 빌미로 자유 시장 경제 정책을 강요한 결과, 브라질과 멕시코는 경제 성장률이 제자리 수준이거나 미비하다. 자본에도 국적은 있는 것이다. 초국적인 기업이 가진 이윤은 본국으로 돌아간다. 따라서 외국 자본을 무조건 거부하는 것보다 적절히 활용하는 것이 필요하다. 무엇보다 자본에 국적이 없다는 신화에 기대어 경제 정책을 세우는 어리석음은 피해야 할 것이다. 또한 장하준이 말하듯이 "가난한 사람들을 위한 소득 재분배" 정책을 세워야 한다. 트리클 다운(trickle-down) 이론은 이론일 뿐이지 현실에서는 곳곳에 깔대기가 많아 밑으로 스며들 여지가 전혀 없다.

그렇다면 한 나라가 번영하기 위해서는 무엇이 시급한가? 국민 개개인의 노력도 중요하지만 국가적 차원에서 조직과 제도를 마련하는 것은 더 중요하다. 우리가 인정해야 할 것은 시장에 맡겨도 잘 돌아갈 수 있는 경제정책은 없다는 것이다. 적절한 규제의 필요성을 인정하고 받아들여야 한다. 예컨대 한국의 재벌들이 현재처럼 문어발식 경영을 한다든지, 수익성 모델에 집착해서 빵집까지 경영한다면 서민들이 설 자리는 더 이상 없게 된다. 이로 인한 중산층의 몰락은 내수시장의 불황을 가져오고 경제는 망가진다. 따라서 대안은 우리가 여전히 계획 경제 속에서 점진적인 성장을 해야 한다는 것이다. 또한 기회의 균등만으로 평등을 이야기해서는 안 될 것이다. 부모가 아이를 굶기지 않을 수 있을 때 그 나라는 결과가 균등해지기 때문이다. 큰 정부에 기초한 경제정책의 운용이야말로 미래의 경제정책이라 할 것이다.

미래를 위한 고민을 시작할 때

현자 달라이 라마는 말한다. "라다크와 같은 전통사회의 사람들 속에는 흔히 내면적 발전, 즉 따뜻한 마음씨와 만족감이 있다. 우리는 이러한 것을 본받아야 할 것이다."라고. 전통과 변화, 그 사이에 작은 티베트로 불리는 라다크가 있다. 행정적으로는 인도에 속하지만 지형적으로나 문화적으로는 티베트에 속한 라다크에서 우리는 자본주의의 대안을 찾아 나서야 한다.

사람들이 땅으로부터 뿌리 뽑히고, 공동체가 붕괴되고, 도시화가 진행된 것이 20세기였다. 그리고 그곳에는 진정한 평화와 행복이 없었다. 왜 그런가? 그곳에는 다양성이 부재하고, 인간의 욕망이 번창했기 때문이다. 협동보다는 경쟁이 우선하는 자본주의 경제 시스템은 전통을 파괴하고 지역 경제를 마비시켰다. 그로 인해 인간 관계도 공존관계가 아닌 적대관계로 변질되었고, 상호존중보다는 이해타산적인 관계만이 난무했다. 자연과의 공존공생은 사라지고, 자연은 이용의 대상으로 전락

하였다. 하지만 자연은 인간이 생각하는 것만큼 연약하지 않다. 일본은 경제대국이지만 지진공포에 시달리는 나라이다. 이러한 상황에서 돈이 아닌 다른 무엇으로 인간의 미래를 준비해야 하는가? 우리의 고민은 이 문제에서 출발한다.

헬레나 노르베리-호지는 스웨덴 여성으로, 라다크인의 삶을 자본주의에 대한 대안으로 제시한다. 그녀의 말처럼 우리가 이 땅에서 행복하게 살기 위해서는 〈오래된 미래-라다크로부터 배운다〉를 읽어야 한다. 그리고 그 시작은 바람직한 전통의계승 발전에 있다. 우선, 라다크 사람들은 모든 것을 재순환시킨다. 쉽게 말해 낭비란 없다. 여든 살의 노인도 어린아이와 함께 일한다. 그들에게 있어서 일과 놀이는 엄격하게 구분되지 않는다. 또한 라다크 사람들이 제일 경멸하는 것은 화를 내는 인간이다. 라다크 사람들은 마찰이나 갈등을 일으킬 수 있는 상황을 피한다. 관용이야말로 이들의 삶을 이끄는 미덕이다. 라다크는 개인의 이익이 전체 공동체의 이익과 상충하지 않는 사회인 것이다. 라다크에는 "호랑이의 줄무늬는 밖에 있고 인간의 줄무늬는 안에 있다."(헬레나 노르베리-호지, 95쪽)라는 말이 있다. 이런 라다크이기에 무지로부터 벗어나려는 사람은 이들의 삶으로부터 배우려는 것이다.

라다크 사람들은 사람과 사람, 사람과 땅 곧 자연으로부터 긴밀한 관계를 유지한다. 그것이 이들의 전통이었다. 하지만 라다크에도 변화의 바람이 불었다. 서구가 도래한 것이다. 돈이 이제 사람들과의 관계를, 자연과의 관계를 단절케 한다. 지금 라다크에서는 아주 제한된 일자리를 놓고 경쟁이 벌어지고 있다. 그 결과 실업이 없던 라다크에도 실업이 문제가 된다. 공동체는 분열하고, 사람들의 관계는 외면적인 것으로 축소되었다. 라다크 사람들은 이제 어떤 사람이 중요한 것이 아니라 무엇을 가지고 있느냐가 중요하게 되었다. 소유가 존재를 앞서기 시작한 것이다. 이러한 라다크 사람들이 현대화의 압력을 이겨내고 '삶의 기쁨'을 누릴 수 있을까?

결론적으로 말하자면, 보존과 개발은 상보적 개념이고, 이 둘의 균형과 조화가 필요하다. 생활수준이 높다고 행복할 것 같지는 않다. 무엇보다 경쟁에 기초한 피해의식과 우월의식은 행복의 적이다. 욕망은 맹목이니까. 전지구적 차원에서 벌어지는 자본의 집중에 대항해서 우리는 문화적, 생태적 다양성을 추구해야 할 것이다. 왜냐하면 복지의 진정한 지표는 부탄의 국왕이 한 말처럼 국민총생산이 아닌 '국민총행복'이기 때문이다.

- 장하준, 김희정 · 안세민 역, 『그들이 말하지 않는 23가지』, 부 · 키, 2010. (Ha-Joon Chang, 23 THINGS THEY DON'T TELL YOU ABOUT CAPITALISM)
- 헬레나 노르베리-호지, 김종철 · 김태언 역, 『오래된 미래-라다크로부터 배운다』, 녹색평론사, 2001. (Helena Norberg-Hodge, Ancient Futures : Learning from Ladakh)

讀 & talk

1. GM이 세계 자동차 시장에서 누리던 절대 우위를 잃어버리고 끝내 파산한 이유는 무엇인가?
2. 인간은 경제행위에 있어서 이기적인 존재이기도 하고 이타적인 존재이기도 하다. 그렇다면 인간의 나쁜 면보다 좋은 면을 발휘하게 하는 경제 시스템에는 어떤 것이 있어야 하는가?
3. 전통과 현대가 공존할 수 있는 대안은 무엇인가?

함께 보면 좋은 텍스트

김용철, 『삼성을 생각한다』, 사회평론, 2010.

김훈민, 박정호, 『경제학자의 인문학서재』, 한빛비즈, 2012.

E.F.슈마허, 이상호 역, 『작은 것이 아름답다』, 문예출판사, 2002.(Schumacher, Ernst Friedrich, Small is beautiful)

유시민, 『유시민의 경제학 카페』, 돌베개, 2002.

정운영, 『심장은 왼쪽에 있음을 기억하라』, 웅진지식하우스, 2006.

미디어 세상

13

A. 편집된 현실을 어떻게 뛰어넘을 것인가

『신문 읽기의 혁명1』 & 『신문 읽기의 혁명2』

아침 일찍 대문을 열면 문 앞에 배달된 것, 그리고 컴퓨터나 스마트폰에서 포털 사이트에 접속하면 바로 볼 수 있는 것, 이것은 무엇일까. 힌트를 덧붙인다면, 종종 제목 때문에 클릭했다가 기대했던 내용과 다른 경우가 많아 한숨을 쉬게 되는 것이다. 정답은 신문, 그리고 신문에 실린 '기사'이다.

1883년 10월에 창간된 〈한성순보〉 이후, 대한민국 신문의 역사는 130여 년에 달한다. 종이뿐 아니라 다양한 형태로 새로운 소식을 접할 수 있는 신문. 학생들이 새로운 소식이나 정보를 주로 접하는 곳은 인터넷이지만, 아직까지 신문은 종이로 인쇄된, 양질의 좋은 정보를 제공하는 매체다. 그렇다면 신문은 어떻게 만들어질까.

대단한 소식인 것 같지만 실제 신문에서 크게 다루어지지 않는 경우가 있고, 생각 외로 신문에서 중요하게 다루어 놀라게 되는 사건이 있다. 이것은 신문이 현실적인 삶 전체를 반영하는 대신 신문 기자의 시선에서 한 번 걸러 내고, 편집국에서 다시 한 번 조율하는 과정을 거치기 때문이다. 이러한 기준은 신문사의 고유한 특징과 해당 사건이 일어난 시점의 사회 정치적 분위기 및 국민정서와 밀접한 관계가 있다. 결국 신문에 드러나는 현실은 삶의 현실 자체라기보다는 '편집된 현실'에 가깝다고 하겠다.

이쯤에서 질문을 던지는 것이 좋겠다. 그렇다면 독자는 신문이 제공한 '편집된 현실'을 그대로 받아들여야 할까? 이런 질문을 던지면서 시작된 신문 독법에 관한 책이 있다. 바로 1997년 출판된 〈신문 읽기의 혁명〉이다. 신문 기자로 일했던 저자는 자신의 경험과 풍부한 예시를 살려 정보뿐 아니라 읽는 즐거움까지 주고 있다. 저자는 우리가 신문을 읽을 때 주로 기사를 읽는 것에 그치는 것을 지적한다. 그는 신문 기사만을 넘어 기사와 기사의 구성, 신문의 면 배치(경제, 정치, 문화 등) 신문 제작의 방향, 표제(Head Line 헤드라인), 신문의 판형 등 신문이 직접 말하지 않지만 기본적으로 드러나는 정보를 읽으라고 말한다. 또한, 대한민국을 둘러싼 사회정치적인 장력 안에서 신문사마다 자신의 성향을 어떻게 드러내는지도 지적한다. 이 모두를 읽어내는 것이 바로 저자가 주장하는 '편집적 안목'이다.

그렇다면 저자가 지적하는 신문의 기본 정보를 생각해 보자. 신문의 크기는 주로 가로 39.4cm×세로 54.6cm로, 면수는 약 50 여 면에 달한다. 이 안에 들어가는 신문 기사만도 어마어마한 양이다. 따라서 편집국은 상당히 바쁘게 돌아가기 마련이다. 정치, 경제, 문화, 연예 등 각 영역별로 기자들이 취재한 신문 기사를 편집국으로 발송하면, 편집국에서는 해당 기사를 수정 및 보완하여 각 면에 맞추어 신문 기사를 배치한다. 이 과정에서 어떤 기사는 생략되고, 어떤 기사는 좀 더 눈에 잘 들어오는 제목을 붙이게 된다. 이때의 제목을 '표제(Head Line)'라고 하는데, 주로 신문을 읽는 독자들이 눈으로 훑어 보면서 기사를 선택해 읽는 기준이 되므로 표제는 되도록 간결하면서도 압축적인 것이 좋다. 물론 이 표제를 정하는 것이 상당히 자극적이기에 언론이 선정적이라는 비난을 받기도 한다. 2011년 3월 일본 쓰나미 및 지진이 일어났을 때 중앙일보의 1면 표제인 "일본 침몰"은, 영국 가디언 지의 "힘내라 일본"과는 몹시 대조적이라 비판을 받은 적이 있다.

기사 배치와 표제 붙이기 등 모든 과정을 거쳐 처음 찍어 내는 신문을 1판이라고 한다. 이 신문은 자정이 지나 광화문 일대에 배포된다. 배포된 신문은 각 기관과 기업에서 가져가는 경우가 많은데, 첫판을 그대로 독자에게 배송하는 경우는 없다. 밤새 국제 정서나 사건이 일어나거나 기업이나 정부 기관에서 반발이 있을 경우 수정 및 보완하게 되기 때문이다. 따라서 신문은 몇 번의 수정을 거쳐 배포되며 몇 번째 판형인지는 주로 신문 맨 오른쪽 상단 부분에 기록되어 있다.

외부에서 개입할 수 있는 요인뿐 아니라 신문사의 입장에 따라서도 신문의 얼굴은 달라진다. 저자는 1996년 남북한 정상회담을 예로 들며 조선 · 중앙 · 동아일보, 그리고 한겨레의 1면을 각각 비교한다. 아마 각 신문사의 이름만 들어도 가장 이질적인 신문기사가 어느 신문사에서 나왔을지 미루어 짐작할 수 있을 것이다. 그 외에도 특정 기업과 가까운 관계에 있는 신문사의 경우, 해당 신문사의 광고에는 후한 인심을 보여줄 뿐 아니라 문제가 있을지라도 그것을 축소 · 은폐하는 경우를 판형을 찾아 가며 증명한다. 이러한 예는 비단 이 책이 쓰여진 1997년에서만 찾아볼 수 있는 것이 아니다.

이제 2010년대로 넘어 와 생각해 보자. 비단 종이신문이 아니더라도 우리가 새로운 소식을 접할 수단은 아주 다양하다. 대표적인 예로 포털 사이트와 스마트폰을 들 수 있다.

포털 사이트에서 독자의 시선이 가장 먼저 닿는 곳에 있는 것이 무엇인지 살펴보자. 2012년 1월 31일 검색한 두 포털 사이트의 메인 화면이다.

각 화면은 정치, 연예, 문화 등 다양한 방면을 독자가 클릭하면 읽을 수 있게 하이퍼링크로 연결되어 있다. 독자는 마음에 드는 제목(표제)을 클릭해 기사를 읽게 된다. 두 포털 사이트의 공통점은 무엇일까?

첫째, 두 사이트는 모두 화면 중앙 내지는 화면이 모니터상에서 출력될 때 독자의 시선이 가장 먼저 머무르는 곳에 광고를 배치하였다. 다음넷에서는 상단 중앙, 그리고 네이버에서는 좌측 상단 부분이다. 물론 오른쪽 중앙 및 하단 부분에도 광고가 있다. 왜 오른쪽인지는 마우스를 쥔 손이 대부분 오른손이라는 점을 떠올리면 될 것이다.

다음으로 뉴스 제시 방식이다. 다음넷에서는 기본 뉴스를 가장 먼저 보여 주고 있고, 각 분야별로 인기가 가장 많은 뉴스 내지는 관심도가 높은 뉴스의 표제를 아울러 보여 주고 있다. 이는 네이버에서도 마찬가지이다. 그러나 여기에서 한 가지 질문을 던져 보아야 한다. 사람들이 많이 읽어서 메인 뉴스가 되기도 하지만, 메인 뉴스 자리에 배치하여 사람들이 많이 읽게 되고, 그 결과 메인 뉴스가 되기도 한다. 메인 뉴스 자리에 있는 기사를 흥미롭게 읽는 것도 중요하지만, 이 뉴스가 메인 뉴스 자리에 올라옴으로써 다른 중요한 뉴스가 읽힐 가능성이 줄어들지는 않았는가 판단해 보는 것 역시 몹시 중요한 일이다.

이런 작업과 연결하여 저자가 말하는 '편집적 안목'을 다시 한 번 생각해 볼 수 있다. 편집적 안목이란, 첫째로 기사문 자체를 비판적으로 읽는 것만을 넘어, 같은 신문 안에서 해당 신문사가 어떤 사건을 더 크게 다루고 있는지 기사와 기사 사이를 비교하며 읽기, 표제가 적절한지 살펴보는 읽기를 말한다. 이 작업은 둘째로, 신문사의 입장이 어떠한지를 인지한 상태에서 가감하며 읽는 것으로 확대된다. 한국사회의 장력상 대북정책 및 경제정책에서 정치적 태도는 확연히 갈리고 있으며 이는 신문사에서도 마찬가지로 드러난다. 이 책을 읽다 보면 독자는 신문사의 여러 신문을 함께 비교하며 읽어보는 것 역시 편집적 안목을 기를 수 있는 좋은 방법임을 알게 될 것이다. 읽기는 상당히 능동적인 작업이며, 신문 읽기는 지금 나를 둘러싼 삶을 읽는, 매력적인 작업임을 기억하자.

■ 손석춘, 『신문 읽기의 혁명1』, 개마고원, 1997. (개정판 15쇄 2010)
■ 손석춘, 『신문 읽기의 혁명2』, 개마고원, 2009.

讀 & talk

1. 내가 자주 접속하는 대표적인 포털 사이트 둘을 골라, 같은 소식을 각자 어떻게 다루고 있는지 비교해 보십시오.
2. 신문 외에 읽고 있는 시사 잡지가 있습니까? 그 잡지의 표제를 살펴 보고, 표제와 기사 내용이 기대와 다른 경우를 제시해 보십시오.

함께 보면 좋은 텍스트

김기태, 『언론실록 : 1980년 이후 광주』, 다지리, 2001.

김병철, 『미디어 글읽기와 글쓰기』, 한국외국어대학교출판부, 2004

김영순, 『미디어와 문화교육 – 미디어 읽기를 위하여』, 한국문화사, 2005.

김종찬, 『신문전쟁』, 우석, 2001.

홍경수, 『미디어콘텐츠 읽기』, 순천향대학교출판부, 2011.

B. SNS와 새로운 미디어의 가능성은?

『소셜노믹스』 & 『SNS혁명의 신화와 실제』

많은 이들이 2010년 개봉된 데이빗 핀처의 〈소셜 네트워크 The Social Network〉에 관심을 기울였다. 영화의 주인공 때문도, 감독 때문도 아니었다. 영화는 기존에 다루지 않았던 '새로운 것', 곧 새로운 미디어와 이것이 파생할 새로운 생활을 예감하고 있었다. 페이스북(facebook)을 비롯한 소셜 네트워크 서비스(SNS : Sosial Network Service)는 어떻게 시작된 것일까.

PC통신시절을 거쳐 www로 인터넷망을 구축하고 나서, 컴퓨터 언어와 인터넷 프로그램에 익숙한 사람들은 개인 홈페이지를 만들어 인터넷 공간에서 소통을 시도했다. 그러나 이는 소수의 개인 중심 미디어였다. 여러 사람이 함께 소통할 수 있는 공간에 대한 욕구는 다음넷과 아이러브스쿨에서 찾아볼 수 있는데, 이들은 한국이라는 공간에서 인터넷 사이트를 물리적 공간으로 인식하고 만든 모임방의 1세대라 할 수 있다. 이들 공간은 SNS로 이행하는 중간 단계에 가깝다.

집단공간이 확장되자 친밀한 타인과 접촉점을 잃지 않으면서도 개인의 가상공간을 꾸미려는 욕구가 생겨났다. 이를 빠르게 읽어낸 대상이 바로 싸이월드다. 컴퓨터 언어를 잘 모르더라도 개인 홈페이지를 예쁘게 꾸밀 수 있고 타인의 공간을 구경하는 재미 역시 쏠쏠했기 때문이다. 싸이월드는 이후 한국의 20~30대가 트위터나 마이피플, 페이스북 등의 다국적 SNS를 자연스럽게 받아들이게 하는 토대가 되었다.

SNS의 특성이 강하게 드러나지만 최근 한국의 20~30대뿐 아니라 SNS를 즐겨 활용하는 중장년층이 싸이월드보다 페이스북에 집중하는 이유는 무엇인가. 페이스북의 간단명료하고 자유로운 설정에 비해 싸이월드에 있는 사진과 다이어리, 매력 지수 등의 꼼꼼한 설정이 오히려 피로감을 불러일으킬 수 있다는 점, 클럽을 비롯한 집단공간을 강조한다는 점, 포털공간을 강조한다는 점, 그리고 최종적으로 SNS라는 용어를 제시하며 새로운 패러다임을 제시한 쪽이 싸이월드가 아니라 페이스북이었다는 점에서 다른 결과를 보여주지 않았을까 생각해 볼 수 있다.

다시 SNS로 돌아와 보자. 그렇다면 왜 지금, 다시 트위터나 페이스북, 그리고 블로그 등의 (연결성 있는) 1인 미디어에 집중하게 되는 것일까. 소셜 네트워크 서비스에 다각도로 접근한 〈소셜노믹스〉와 〈SNS 혁명의 신화와 실제〉에서는 소셜 미디어의 성공요인을 첫째로 기술발전, 둘째로 일상-정보의 공유, 셋째로 친교 관계의 확대 등으로 설명하고 있다. 호흡이 짧지만 일상적인 글을 단문(短文)으로 올리면 온라인 친구들은 댓글을 달거나 내 글을 복사해 간다. 이때 유명인과 친구를 맺은 사람들은 더 많은 정보 영향력을 끼칠 수 있다.

그렇다면 주로 SNS에서 말하기 방식에는 어떤 차이가 있을까? 얼핏 생각해 보아도 SNS는 이메일이나 손편지나 전화보다는 휴대전화 문자와 채팅에 더 가까운 말하기 방식을 보여 준다. 짧은 말하기, 그리고 여러 사람과 말하기, 친교와 정보를 나누는 말하기. 결국 이야기와 오락, 관계맺기가 함께 이루어지는 것이다. 〈SNS혁명의 신화와 실제〉에서는 이러한 말하기 방식을 '토크, 플레이, 러브'로 지적한다.

뿐만 아니다. 개인의 말하기가 집단에 빠르게 퍼져나갈 수 있기에 개인성과 집단성을 끌어안은 SNS는 사회적 발화로까지 확장되었다. 특히 2011년, 한국사회에서 SNS는 빛나는 성과를 이룩했다. 연초의 폭설과 7-8

월 장맛비에 기존 미디어의 손이 닿지 못했던 부분을 보완하며 119 구조대 역할을 톡톡히 했을 뿐 아니라, 촛불 시위와 서울시장선거를 비롯한 지역구 선거를 통해 정치적 발화를 그치지 않았다. 연예인뿐 아니라 일반인 모두 투표 내지는 물폭탄 '인증샷'을 첨부하면서 기존 정치와 사회활동의 엄숙성을 참여적이고 유희적인 형태로 바꾸었다는 평가를 받는다.

이는 우리나라만의 특징이 아니다. 2008년 미국 대선에서 유권자를 설득할 때 소셜미디어와 온라인 캠페인이 큰 역할을 했으며 오바마 대통령이 블랙베리 휴대폰으로 소셜 미디어에 접촉한 것 역시 정치와 소셜 미디어의 관계가 밀접할 수 있음을 보여 준다. 뿐만 아니다. 이란 정부가 시민시위를 공권력으로 진압하자 시민들은 블로그와 트위터, 유투브 등을 통해 자신들의 현실을 알렸고, 국제사회는 즉시 이란에 관심을 기울였다. 이후 2009년 가장 영향력 있는 언론인에게 주는 조지 풀크 어워드상은 이 사건을 알린 이란의 시민들–'익명의 시민'들-에게 돌아갔다.[24] 또한 2011년 하반기 청년들 수십 명을 중심으로 시작된 월가 반대 시위가 순식간에 미국과 유럽, 아시아로 확장된 것은 SNS의 영향력이었다.[25]

어쩌면 주류 언론이 하기 어려웠던 역할을, 소셜 미디어는 개인-집단의 관계에서 유연하게 해 낼 수 있을지 모른다.

그러나 안심하기는 어렵다. SNS공간의 정보 전달력에 비해 그 정보의 정확성은 떨어질 수 있기 때문이다. 유독 140자 단문을 전개하는 트위터에서 유언비어가 많이 돌고, 리트윗(다른 사람의 글을 자기 트위터 계정으로 퍼 나르는 행위)된 잘못된 정보를 수정하기가 어렵다는 것 역시 이런 맥락에서 이해할 수 있다.

---

24) 지식채널E, 〈익명의 시민〉편 참고.
25) 잡지 〈시사인〉 1월 12일자 최진봉 기자의 기사를 참고.

또한 개인만의 은밀한 공간이 아닌, 타인의 시선을 의식할 수밖에 없는 전시공간이라는 점에서 SNS는 또 다른 고민거리를 알려 준다. 자신을 있는 그대로 드러낼 수가 없기 때문이다. 〈소셜노믹스〉에서는 평범한 일상이라도, SNS공간에서는 이를 좀 더 근사하게 표현하려는 경향이 있음을 '자기 브랜드화'로 명명한다. 이러한 과시성은 〈SNS혁명의 신화와 실제〉에서 타인을 의식한 '착하게 말하기'로 표현된다. 우리가 서로에게 완전한 타인이 아닌 이상, SNS는 우리에게 새로운 미디어라는 도전이 될 것이다.

- 에릭 퀄먼, inmD 역, 『소셜노믹스』, 에이콘, 2009. (Erik Quilman, *How Social Media Transforms the Way We Live and Do Business*)
- 김은미, 이동후, 임영호, 정일권, 『SNS혁명의 신화와 실제』, 나남, 2011.

讀 & talk

1. 현재 내가 사용하는 SNS는 무엇이 있습니까?
2. 내가 사용하는 SNS공간에 예상하지 못했던, 아는 사람이 들어와 당황한 적이 있습니까? 어떤 점에서 당황하게 되었고, 그 결과 나는 어떻게 행동하였는지 생각해 봅시다.

함께 보면 좋은 텍스트

데이빗 핀처, 〈소셜 네트워크〉, 2010.
EBS 지식채널 E, 〈익명의 시민〉

소셜미디어연구포럼, 『소셜미디어의 이해 – 일상생활과 소셜커머스에서 기업혁신과 정치혁명까지 소셜미디어를 둘러싼 핵심 쟁점들을 총정리한 입문서』, 미래인(미래M&B, 미래엠앤비), 2012.

더글러스 러시코프 편, 김상현 역, 『통제하거나 통제되거나 – 소셜 시대를 살아가는 10가지 생존법칙』, 민음사, 2011. (Douglas Rushkoff, *Program or Be Programmed*)

마크 뷰캐넌, 김희봉 역, 『사회적 원자 – 세상만사를 명쾌하게 해명하는 사회 물리학의 세계』, 사이언스북스, 2012. (Mark Buchanan, *The Social Atom*)

14 환경과 음식

A. 인류와 자연, 함께 살 수 없을까

「시애틀 추장의 편지」 & 『나무를 심은 사람』

"자연은 인간에게 유용하게 사용될 때만 가치를 갖는 것이 아닌가?"라는 질문에 우리는 북아메리카 인디언 부족의 추장이었던 시애틀(Chief Seattle)[26]의 〈시애틀 추장의 편지〉(Authentic Text Of Chief Seattle's Treaty Oration, 1854)에 귀를 기울여야 한다. 시애틀 추장은 북아메리카 이주민들에 의해 자신이 살던 땅을 떠나야 했다. 여기에 19세기 초반 북아메리카 원주민들의 아픔이 서려 있다. 영국 이주민들은 북아메리카로 이주해 와서 그 땅에 이미 정착해서 살고 있는 인디언 부족 마을을 총과 칼로 짓밟고, 그 땅에 자신들의 깃발을 꽂아 현재 미국 영토를 소유했다. 그들에게는 경제발전을 이룩하기 위해 보다 많은 자연

---

26) 미국 피어스 대통령(Franklin Pierce: 미국 제 14대 대통령, 1804~69)시대의 백인들에게 우호적이었던 두워미시 족의 추장이며, 정치가, 외교가. 피어스 대통령은 시애틀 추장의 연설에 감동하여 워싱턴 주의 시애틀을 그의 이름을 따서 지었다.

자원으로 가득 찬 식민지가 필요했다. 그래서 북아메리카 땅의 본래 주인이던 인디언들은 무력에 의해 백인들이 만들어준 '인디언 보호구역'으로 쫓겨나야 했다. 인디언 부족의 추장이었던 시애틀은 보호구역으로 떠나면서 대지와 하늘과 같은 '자연'이 그들에게 어떤 의미를 지녔는지 〈시애틀 추장의 편지〉를 통해 말한다.

어떻게 하늘을 사고팔 수 있을까

> "어떻게 하늘을 사고팔 수 있을까? 어떻게 대지의 온기를 사고 팔 수 있을까? 우리에게는 너무 낯선 얘기다. 맑은 공기와 포말로 부서지는 물은 우리 것이 아니다. 그런데도 어떻게 말라는 말인가?"[27)]

"어떻게 하늘을 사고팔 수 있을까? 어떻게 대지의 온기를 사고팔 수 있을까?"라는 시애틀 추장의 물음은 우리가 자연을 착취하고 자연을 사고팔고 하는 발상을 되돌아보게 한다. 고대 사회에 인간들은 생존하기 위해서 자연과 공존해야 했다. 북아메리카 시애틀 추장은 자연은 신성한 대상이면서 소중한 존재라는 것을 강조한다.

> "땅을 사겠다는 제안은 잘 생각해 보겠다. 그렇지만 제안을 받아들이더라도 한 가지 조건을 제시할 것이다. 하얀 사람들도 반드시 이 땅의 짐승들을 형제로 받아들여야 한다.〈중략〉 짐승들에게 무슨 일이 일어난다면, 그것이 무엇이든 사람들에게도 곧 똑같은 일이 일어날 것이다. 만물은 이어져 있으므로." (시애틀 추장, 161)

---

27) 시애틀 추장 외, 「만백성에게 보내는 편지」, 『맨 처음 씨앗의 마음』, 들녘, 2002, 157쪽.

시애틀 추장은 수천 마리의 들소들이 들판에 버려진 채 썩고 있는 것을 보고, 앞으로 인간에게도 이러한 들소의 운명과 똑같은 일이 일어날 것이라고 말한다. 왜냐하면 만물은 서로 이어져 있기 때문이다. 만물이 서로 이어져 있다는 것은 자연 생태계와 인간이 하나로 연결되어 있다는 의미이다. 시애틀 추장의 경고는 현대 사회로 접어들면서 자연 생태계가 파괴되리라는 것을 예언한 바와 다름없다. 그렇다면 자연 생태계를 보호하고 유지하기 위해 과학 기술의 발전을 포기해야 할까? 시애틀 추장의 경고처럼 어떤 대안을 제시할 수 있을까? 만물이 이어져 있다면 자연을 이용하면서도 자연과 공존할 수 있는 방법은 없을까? 이러한 질문에 대한 답을 장 지오노(Jean Giono)의 〈나무를 심은 사람〉(The Man Who Planted Trees, 1953)에서 찾을 수 있다.

나무를 심어라

〈나무를 심은 사람〉은 문학작품으로서만이 아니라 환경 · 생태 교육 자료로 많이 읽히고 있다. 그 이유는 나무의 남벌에 따른 지구 생태계의 위기 때문이다. 〈나무를 심은 사람〉에서는 작가 지오노는 그가 살던 프랑스 남부 오트 프로방스(Alpes-de-Haute-Provence)의 고산지대를 여행하다가 혼자 나무를 심고 있는 양치기를 만난다. 그는 홀로 나무를 심어 황폐한 땅에 생명을 불어넣고 있었다. 이 소설은 어느 소박하고 겸손한 사람, 양치기가 지구의 표면을 바꾸어 놓은 실제 이야기를 문학 작품으로 만든 것이라고 한다. 지오노는 이 작품을 발표하면서 "나는 사람들로 하여금 나무를 사랑하게 하기 위해, 더 정확히 말하면 나무 심는 것을 장려하기 위해 이 글을 썼다"라고 말했다.

지오노가 작품 활동을 할 당시 제 1, 2차 세계대전으로 세계 경제공황과 전체주의 국가가 새로이 등장할 시기였다. 당시 프랑스 문단에서는 복잡한 도시 문화에서 등을 돌려 자연 상태의 농촌 생활 속으로 들어가 대지와 인간의 합일을 꿈꾸는 농촌소설들이 주류를 이루는 사실주의 경향의 문학을 추구한다. 그는 과학의 기계적인 문명의 발전으로 비뚤어져버린 인간의 모습에 다시 원초적인 자연의 단순함과 인간성을 회복시키기 위한 시도로 〈나무를 심은 사람〉에 매달린다.

이 작품의 줄거리는 '나무를 심고 가꾸는 한 사람의 끈질긴 노력 → 새로운 숲의 탄생 → 수자원의 회복 → 희망과 행복의 부활'이다. 이러한 아름다운 과정과 인간이 지닌 추하고 악한 측면이 대조를 이루고 있다. 인간의 이기심과 무절제한 탐욕, 나무를 마구 베는 자연파괴, 사람이 사람을 살육하는 두 차례의 전쟁이라는 인간의 어두운 측면을 보여준다.

> "그는 떡갈나무를 심고 있었다. 나는 그 곳이 그의 땅이냐고 물었다. 그는 아니라고 했다. 그러면 누구의 땅인지 알고 있는 것일까? 그는 모르고 있었다. 그저 그곳이 공유지이거나 아니면 그런 것에 대해서는 생각하지도 않는 사람들의 것이 아니겠느냐고 했다. 그는 그 땅이 누구의 것인지 관심조차 없었다. 그는 아주 정성스럽게 도토리 100개를 심었다."[28]

주인공 엘제아르 부피에는 도토리 하나라도 정성스럽게 심는 헌신적인 노력을 통해 자연에 대한 사랑을 보여준다. 지오노의 작품은 애니메이션으로도 만들어져 세계적으로 큰 화제를 일으켰다. 세계적인 화가인 프레데릭 백(Frederic Back)이 그림을 그려 영화로 제작하여 제60회

---

28) 장 지오노, 김경온 역, 『나무를 심은 사람』, 두레, 2005, 29쪽.

아카데미상에서 단편상[29]을 받을 만큼 유명한 작품이 되었다. 애니 〈나무를 심은 사람〉(1987)에 감명을 받아 일본 애니메이션의 거장 미야자키 하야오(宮崎駿) 감독은 황폐한 고원에 나무를 심는 모티브를 차용하여 〈이웃집의 토토로〉(となりのトトロ, 1988)를 제작하게 된다. 이 영화로 인하여 1990년 당시 일본에서는 마구잡이식 개발과 건설 사업으로 점차 사라지는 토토로의 숲을 지켜야 한다는 의지로 내셔널 트러스트 운동[30](National Trust)이 일어났다.

> "창조란 꼬리를 물고 새로운 결과를 가져오는 것 같았다. 하지만 엘제아르 부피에는 그런 데에는 관심이 없었다. 아주 단순하게 자신이 할 일을 고집스럽게 해 나갈 뿐이었다. 마을로 다시 내려오다가 나는 개울에 물이 흐르는 것을 보았다. 사람들이 기억하는 한 그 개울은 언제나 말라 있었다. 자연이 그렇게 멋진 변화를 잇달아 만들어 내는 것을 나는 처음 보았다." (장 지오노, 43)

'자연이 멋진 변화를 만들어 내는 것'처럼 우리가 마음먹고 노력하기만 한다면 죽어가는 우리의 환경과 지구를 되살릴 수 있다는 희망을 가져본다.

■ 시애틀 추장, 「만백성에게 보내는 편지」, 『맨 처음 씨앗의 나무』, 들녘, 2002.

■ 장 지오노, 김경온 역, 『나무를 심은 사람』, 두레, 2005.

---

29) 1988년 아카데미 최우수 단편 애니메이션 앙시 페스티벌 그랑프리 수상.

30) 내셔널 트러스트 운동은 1895년 영국에서부터 시작된 환경운동으로, 국민들의 자발적인 현금이나 기부를 바탕으로 보전할 가치가 있는 토지, 환경, 문화재, 동식물, 시설 등을 매입한 후, 이를 영구히 관리해 가는 시민들의 자발적인 운동을 일컫는다.

讀 & talk

1. 시애틀 추장이 '자연을 바라보는 시각'과 '과학 기술 문명이 자연을 바라보는 시각'의 차이를 정리해 보자.
2. '자연을 보호해야 한다'는 과제와 '과학 기술을 발달시켜야 한다'는 과제가 서로 충돌을 일으키는 경우를 생각해 보자. 어느 한 쪽을 포기하지 않을 수 있는 해결책을 제안해 보자.
3. 우리나라의 내셔널트러스트 운동에 대해 조사해 보자.

함께 보면 좋은 텍스트

로이크 쇼보, 윤인숙 역, 『지속가능한 발전』, 현실문화, 2011.

박경화, 『고릴라는 핸드폰을 미워해』, 북센스, 2011.

반다나 시바, 손덕수 역, 『에코페미니즘』, 창비, 2000.

수잔 제퍼스, 최권행 역, 『시애틀 추장』, 한마당, 2009.

일본, 장편 애니메이션 〈천공의 성 라퓨타〉(미야자키 하야오 감독, 1986)

〈이웃집의 토토로〉(미야자키 하야오 감독, 1988)

캐나다, 단편 애니메이션 〈나무를 심은 사람〉(프레데릭 백 감독, 1987)

B. 음식 먹기의 윤리를 찾아서

『육식의 종말』 & 『우리는 왜 개는 사랑하고
돼지는 먹고 소는 신을까』

사람이 매일 하루 세 번 하는 고민이 있다고 한다. 매번 고민하지만 매번 새로운 고민. 바로 '무엇을 먹을까'라고 한다. 바깥에 나가 친구들과 만날 때 그런 고민은 더 커진다. 음식 자체의 맛과 개인의 취향, 그리고 음식을 나누는 사람과의 관계 등을 고려하여 때와 장소, 분위기에 맞추어 먹어야 빛이 나기 때문이다. 이 고민은 음식을 선택할 때 우리가 음식의 품목, 메뉴에서 완전히 자유로울 수 없다는 사실을 보여 준다.

위의 고민뿐 아니라 지역마다 특정 음식에 대한 혐오도가 다르다는 점을 생각하면, 음식을 선택하는 문제는 음식을 섭취하는 이들을 둘러싼 문화 및 생활환경과 밀접한 관계를 맺는다는 것을 알 수 있을 것이다. 그런 점에서 음식은 상당히 개인적인 문제인 동시에 경제적(장바구니 물가를 생각해 보자), 사회적이고 문화적이며 정치적인 영역까지 확장될 수 있다.

그러나 특정 음식에 대한 혐오만이 아니라 채식과 육식을 선택하는 것 역시 상당히 사회적이고 정치적인 문제가 될 수 있다. 그만큼 육식이 우리 삶 구조에 밀착되어 있기 때문이다. 의외로 고기 없는 식단을 선택하기가 쉽지 않다는 점, 또한 고기를 먹지 않고 여러 사람과 어울려 식사하기가 쉽지 않다는 점을 생각해 보면, 단순히 고기를 '먹지 않는' 일이 개인적인 문제만이 아님을 알 수 있다.

그렇다면 누가, 어느새 이 문제를 개인 바깥으로 확장시켰을까. 이러한 의문을 제기하는 이들에게 육식을 선택하는 우리의 입맛이 고도로 체계화된 산업구조의 결과물이라는 점을 밝히는 대표적인 두 권의 책, 제레미 리프킨의 〈육식의 종말〉, 멜라니 조이의 〈우리는 왜 개는 사랑하고 돼지는 먹고 소는 신을까〉를 권하고 싶다. 전자는 21세기 초에 나온 육식주의에 대한 바이블이라고 할 수 있고, 후자는 최근에 번역된 저서로 음식을 먹는 문화환경과 심리를 다룬 안내서라 하겠다.

두 사람은 기본적으로 자본주의 국가와 육식이 밀접한 관계가 있다고 생각한다. 인간이 먹는 소, 돼지, 닭 등은 대부분 인간과 곡물 섭취를 '경쟁'하는 관계에 있다. 따라서 이들을 식용으로 사육하려면 식량자원의 잉여량이 커야 한다는 점에서 근대, 그리고 자본주의와 밀접한 관계를 맺는다. 2010년 후반부터 최근까지 구제역으로 도축된 소와 돼지의 수, 그리고 FTA체결 이후 값이 떨어져 소들을 죽인 축산업계의 소식을 생각해 보자. 우리가 상상하기 어려운 규모로 이 사업은 집단적이다.

최근에 나온 책이지만 접근하기 조금 더 쉬운 멜라니 조이의 논의부터 살펴보려고 한다. 세계 최고의 아이스크림 회사 배스킨 라빈스의 후계자였던 멜라니 조이는 사업을 물려받는 것을 거부하고 동물의 생명권에 투신한다. 유제품과 소 사육은 뗄 레야 뗄 수 없는 관계이기에 그는 자신의 출신환경을 거부한 것이다. 이런 특이한 이력답게, 그의 책은 도발적인 질문으로 가득하다. 그는 먼저 질문한다. 우리는 왜 개(개를 비롯한 애완동물을 생각해 보자)는 사랑하고, 돼지나 소는 먹고 그 가죽을 신을까?

개는 충성스럽고 돼지는 역겹다고 말하지만, 그렇게 생각하게 된 기원을 생각해 보자. 상대적으로 '먹는' 음식에 들어가는 돼지는 기르는 동물에 비해 우리와 접촉점이 거의 없다. 그리고 돼지가 더럽고 게으른 것처럼 인식하지만, 주로 그렇게 생각하게 되는 것은 신문이나 방송 등의 매체에서 전달된 그들의 이미지 때문이다. 실제로 돼지는 무척 영리하고 깔끔하며 감정이 예민한 동물이다.

그러나 '먹는' 동물에 감정을 이입하고 공감하여 먹는 것이 괴로워질 때 생겨날 경제적인 위험을 막기 위해, 우리는 심리적 거리를 지속적으로 유지하게 된다. 사업자들은 돼지가 사육되는 과정, 살처분되는 과정을 외부에 공개하지 않음으로써 돼지를 비롯한 식용 동물들에 우리가 감정을 이입하지 않게 한다. 심리적 왜곡과 산업적 은폐가 일어나는 것이다. 실제 그들이 얼마나 고통스럽게 사육되고, 도축되는지 알게 되면, 소비는 더 이상 자유롭게 일어날 수 없기 때문이다.

멜라니 조이가 육식을 둘러싼 의도적 은폐가 산업구조 안에서 사회적 인식을 조작하고 있음을 지적했다면, 제레미 리프킨은 산업구조뿐 아니라 인식론 차원을 넘어 육식과 환경문제를 언급한다. 〈육식의 종말〉에서 그는 유럽과 미국의 근대 역사가 쇠고기의 역사와 밀접함을 지적하는 동시에, 축산업계가 소비자들을 고기의 '원형'(동물)과 최대한 분리시켜 혐오감과 불쾌함을 최소화하고 있음을 지적한다. 이 과정에서 일어나는 노동자에 대한 비인간적인 처우, 그리고 생명에 대한 비생명적인 처분은 다분히 독자에게 충격적으로 다가온다. 뿐만 아니다. 곡물로 사육된 쇠고기를 팔기 위해 인디언들은 땅을 빼앗기고 가난에 시달렸다. 곡물 재배를 할 경작지가 부족하자 미국 축산업계는 열대 우림에 눈을 돌렸다. 제레미 리프킨은 강도 높게 비판한다. "곡물로 키운 소의 쇠고기는 불에 탄 삼림, 침식된 방목지, 황폐해진 경작지, 말라붙은 강이나 개울을 희생시키고 수백만 톤의 이산화탄소, 아산화질소, 메탄을 허공에 배출시킨 결과물(제레미 리프킨, 352쪽)"이라는 것이다.

물론 동물을 먹는 것을 무조건 비난할 수는 없다. 모두가 완전한 채

식으로 돌아설 수 있는 것도 아니다. 다만 이 두 책이 강도 높게 지적하는 내용, 곧 내가 선택하는 음식과 윤리적인 태도를 한 번 더 생각해 보아야 할 것이다.

■ 제레미 리프킨, 신현승 역, 『육식의 종말』, 시공사, 2002. (Jeremy Rifkin, *Beyond beef : the rise and fall of the cattle culture*)
■ 멜라니 조이, 노순옥 역, 『우리는 왜 개는 사랑하고 돼지는 먹고 소는 신을까』, 모멘토, 2011. (Melanie Joy, *Why we love dogs, eat pigs, and wear cows :an introduction to carnism*)

讀 & talk

1. 두 권의 책은 어떤 점에서 같고, 어떤 점에서 다른지 토론해 봅시다.
2. 내가 좋아하는 육류(소, 닭 등)의 원산지를 찾아보고, 그 식품이 내 식탁에 오는 과정을 조사해 봅시다.
3. 오늘 하루 내가 먹은 음식물을 써 보고, 이 중에서 불필요하게 낭비된 음식이 있는지 생각해 봅시다.

함께 보면 좋은 텍스트

허남혁(글), 김종엽 (그림), 『내가 먹는 것이 바로 나』, 책세상, 2008.
캐럴 J. 아담스, 류현 역, 『육식의 성정치 – 페미니즘과 채식주의 역사의 재구성』, 미토, 2006. (Carol J. Adams, *The Sexual Politics of Meat*)
에릭 슐로서, 김은령 역, 『패스트푸드의 제국』, 에코리브르, 2001. (Eric Schlosser, *Fast Food Nation: The Dark Side of the All-American Meal*)

난 멜링거, 임진숙 역, 『고기』, 해바라기, 2002. (Nan Mellinger, Fleisch)

피터 멘젤, 페이스 달뤼시오, 김승진, 홍은택 역, 『헝그리 플래닛 : 세계는 지금 무엇을 먹는가』, 윌북, 2008. (Peter Menzel, Faith D'Aluisio, *Hungry Planet: What the World Eats*)

좋은 책을 읽는다는 것은
훌륭한 사람과 대화하는 것과 같다.
R. 데카르트

Part 3

발표와 토론은 어떻게 하는가

하루라도 독서하지 않으면
입에서 가시가 돋는다.
안중근

발표는 어떻게 하는가

01

사람이 두려워하는 일 가운데 하나가 여러 사람 앞에서 아는 지식을 설명하는 일이다. 자신의 지식과 의견의 확실성도 문제가 되지만 청중 곧 그들의 바라보는 눈초리를 감당하기 어렵기 때문이다. 그러나 그렇게 두려움만 가질 일은 아니다. 신라 때의 이야기 '임금님 귀는 당나귀 귀'를 생각해보자. 자기만이 아는 진실, 표현하지 않고는 견딜 수 없는 사실이 그 주인공으로 하여금 대나무밭에라도 가서 외치게 하고 말았다. 내가 아는 지식, 갖고 있는 의견이 분명하고 확실하다면 그것을 발설하는 것은 결코 두려운 일이 아니다. 그리고 발표자가 청중에 대하여 어느 정도 사귐을 갖고 있거나 그들이 호의적인 사람들임을 안다면 그런 두려움은 훨씬 절감된다.

현대에 아무리 전자 매체가 발달해 있다 하더라도 자기 의사를 표현하고 남의 의견을 들으며 갖가지 회의에 참석하는 일은 더욱더 필요한 과정이다. 현대를 살아가는 사람들은, 발표하고 보고하고 인터뷰하고 토크쇼하고 연설하고 토론하는 등의 다양한 의사 표현을 많이 접하고 사는 것이 사실이다. 의사소통(意思疏通)이란 자기의사를 상대방과 막힘없이 서로 통한다는 뜻이다. 영어의 'Communication'은 'commune 함께 쓰다, 나누다'에서 파생된 말이다. 문제는 자기의사를 어떻게 효과적으로 전달하느냐에 있으며 결코 무대불안증이나 두려움에 있는 것이 아니다. 물론 우리가 발표하기를 배우는 것은 그런 불안과 두려움을 어떻게 줄일 수 있느냐를 공부하는 것이라고 말할 수 있다.

말을 잘하기 위해서는 무엇보다 말할 주제에 대하여 깊고 넓은 지식을 가져야 한다. 'FTA 체결'이나 '한류 열풍'에 대해서 말하려면 거기에 대한 남다른 지식과 인식을 가져야 한다. 세계에 대한 남다른 관심과 이해를 갖고 독특한 자기체험과 연구를 수행하는 사람이 어떤 모임 곧 어떤 대화 장소에서 주도권을 가지고 모임을 유쾌하고 유익하게 이끌 수 있는 것이다.

우리가 어떤 발표 즉 다수를 상대로 한정된 시간에 혼자 말하는 일을 스피치(speech)라고 한다면, 화자(speaker)가 그런 지식과 체험 외에도 적절한 음성이나 자세를 조절할 수 있을 때 보다 더 훌륭한 스피치를 해보일 수 있다. 따라서 여기서는 1) 스피치의 여러 목적, 2) 발표 내용을 정리하는 일, 3) 서론 본론을 마련하는 일, 4) 발표의 형식과 요령 그리고 5) 발표의 언어적, 비언어적 요소 등에 관하여 다루기로 하겠다.

(1) 스피치의 목적과 유형

다수를 상대하는 스피치는 모임의 성격에 따라 설명이나 묘사나 시범을 통해 정보를 제공하는 것, 상대방의 동의나 행동을 요구하는 설득적인 것, 유흥을 북돋우는 것(회장 인사, 오락회 리더 말), 위로하고 격려하는 것(축사, 격려사) 등이 있지만 대학사회에서 어떤 발표를 한다고 할 때는 그 발표를 다음과 같이 묘사화법, 시범화법, 설명화법, 설득화법 등 4가지로 나눌 수 있다.

첫째, 묘사(Description)화법은 듣는 이에게 어떤 사물을 보여주듯이 감각적이고 심상적인 표현을 써서 표현하는 것이다. 이런 표현은 그 사물에 대해 경험이 없는 사람에게 마치 경험하는 것과 같이 시각화하고 감각화하고 하는 일이 필수인데 그 형태와 크기와 색깔과 맛을 눈앞과 입안과 코 안에 갖다 놓듯이 제시하는 것이 생명이다. 물론 그 모든 제시가 산만하면 안 되고 하나의 핵심과 화제(topic)에 초점(focus)이 맞추어져 진행되어야 한다. 묘사화법은 예컨대 어제 본 연극, 어제 가 본 인사동 쌈지길, 얼마 전에 읽은 소설의 사건의 배경이나 클라이맥스, 한 인물 성격의 야욕과 탐욕스러움, 얼마 전 맛본 망고와 두리안 등등이 모두 주제가 된다.

둘째, 시범(Demonstration)화법은 작업의 능력증대를 위한 학습과정이나 수행방법을 실제 발표자의 동작으로 해 보이는 일이다. 즉 실제적인 물건이나 보조물을 이용하여 어떤 물건을 어떻게 다루어야 할지, 어떤 기물(器物)이 어떻게 작용하는 것인지, 무엇을 어떻게 만들 것인지를 보여주는 것이다. 예컨대 〈골프의 스윙요령〉, 〈자동차 시동걸기〉, 〈비디오 촬영기법〉, 〈낚시 기술〉, 〈김장하는 방법〉, 〈야외식탁 차리기〉 등등이 시범화법의 대상들인데, 독서 발표에서는 어떤 기술적인 내용, 절차적인 내용, 동작적인 내용을 손짓발짓으로 해보이거나 화면을 스크린 위에 띄워놓고 그 과정을 설명하는 일이 시범화법이 된다.

셋째, 설명(Explanation)화법은 학문이나 지식에 관한 말하기로서 자신이 읽은 책에 대한 여러 내용적 진술은 바로 설명화법이 된다. 한 권의 책을 읽고서 책에 대해 책 속의 주인공이나 사건 전개에 대해 할말이 많을 것이다. 그런데 우리가 경험한 바이지만 설명은 쉽고 간단하게 하는 것이 최고의 요령이다. 그 어려운 내용을 쉽게 비유를 써서 그 복잡한 것은 단순화해서 쉬운 이야기로 풀어간다면 성공적인 화술이 된다. 설명하되 누구나 알기 쉽게 객관적으로 전달하는 것은 훌륭한 재능에 속한다. 우리가 한 권의 책과 그 속의 내용을 어떻게 의미 있으면서 읽을 가치가 있는 것으로 소개할 수 있을까.

일반적으로 학교에서 선생님들이 베푸는 수업은 모두 설명화법에 속한다. 어느 선생님이 가장 쉽게 기억에 쏙쏙 들어오게 가르치는가. 성공적인 설명이란 새로운 정보의 전달이다. 조금 알고 애매하게 여기는 것을 보다 중요하고 명확하게 보다 의미 있게 소개하는 것이 훌륭한 설명이다. 누가 〈전깃불의 원리〉, 〈광합성의 원리〉, 〈자유민주주의〉, 〈포스트모더니즘〉, 〈제칠일안식일예수재림교〉, 내지는 〈논어와 맹자〉, 〈삼국지와 초한지〉, 〈소나기와 별〉, 〈햄릿과 돈키호테〉, 〈러셀과 루소의 교육론〉 등을 핵심적으로 쉽게 설명할 수 있는가.

넷째, 설득(Persuasion)화법은 상대방으로 하여금 나의 말과 주장을 믿고 받아들이고 행동하게 하는 말하기이다. 나의 말과 주장을 상대방으로 하여금 받아들이게 하려면 설득시키는 사람이 먼저 모본을 보이고 충분하고 올바른 지식을 전하고 상대방을 따라오게 할만한 열정을 지녀야 한다. 듣는 사람의 생각은 복잡하다. 그런 복잡한 사람의 마음을 움직이려면 나의 지식과 정보와 감정과 경험을 총체적으로 제시하지 않으면 안 된다. 보다 많은 조사와 전략과 계획이 필요한 까닭이 거기에 있다. 목사들의 설교에서부터 보험사 직원의 보험가입 설득, 인터넷 쇼핑몰의 상품 선전이라든지 상사나 상관의 훈시(訓示)가 대표적인 설득화법이다. 토론의 논제가 되는 〈대학입학 기부금제 부활〉, 〈도심지 버스중심 차선제의 확대〉 등의 주장이 또한 설득화법에 속한다.

이상의 4가지 화법이란 스피치의 성격을 가지고 나눈 것이다. 우리가 읽은 책에 대하여 독서발표를 잘하고 나서 그 책을 빠짐없이 읽어보라고 결론짓는다면 설명화법 후 설득화법으로 목적이 바뀌었다고 말할 수 있다.

(2) 발표내용의 정리

– 주요 아이디어와 세부 아이디어와 안내사 작성

독서 후 발표를 위해서는 독서하면서 파악한 내용, 즉 인상적이고 중심 되는 내용을 주요 아이디어로 삼아 나열해야 한다. 하나의 책을 읽고 무엇에 대해 발표할 것인가. 그때 그 발표할 거리를 굵직굵직하게 정리하는 일이 주요 아이디어 정리이다.

주요 아이디어는 시간적인 배열, 공간적인 배열, 인과적인 배열, 소제별 배열, 문제해결식 배열 방식이 있으므로, 독서내용에 따라 필요한 배열 방식을 택하면 좋을 것이다. 즉 과학사의 발전이나 삼국지 속에 나타난 싸움이라면 시간적 배열로, 세계 3대종교의 분포나 동방견문록에 나타난 마르코 폴로의 여행지라면 공간적인 배열로, 펠로폰네스 싸움의 원인이나 소설 속의 사건 전개 등은 인과적인 배열로, 〈논어〉의 내용, 문학의 여러 갈래 등은 소재별 배열로 처리할 수 있고, 환경문제나 공부방법 문제는 문제해결식 방식을 택할 수 있을 것이다.

우리가 소설을 읽고 소설의 주제, 구성, 인물, 문체를 따지거나 발표한다면 그것은 소재별 배열 방식이 될 것이다.

세부 아이디어란 주요 아이디어를 뒷받침할 수 있는 내용으로서 예시자료, 통계자료, 증언자료 등이 이에 속한다. 세부 아이디어는 주요 아이디어를 뒷받침하고 입증하는 요소로서 발표에 재미를 주고 활력을 준다. 사실 이런 자료들이 근거가 되어 주요 아이디어를 생동감 있게 만든다. 만일 세부 아이디어가 없이 주요 아이디어만 나열된다면 그것은 살 없는 뼈대와 같을 것이다. 적절한 예(Example)는 청중의 이해를 도와줄 뿐만 아니라 발표자의 주장에 사실성과 타당성을 부여해 준다. 따라서 책 속의 적절한 사례를 들어 주요 아이디어에 살을 입혀 주어야 한다.

주요 아이디어와 세부 아이디어를 정리한 다음에 우리가 발표를 위해 한 가지 더 준비할 일은 주요 아이디어에서 다른 주요 아이디어로 옮겨갈 때에 적절한 안내의 말을 해주어야 한다. 곧 안내사라고 불리는 것인데 이는 하나의 큰 내용을 요약하거나 다음에 말할 큰 내용을 예고하거나 다음 내용으로 옮겨감을 나타내는 논의 전환사 등이 있다. 또 안내사로서 말할 거리를 첫째, 둘째, 셋째, … 등으로 나누어 말하거나 '지금까지 말한 것 중 중요한 것은 … , 잊어버리지 말아야 할 것은 … ' 과 같은, 주요 지점의 도로 이정표(里程標)와 같은 말을 사용함으로써 주요 아이디어 간의 연결을 부드럽게 물 흐르듯이 자연스럽게 해 가고 중요한 내용은 청중의 귀에 표시를 해 주어야 한다.

(3) 서론 결론 쓰기

이상과 같이 발표내용이 마련되면 다음으로 서론과 결론을 마련하게 된다.

서론은 무엇보다 청중과 발표자의 시선과 생각이 처음 부딪치는 곳이다. 그러므로 서론은 무엇보다 발표자가 자기의 발표를 듣기 원하는 청중과 인사하는 자리며 그런 청중의 관심을 끝까지 붙들어 놓기 위하여 관심과 흥미를 불러일으키는 자리이며 자기가 이 발표를 위해 얼마나 합당하고 준비된 사람인지 공신력을 높이는 자리이다. 또 무엇을 말하고자 하는지 주된 내용과 발표의 주제를 예고하는 자리이기도 하다.

서론을 시작하는 방법으로는 질문 기법, 이야기 기법, 인용 기법, 긴장조성 기법, 동기부여 기법 등이 있다.

질문 기법이란 흔히 수사적(修辭的) 질문이라 하여 청중의 주의를 환기시키고 발표를 인상 깊게 하는, 청중의 실제적인 대답을 구하지 않는 수식적 질문이다.

이야기 기법이란 본론과 관련이 깊은 이야기를 던지는 것으로 청중은 보통 이야기에 관심과 흥미가 많다는 점에서 서론의 기법으로 많이 활용된다.

인용 기법은 청중에게 인상 깊게 다가갈 수 있는 새롭고 유명한 싯구, 명언 등을 제시하여 시작하는 방법이다.

긴장조성 기법은 일반사람이 모르는, 그렇지만 사회의 큰 문제가 되고 있는 사건상황을 추리소설처럼 제시하여 시작하는 방법이다.

동기부여 기법이란 발표 내용이 청중에게 매우 필요하고 절실하다는 점을 부각시키며 시작하는 방법이다. 예컨대 심폐소생술이라든지 암 예방법, 약의 장단점 등은 인간생활에 있어 매우 중요한 지식임을 먼저 요령 있게 제시하는 일이다.

다음으로, 결론은 발표를 마무리하겠다는 안내사와 더불어 본론의 주요 내용을 요약하고 강조하면서 강한 인상과 여운을 남긴다든지, 본론 내용과 관련하여 실제적인 제안을 하는 곳이다. 책 내용 중의 인상적인 말을 인용함으로써 마무리해도 좋다.

이상으로써 말할 내용을 다 마련한 셈인데, 우리가 하나의 독서발표를 위해 준비해야 할 〈준비개요서〉는 위계(位階) 질서를 두어 번호를 매기고 진술하는 내용을 모두 문장화해서 하나씩 진술해야 한다. 그리고 앞서 마련한 서론, 본론, 결론, 안내사 외에 맨 앞쪽에 발표의 주제, 개괄적 목적, 구체적 목적이라든지 주제문을 밝히는 것이 좋다. 그리고 결론 뒤 맨 끝에는 발표문을 작성하기 위해 읽었던 텍스트와 참고문헌 그리고 탐색한 사이트 등을 밝혀 근거를 밝혀주는 것이 좋다.

구체적 목적이란 대상(청중), 발표 핵심 또는 주제 스피치 목적을 개괄적 목적과 함께 하나의 구절로 제시하는 일이다.

예 1

- 주제 = 〈춘향전〉과 〈로미오와 줄리엣〉의 공통점과 차이점
- 구체적 목적 = 동료학우들에게 〈춘향전〉과 〈로미오와 줄리엣〉의 공통점과 차이점을 설명하기 위하여

예 2

- 주제 = 망고와 두리안의 모양과 맛
- 구체적 목적 = 청중들에게 망고와 두리안의 모양과 맛을 실감하도록 하기 위하여

주제문이란 발표의 가장 핵심적인 내용을 하나의 문장으로 진술하는 일인데, 발표 후 청중이 다른 것은 다 잊어도 이 한 가지 내용, 한 가지 인상만은 기억에 남겨두기를 바라는 그런 내용을 진술한 것이다. 따라서 주제문은 5분 내지 10분의 발표를 통해서 여러 주요 아이디어들이 거기에 집중되고 반복되어야 하는 이야기의 초점이 되는 부분인 것이다.

예 1

- 주제 = 〈춘향전〉과 〈로미오와 줄리엣〉의 공통점과 차이점
- 주제문 = 〈춘향전〉이 해학과 사랑으로 어우러진 희극이라면 〈로미오와 줄리엣〉은 사랑과 집안의 갈등이 빚어낸 비극이다.

예 2

- 주제 : 망고와 두리안의 모양과 맛
- 주제문 : 망고는 과즙이 달콤한 타원형 과일이라면, 두리안은 냄새가 고약하고 도깨비방망이 같은 과일이다.

이제 이상과 같은 〈준비개요서〉를 지도교수에게 작성해서 제출한다면, 본인의 발표를 위해서는 〈실행개요서〉를 한편 더 마련해야 한다. 〈실행개요서〉에는 하나하나 문장으로 진술 된 〈준비개요서〉와는 달리 명사나 명사형으로 주요아이디어나 세부아이디어를 진술하고 발표자 자신이 발표할 때 (물론 다 외워서 하는 것이 바람직하지만) 혹시 잊어버림을 대비하여 말할 내용을 항목화해 두는 것이다. 그러기 때문에 〈실행개요서〉에는 중간요약이나 안내사나 예시와 화제전환사와 내용이정표 등을 보다 확실히 해 두는 것이 좋다. 〈실행개요서〉에는 〈준비개요서〉와 달리 구체적 목적 진술이나 주제문 진술 그리고 참고문헌이나 참고 사이트를 제시할 필요는 없다.

우리 학생들의 〈준비개요서〉는 책 뒤의 [부록 1]을 참고하기 바란다.

(4) 발표의 형식과 요령

– 오! 나의 프리젠테이션

발표는 일반적으로 다수의 청중 앞에서 혼자 말하는 식으로 이루어진다.

청중은 회사의 직원들일 수 있지만, 학교에서는 같은 학년의 학우들이다. 처음 말하는 자리이므로 인사말과 함께 한두 문장으로 자기를 소개하는 것이 좋다. 자기소개는 나를 가장 잘 아는 내가 나와 관련된 많은 정보 가운데 청중과의 원만한 관계를 위해 몇 가지 중요한 정보를 택해 전달하는 일이다. 보통은 학과와 이름, 인성이나 취미나 특기 또는 특이한 사항을 소개한다.

영어로 프리젠테이션(Presentation)은 일반적인 발표 전체를 의미하는 말인데, 우리 사회에 들어와서는 시청각 기자재를 활용하여 시각적으로 발표하는 방법을 일컫게 되었다. 회사에서 신제품 설명회, 제안서(프로젝트) 발표, 학교에서 연구 발표 등이 프리젠테이션 방식으로 이루어진다. 학생들의 발표 또한 책 속의 많은 정보를 4-5분 정도의 시간 안에서 압축적으로 전달하고 그 인상을 강하게 하기 위해서 청각보다 시각적 경로를 통해 전달하는 것이 보다 효과적이다.

프리젠테이션의 효과를 높이기 위해서 다음과 같은 요령을 익혀두는 것이 좋다.

첫째, 사진, 슬라이드, 그림 등을 4-6개 정도 제시하는 것이 긴장미를 유지할 수 있다.

둘째, 한 슬라이드에는 빽빽하게 너무 많은 내용을 담지 말아야 한다. 청중은 읽을 수도 없고 기억할 수도 없다. 문장은 간결하게 짧게 명사

중심으로 제시하고 제목과 내용은 구별하여 크기나 색상을 바꾼다.

셋째, 비디오나 영상 자료는 사실성을 높이는 것이지만 발표 시간의 10-20퍼센트를 넘지 말아야 한다.

그 밖에 성공을 연출하는 프리젠테이션을 하는 데 있어서 몇 가지 유의할 점을 더 살펴보면 다음과 같다.

① 프리젠테이션을 할 때에는 준비한 원고를 읽지 않도록 해야 한다. 원고를 읽으면 청중과 시선을 맞추기 어렵고 억양의 변화가 없이 목소리가 단조로울 수 있고 주제를 잘 이해하고 있지 못하다는 인상을 줄 수 있다. 꼭 읽어야 할 경우에는 TV의 앵커들이 그러하듯 사전에 소리내어 읽으며 충분한 연습을 해야 하고 읽으면서 되도록 청중과 시선을 맞추도록 해야 한다.

② 프리젠테이션을 할 때 의상은 보수적인 것이 가장 무난하다. 청중에게 익숙지 않은 의상이나 색상은 의외라는 느낌을 주며 이러한 반응은 기대를 갖는 사람들 또는 실망하고 쉽게 마음의 문을 닫아버리는 사람들로 양분되는 위험도가 따른다.

- Time과 Occasion과 Place에 맞게 알맞게 치장을 할 필요가 있다. 화장은 유독 서구 문명의 소산만은 아니며 우리의 역사에도 왕비로부터 서민에 이르기까지 기본예의였다. 치장 내지 화장은 여성만이 아니라 남성의 경우에도 옷매무새, 머리스타일, 넥타이, 손수건 등에 있어서 단장할 필요가 있다.

③ 대강당이나 장소가 넓은 큰 곳에서 프리젠테이션을 하는 경우에도 청중 한 명 한 명을 보면서 프리젠테이션을 하고 있다는 인상을 주어야 한다. 시선을 골고루 주면서 프리젠테이션을 한다면 더 많은 사람들이 집중을 하게 된다.

④ 프리젠테이션에서 프리젠터는 두려워하고 있다는 사실을 부인하지 말고 긍정적으로 받아들여라. 프리젠터 자신이 무신경한 사람이 아니라는 점을 드러내고 떨리는 것을 자연스런 과정으로 받아들이는 것이 분위기를 자연스럽게 할 수 있다.

⑤ 프리젠터의 어휘가 한정되어 있을 때 청중은 지루함을 느낀다. 만일 '그리고'를 사용해야 할 경우 그것 대신 '그리하여', '또', '게다가', '덧붙인다면(추가한다면)', '이어서' 등으로 바꿔주는 것이 좋을 것이다.

(5) 언어적 비언어적 표현

이제 〈준비개요서〉, 〈실행개요서〉를 따라서 실제로 청중 앞에 발표할 시간이다. 순서를 따라 연단에 서서 앞자리에 나아가서 준비된 PPT자료를 띄워놓고 청중의 시선을 받아가며 인사하고 준비된 한 문장 한 문장을 사려 깊게 인상 깊게 음성에 변화를 주며 진술해가면 된다.

청중은 나와 똑같이 고민하고 똑같이 주어진 독서과제를 놓고 고민하고 공부하던 동료학우들이다. 내가 발표를 잘하면 동료학우도 똑같이 잘할 것이고 서로 읽은 내용에 대하여 공감하며 상호간의 지식과 생각에 대한 이해를 높여갈 것이다.

물론 천성적으로 음성이 좋은 사람이 있다. 그러나 좋은 음성을 가진 테너가수나 성우들도 많은 훈련 끝에 그런 음성을 소유하게 되었다. 발성법과 공명(共鳴)법을 연습한 것이다. 학생들도 건전한 신체와 아름다운 음성을 위해 등산과 달리기와 수영과 복식호흡 등을 연습하고 온몸의 근육을 긴장 이완시키는 연습을 꾸준히 하면 보다 좋은 음성을 소유할 수 있다.

발음은 분명히 하는 것이 중요하다. 아나운서, MC와 같이 대중을 상대하여 말하는 사람은 발음을 똑똑히 분절시켜 하는 일이 필요하다. 어떤 성우가 제시하는 다음과 같은 말놀이를 연습해 보는 것도 하나의 방법이 될 수 있다.[1)]

말할 때 정확한 단어를 쓰는 것도 중요한데 풍비박산(풍지박산×), 목욕제계(목욕제배×)를 바르게 써야 하며 {갱신/경신} {결재/결제} {계발/개발} {보전/보존} {실재/실제} {깨치다/깨우치다} {다르다/틀리다} {두텁다/두껍다} {띄다/띠다} {벌리다/벌이다} {부딪치다/부딪히다} {비추다/비치다} 등과 같이 형태가 유사한 말은 분명히 구별해서 쓰는 것이 중요하다.

그리고 발표할 때에는 음량과 속도와 억양과 힘줌과 휴지 등을 잘 고려하려 변화감 있는 음성을 구사한다면 더 없이 좋을 것이다. 그런 것들은 화자의 열정과 확신과 청중에 대한 애정에서 우러나오는 것이기

---

1) 혀와 입술 운동

△ (단어 연습) 다음을 10회 연속해서 발음해 보라.

… 봄단풍[퐁당퐁], 내복약[내봉냑], 콩엿[콩녇], 식용유[시공뉴]
영업용[영엄뇽], 삯일[상닐], 국민윤리[궁민뉼리], 직행열차[지캥녈차]
개장: 게장, 소개/ 가게
의사[의사], 회의[- 이]/의의[- 이], 늴리리[닐리리]/무늬[무니]
여덟[여덜], 넓다[널따]/넓죽하다[넙쭈카다] *밟다[밥:따]

○ 꽂고[꼳꼬], 꽃다발[꼳따발], 돗자리[돋짜리], 옆집[엽찝], 덮개[덥깨]
냇가[내까/낻까], 깃발[기빨/긷빨], 뱃속[배쏙/밷쏙] 햇살[해쌀/핻쌀]

△ 구절 연습) 볼펜을 입에 물고 다음 구절을 읽어보라.

… 농악표 복합비료 // 대한관광공사 공무원
의회민주주의의 의사결정 방식// 식당 일당 일만원

△ (문장 연습) 다음을 발음해 보라.

… 경찰청 쇠창살은 쌍창살이고 시청 쇠창살은 안 쌍창살이다.
내가 그린 기린 그린 그림은 암기린을 그린 기린 그린 그림이고
니가 그린 기린 그린 그림은 숫기린을 그린 기린 그린 그림이다.
저 마당 위에 널어놓은 콩깍지는 깐 콩깍지인가 안 깐 콩깍지인가.

때문에 발표자는 청중을 향해 기본적으로 좋은 감정을 갖고 의욕적으로 발표에 임하는 것이 필요하다.

발표할 때 주의해야 할 비언어적 표현에는 표정, 시선, 자세, 용모, 거리가 있다.

먼저 표정에는 발표자의 청중에 대한 태도가 바로 나타나는 곳이다. 여러 사람 앞에서 한번 생긋 웃어준다든지, 눈물을 흘린다든지 하는 모습은 바로 그 감정이 청중에게 전달되어 발표의 분위기를 바꾸어 놓는다.

시선 역시 중요하다. 청중 한 사람 한 사람에게 시선을 준다면 모든 청중을 고려한다는 발표자의 의지가 담거있게 되므로 청중을 발표자에게 붙들어 놓을 수가 있다. 대강당과 대연회장처럼 청중이 운집한 곳이라도 발표자가 앞에서 뒤로 좌에서 우로 고루고루 시선을 주어야 한다. 혹시 발표에 자신감이 없어 시선을 떨어뜨리거나 시선을 창밖으로 향한다면 이는 문제가 있는 발표가 된다.[2)]

다음으로 자세는 두 발을 20-30㎝ 벌린 자세로 바르게 서서 손은 가볍게 떨어뜨린 자세를 유지한다면 매우 올바른 자세가 된다. 사실 올바른 자세 연습을 위해 걸어 나오는 일부터 한 가지 행동을 시범으로 해보이고 자신 있는 또 없는 표정으로 걸어 들어가는 연습도 할 필요가

---

2) 시선 (청중과의 교감)

☆ 눈은 신체 중에서 가장 많은 초점이 모아지는 곳

☆ 시선의 빈도와 각도, 눈 깜박임의 횟수도 의미를 갖는다.

△ 검은 안경을 쓰는 이유

△ 동공 - 낭만적 사랑, 매력적 상대방 → 확대

- 적대감, 부정적 기분 → 축소

※ 동양 - 신분의 고하에 따라 다르다.

서양 - 눈 맞춤이 없으면 무관심하다고, 의도적 회피라고 생각한다.

① 청중에의 예의 … 골고루 본다.

② 활발한 커뮤니케이션을 위해 … 눈 또는 뺨/턱/코/귀에라도 시선을 준다.

있다.[3] 그리고 혹시 앞에 단상이 있다고 해서 두 팔로 붙잡고 의지하거나 뒤의 칠판에 기대어 서거나 그러면서 두 발을 이리저리 놀리는 자세는 바람직하지 못하다.

발표할 때 손에 모양새의 따라 청중의 느낌은 다르게 된다. 발표자가 두 손을 때로 앞으로 펼치고 또 오므리고 두 팔을 위로 올린다든지 손가락을 하나하나 꼽아 보인다든지 하는 것은 발표자의 열정과 더불어 말할 내용을 청중으로 하여금 행동으로 파악하게 하는 효과를 발휘하게 한다.[4]

---

3) 자세 연습

(잘못된 몸짓 연습) 학생1은 마지못해 무관심한 자세로 강의실 앞으로 걸어간다.

◇ 교단 위에 도착하면 손과 팔을 연단에 올려놓고 무겁게 몸을 기대고 갈망하듯이 창밖을 응시한다.

◇ 10초 후 안도의 한숨을 내쉬고 자리고 몸을 수그리고 돌아간다.

(잘못된 다른 몸짓) 학생 2는 앞으로 활보해 나간다. 교단 중앙에 이르러서는 서서 청중을 대한다.

◇ 그런 다음 다리를 넓게 벌리고 손은 뒤로 하고 가능한 한 꼿꼿이 서서 도전적으로 청중을 응시한다.

◇ 10초 후 서둘러 자리고 들어간다.

(잘못된 몸짓) 학생3은 목적의식을 가지고 교단으로 나간다.

◇ 청중을 잠깐 보고는 "제가 야구공을 투구하는 방법을 보여드리겠습니다."라고 크게 말한다. 그런 동작을 두 번 보여준 뒤 청중을 향해서 "이것이 제가 아는 가장 좋은 방법입니다"라고 말한다.

◇ 그리고 정확하게 하나의 몸짓을 연출했다는 기분으로 자리에 돌아간다.

4) 제스처(gesture, 손 · 팔의 움직임)

- 구체적이고 다양한 발표자 내면의 표현
  ㄱ. 손가락 - 항목을 헤아림, 지적
  ㄴ. 주먹 - 결심의 표현
  ㄷ. 손과 팔 -위로(증진, 열망) / 아래 (거절, 비난)
  바깥쪽(팽창, 범위의 증대) / 안쪽(청중과의 결합, 애정 표시)
  ㄹ. 기타 - 두 팔의 교차, 두 검지 뿔 모양, 엄지와 검지를 원으로, 손가락으로 숫자 및 그림 표시

※ OK 사인 …미국(완벽, 잘 돼간다), 일본(돈), 프랑스(빈털터리), 이탈리아(동성연애자), …

용모는 남자여자 모두에게 가꾸어야 할 대상이다. 얼굴과 옷차림과 머리스타일은 모두 신경써야 할 항목이다.

거리란 발표자와 청중과의 거리다. 내용 전달에 영향을 미친다는 점에서 고려할 사항이다. 보통은 연단이나 앞자리가 바로 발표자의 위치지만 때로 절실한 내용으로 인해 또는 청중과의 긴밀감을 위해 발표자는 청중 사이로 들어갈 수 있으며 하나의 자리에 붙박아 있기보다는 때로 자리를 옮기면서 발표하는 것도 청중의 지루함을 해소하기 위해서 바람직하다.

토론은 어떻게 하는가

02

토론(討論)은 '討=칠 토, 論=따질 론'이 합하여 된 말이므로 말뜻으로 보면 상대방을 말로써 공격하고 이치를 따진다는 뜻이다. TV 방송 프로그램 중에는 '심야토론', '100분 토론'이라 하여 서로 의견이 다른 사람을 두 사람씩 초청하여 서로 의견을 나누도록 중앙에 있는 사회자가 발언권을 나누어 주며 토론을 진행시키는 모습을 볼 수 있다.

우리가 어떤 책을 읽고 그 책의 성격, 주제, 인물, 구성 등에 대해 독자 나름의 견해를 가질 수 있다. 그런데 그 의견이나 견해가 서로 크게 달라서 논쟁으로 치달을 수 있다. 예를 들어 신경숙의 『엄마를 부탁해』에 나오는 '엄마'가 지극히 전통적이어서 현대의 여성상으로서는 바람직하지 않다는 것이다. 현대의 여성은 오히려 알랭 드 보통의 『왜 나는 너를 사랑하는가』 속의 클로이처럼 쉽게 사랑의 대상을 바꾸는 여인인데 비해 '엄마'는 그렇지 못하다고 보는 것이다. 셰익스피어의 『햄릿』도 우유부단한 성격에다가 기어이 자기 어머니를 비롯하여 여러 사람을 살해하는 보복극으로 그치는 것은 사회 윤리적으로 바람직하지 못하다는 견해를 가질 수 있다. 이와 같은 상충된 견해를 가지고 몇 사람이 찬반의 의견을 달리하여 토론을 진행할 수 있다.

이 때, 토론은 논리에 의해 상대의 주장에 비해 자신의 주장이 우위에 있음을 설득하려는 것이므로 근본적으로 토론의 내용은 사실과 사실의 해석에 토대를 갖는 추론(논증)이라는 점이 중요하다. 따라서 다음과 같은 점을 유의하여 토론에 임하면 좋다.[5)]

① 사실이나 실례에 대한 타당한 해석을 내린다.
② 그런 해석, 견해는 권위자의 의견과도 일치하고 통계적으로도 인정되는 점을 밝힌다.
③ 질문에 있어서는 상대방의 논거를 일단 인정하되, 되도록 자기표현으로 지적하고 상대방에게 그것을 확인시킨다.
④ 그러면서 상대방의 입장을 여러 각도에서 문제시하고 그 약점을 주의 깊게 고찰하고 냉정하게 이유를 내세워 약점을 지적한다.
⑤ 자기주장을 분명하게 되풀이하면서 필요에 따라 상대를 납득시켜 자기 이론에 동의시키고, 때로는 특정의 행동을 일으키게 한다.
⑥ 토론의 중간중간에 효과적인 단절어 – 우선, 먼저 생각되는 것은, 둘째로, 다음에, 바꾸어 말해서, 그것과는 별도로, 그 때문에, 말할 것도 없이, 무엇보다 먼저, 요컨대, 결국, 어떻든 간에 등을 적절히 구사한다.

그런데 서양의 토론(Debate)은 좀 성격이 다르다. 서양의 토론은 이렇다고 저렇다고 어떻게 판단하기 어려운 문제를 두고 찬반이 나뉘어 충분한 근거와 정보를 제시하여 의사를 결정짓는다. 예컨대 고대 그

5) 전영우 · 박태상, 『국어화법』, 한국방송통신대학출판부, 1992.

리스에서는 토지 문제에 대한 법정 싸움이나 공동체가 유지해야 할 전통, 관습적인 문제나 또는 국가가 채택해야 할 정책적인 문제를 토론에 붙여 가부(可否)간에 결정을 보았다. 또한 의회제도가 발달한 영국에서 여당과 야당의 의원 두 명이 한 조가 되어 의사를 결정하는 일이나 1860년대 미국에서 링컨이 상원의원에 도전할 때 노예제도 문제로 당시 상대의원인 더글러스와 1인조 토론을 했던 일은 유명하다.

이런 점에서 토론은 토의(討議)와 구분된다. 토의가 학과 회의에서 '수학여행을 어디로 갈 것인가' 또는 '무슨 책을 읽을 것인가'와 같이 공동체의 생각을 모아 다수결로 의사를 결정하는 것이라면, 토론이란 시급한 현안에 대해 제기된 주장을 받아들여 실행할 것인지 말 것인지 공정하게 시간을 배분하여 갑론을박(甲論乙駁)한 다음에 심사자들(때로 청중)이 가부간에 판단하여 의사결정을 하는 것이다.

학생들이 이런 토론에 참여하면 여러 가지 유익을 얻을 수 있다. 첫째, 자기주장을 세우기 위하여 여러 지식과 근거를 모아 종합함으로써 종합적인 사고력을 기를 수 있다. 둘째, 효과적인 발언과 주장을 하기 위하여 어떻게 주장할 것인지 수사법이나 유머를 구사함으로써 말하기 실력을 기를 수 있다. 셋째, 상대방 주장과 근거의 허점을 살피기 위하여 상대방의 말을 주의하여 들음으로써 듣기 실력의 향상을 가져올 수 있다. 오늘날 우리 사회에서 의사소통이 잘 이루어지지 않는 것도 자기 말만 내세우고 남의 말을 귀담아 듣지 않는 태도에 그 원인이 크다. 넷째, 토론은 공동체의 시급한 현실적 사안을 다루기 때문에 토론에 참여하는 사람들은 공동체의 현안들에 관심을 갖게 되고 공동체의 바람직한 선을 꿈꾸게 된다. 자기가 속한 사회의 아름다운 미래 발전을 위해서도 토론 참여는 유익하다. 다섯째, 상대방 의견의 장점을 이해하고 또 자기 의견에 부족한 점을 바라보게 됨으로써 피차 상대의 의견을 존중하기를 배운다는 점에서 민주적 의사결정 절차를 익힐 수 있다. 최근 한국 국회의원들이 의사결정방법에 서투른 나머지 육체적인 실랑이를 벌이고 의사당의 기물을 파기하는 일을 보면서 우리 사회에 하루속히 토론문화가 정착되어야 할 필요성을 느낀다.

물론 《독서와 토론》이라는 교과에서 위에 말한 토론이 가능할 것인가 하는 의문이 든다. 하지만 사람들은 어떤 현실문제에 대해 얼마든지 다른 의견을 가질 수 있다. 그런데 다른 의견을 확인하는 데 그치지 않고 하루빨리 한시가 급하게 결정해야 할 일이라면 서로 다른 주장과 의견에 숨어있는 잘잘못을, 근거를 들어 따지고 한 가지 결정을 내리지 않으면 안 된다.

따라서 본 교재에서는 다음 내용을 다루도록 하겠다.

1. 논쟁성 있는(찬반으로 나뉠 수 있는) 논제를 어떻게 이끌어낼 것인가.
2. 토론에 참여하는 사람은 어떤 윤리를 가져야 하는가.
3. 토론의 형식에는 무엇이 있는가.
4. 토론문은 어떻게 작성하는가.
5. 토론은 어떤 기준으로 평가하는가.

(1) 논쟁성 있는 논제를 어떻게 이끌어 낼 것인가

토론이 성립하려면 논제가 논쟁성이 있어야 한다. 토론하지 않고 이미 결론이 확실하다면 그것은 토론거리가 안 된다. 따라서 논제는 찬성측이나 반대측 어느 한 쪽에 유리하게 진술되어서는 안 된다. 찬성측이 보아도 반대측 주장이 나은 것 같고 반대측이 보아도 찬성측이 나은 것

같을 때 토론은 의미가 있다. 즉 참여자가 어느 쪽에 있더라도 한번 논쟁해 볼만한 문제가 될 때 논제는 바르게 설정된 것이다.

우리 사회에는 아직 해결되지 않은 많은 이슈(issue)들이 있다. 다음에 제시된 이슈들에 대하여 논쟁성 있는 논제를 만들어보자.

정치사회 = 사형제도, 북한인권, 중국의 동북공정, 이라크파병
생명문제 = 소극적 안락사, 사형제도, 인간배아복제, 낙태의 합법적 허용
경제문제 = 대기업의 기부참여, 제래시장의 보호, 핵발전소 건립, 한중 FTA
교육문제 = 학교폭력, 학생채벌, 학교급식, 한류문화지속성, 기부입학제

참고로, 논제는 다음 3가지가 있다. 곧 사실논제, 가치논제, 정책논제가 바로 그것이다. 논제를 명제(命題)라고 할 때, 명제는 일반적으로 진위를 판별할 수 있게 문장 형식으로 진술해 놓은 문장을 말한다. 이제 3가지 논제의 예를 제시하면 다음과 같다.

가. 사실논제

_____ 신경숙 『엄마를 부탁해』의 '엄마'는 전근대적인 여성상이다.
_____ 자연녹지법이 사유재산을 침해하고 있다.

나. 가치논제

_____ 셰익스피어 『햄릿』의 숙부에 대한 행위는 악하다
_____ 댓글 문화는 인터넷 민주화에 해롭다.

다. 정책논제

_____ 오웰의 『1984년』의 사회 같은 북한 정권은 타도되어야 한다.
_____ 정부는 신용불량자 구제 제도를 시행해야 한다.

이 때, 사실논제는 그런 사실이 있었는지 없었는지, 그 정도가 얼마나 심각한 수준인지, 그런 사실을 어떻게 바라볼 것인지가, 또 이런 논쟁의 성격이 무엇인지가 쟁점이 된다.

가치논제는 어떤 가치가 우선시 되어야 하는지 또 가치 판단의 기준이나 판단의 방법이 무엇이 되어야 할 것인가가 쟁점이 된다.

정책논제는 왜 이런 정책이 중요하고 시급한지 이런 일이 진행되는 역사적 배경이라든지 구체적으로 어떻게 하자는 것인지 또 그렇게 하면 어떤 이익이 있는지가 필수 쟁점이 된다.

(2) 토론참여자에게 필요한 토론윤리는 무엇인가

먼저 토론 참여자는 개방적이고 관용적인 마음을 가져야 한다. 패쇄적인 마음으로 상대방의 생각과 주장을 처음부터 배척하고 자기주장만 고집하면 안 된다. 토론은 논쟁을 통해 공동체 모두에게 보다 나은 생각과 가치를 선택해 나가는 과정이다. 따라서 상대방의 주장과 근거가 타당하면 얼마든지 수긍하고 수용할 수 있어야 한다.

다음으로 토론 참여자는 토론 구성원들에 대한 존중심을 가져야 한다. 상대방도 심사자(청중)도 모두 똑같이 공동체 구성원으로서 공동체의 미래를 책임지고 있다는 생각을 가지고 말과 태도에 있어 조심해야 한다. 상대방의 발언에 대해 야유와 멸시와 폄하하는 태도는 금물이다. 더구나 고성으로 욕설을 하는 일은 부끄러운 일이다. 우리가 논쟁을 통해서 얻으려고 하는 것은 '빛'이고 '열'이 아니다. 2000년도 미국 대통령 후보인 엘 고어가 TV토론 때에 상대측인 부시에 대해 진지한 모습보다는 멸시적인 모습을 보임으로써 감표의 요인이 된 사례도 있다.

다음으로 토론 참여자는 자료나 근거, 즉 사례나 통계자료나 명언명구의 인용이나 전문가 의견을 제시함에 있어 정직해야 한다. 자칫 자료 파악을 허술히 하여 근거자료를 바르게 제시하지 못하면 그것은 거짓말이 되기 때문이다.

(3) 토론의 형식에는 무엇이 있는가

토론의 3요소에는 입론(立論), 질문(質問), 반박(反駁)이 있다. 입론은 근거를 들어 자기주장을 세우는 것이다. 질문은 사용된 용어의 의미라든지, 논지의 핵심이라든지, 주장의 근거가 무엇인지, 자료의 출처와 조사의 충실성 등을 확인하며 질문하는 일이다. 질문은 상대측 주장의 문제점과 오류를 부각시키기 위한 전초 작업이라 할 수 있다. 반박은 상대측의 취약점, 즉 주장의 잘못이나 근거의 부족을 들추어 상대방의 주장이 잘못되었음을 공격하는 일이다.

토론은 현재의 상황에서 문제시되는 사안에 대하여 어떤 변화를 꾀하기 위해서 실행된다. 이 때문에 토론의 논제는 모두 변화시키는 쪽으로 진술된다. 그래서 긍정측은 항상 먼저 발언하고 맨 나중에 토론을 마무리 짓는 순서로 진행된다. 긍정측이 이기지 못하면 공동체는 현재의 상태를 유지하는 것이 낫다고 추정한다는 것이 하나의 원칙이다(추정의 원칙). 따라서 긍정측은 가능하면 충분한 근거를 대고 정당한 주장을 하여 토론에서 이겨야한다(입증의 원칙).

토론의 찬성측과 반대측은 문제의 범위가 크고 중요할 때 2인 또는 3인이 나와 역할을 분담한다. 말하자면, 찬성측 1이 사안의 시급성, 정당성을 주장한다면, 찬성측 2는 실행방법을 제시하는 것이다. 그리고 필요하다면 찬성측 3이 나와 그로 인한 이익을 주장한다.

이제 교내에서 실행할 수 있는 토론의 형식 몇 가지를 소개하면 다음과 같다.

찬성측(affirmative) = A1, A2 // 반대측(negative) = N1, N2

■ 1인조 토론(학과내 토론)
A(입론 5분) → N(반박 3분 + 입론 5분) → A(반박 3분)

■ 1인조 링컨-더글러스 토론
A(입론 6분) → N(질문 3분 + 입론 7분)
→ A(질문 3분 + 반박 4분)
N(반박 6분) → A(반박 3분) = 총 32분

■ 2인조 토론(의회식 토론)
A1(여당 당수 입론 7분) → N1(야당당수 입론 8분)
A2(여당의원 입론 8분) → N2(야당 의원 입론 8분)
N1(반박 4분) → A1(반박 5분)

■ 2인조 토론(교차질문토론, Cross-Examination Debate Association): CEDA 형식
A1(입론 4분) → N2(질문 2분)
N1(입론 4분) → A1(질문 2분)
A2(입론 4분) → N1(질문 2분)
N2(입론 4분) → A2(질문 2분)
N1(반박 3분) → A1(반박 3분)
→ N2(반박 3분) → A2(반박 3분) = 총 36분

토론의 시간은 두 팀이 합의하에 서로 조정할 수 있는 사항이다.

이밖에 토론의 형식에는 칼 포퍼 토론(3인조 토론), 법정식 토론이 더 있다.

(4) 토론문은 어떻게 작성하는가

토론에 나서는 사람은 긍정측이나 부정측이나 자신이 맡은 논제에 따라 폭넓은 조사를 하고 그것을 근거로 자기주장을 정당하고 명쾌하고 호소력 있게 마련해야 한다. 준비할 토론문은 다음과 같은 형식으로 준비한다. 구체적인 예는 [부록 1-2]를 참조하는 것이 좋다.

토론 내용 준비표

◀▷ 논제 : ______________________________

〈토론 내용 구성 준비표(긍정측 / 부정측)〉

1. 문제 제기(주요 용어와 개념 정의, 문제이 역사적/이념적/철학적 근거
주장 1) ____________________ 2) ____________________ 3) ____________________ 근거 및 자료 1) ____________________ 2) ____________________
2. 정당성/ 중요성/ 심각성/ 시의성
주장 1) ____________________ 2) ____________________ 3) ____________________ 근거 및 자료 1) ____________________ 2) ____________________

3. 방안 제시

주장 1) ____________________

2) ____________________

3) ____________________

근거 및 자료

1) ____________________

2) ____________________

4. 이익 또는 반작용

주장 1) ____________________

2) ____________________

3) ____________________

근거 및 자료

1) ____________________

2) ____________________

(5) 토론은 어떻게 평가해야 하는가

그리스에서는 토론의 평가기준으로 논증력, 열정, 인품을 따졌다. 오늘날의 토론도 거기에서 크게 벗어나지는 않는다. 토론은 먼저 논리적 내용구성능력이 중요한 평가기준이다. 그리고 넓은 자료조사와 진지한 태도와 훌륭한 언변 수사법과 유머에서 나오는 열정과 전달력이 또한 중요한 평가기준이 된다.

따라서 토론의 평가표는 다음 토론 평가표 1과 같이 작성할 수 있고 학교교육에서는 토론의 요소별로 입론과 질문과 반박을 평가하는 토론 평가표2 방식으로 작성할 수 있다.

토론 평가표 1

제1, 2긍정자/ 제1, 2부정자

이름 ____________________

	1점	2점	3점	4점	5점
1. 분 석 력					
2. 추론과 증명					
3. 조 직 력					
4. 반 박					
5. 전 달					

본인의 판정에 의하여 __긍정자/ __부정자 측의 토론이 더 우수하다고 결정합니다.

심판자 ____________________ (서명)

토론 평가표 2

◇ 〈토론채점표〉

심사자 : ________학과 이름____________

논제 : ____

항목	평가 항목	찬성1	찬성2	반대1	반대2
입론	1. 주요 용어 및 개념 정의 – 문제의 사회 · 역사적 배경 이해정도	(1–5점)			
	2. 중요,시급하다 /중요,시급않다 주징				
	3. 실행가능성 있다// 실효성 없는 주장 – 문제해결 된다// 해결보장 없다				
	4. 이익이 크다//부작용이 더 크다				
질문	5. 윤리적으로 바르게 질문했나?				
	6. 짧은질문으로 시간을 주도했나?				
반박	7. 상대방 주장의 분석과 허약성 지적				
	8. 반박 통해 자기입장 강화하고 있다				
전달력	9. 어휘 · 수사적 표현, 유머, 창의적 설명				
	10. 발음 어조의 적절성, 시선/제스처				
합계					
팀 종합 점수		총35×2명=70점 만점		총35×2명=70점 만점	

※ ■ 안은 점수 산출 안 함.

심사결과 : __________측 승리!!

참고문헌

이상철 외, 『스피치와 토론』, 성균관대학교 출판부, 2006.

오현봉 외, 『화술의 원리』, 형설출판사, 1975.

전영우 · 박태상, 『국어화법』, 한국방송통신대학 출판부, 1992.

숙명여대 의사소통능력개발, 『발표와 토론』, 숙명여자대학교, 2006.

한정선, 『오! 프리젠테이션』, 김영사, 1999.

임태섭, 『스피치 커뮤니케이션』, 커뮤니케이션북스, 2005.

데일 카네기 지음, 최염순 역, 『카네기 스피치 & 커뮤니케이션』, 2004.

03

미디어 토론에 관해 알아야 할 몇 가지

토론인가, 말싸움인가?

토론은 찬반 간의 자유로운 사고 표현과 소통을 통해 문제에 대한 깊이 이해하고 보다 나은 해결책이나 대안을 마련하는 것이 궁극적인 목적이다. 그런데 최근 진행된 몇몇 미디어 토론의 경우는 다른 데 목적이 있는 것 같다. 마치 '문제를 해결하기 위한 토론'이 아닌 '문제를 재미있는 문제로 만들려고 하는 토론'처럼 보인다.

'재미를 위한 토론'은 주어진 문제에 대한 전문가가 아닌 '나오면 재미있을 것 같은 사람', '대결하면 재미있을 것 같은 논객들'로 구성된 일부 미디어 토론에서 쉽게 확인할 수 있다. 동일한 맥락으로 일부 시청자들도 '어떤' 주제에 대한 토론이 아닌 '누가' 참여하는 토론인가에 더 집중한다. 이러한 미디어 토론에 대한 문제점을 임칠성(2011)에서는 "방송 토론은 시청률을 끌어올리기 위해 방송국에서 설정한 토론을 가장한 말싸움이다(임칠성 2011:114)"라는 촌철살인(寸鐵殺人)의 한 문장으로 요약한 바 있다. 실제로 '재미를 위한 미디어 토론'에서 토론자들은 문제에 대한 관심이 없고, 시청자들은 그들의 의견에 관심이 없다. 토론자들은 말로만 싸우고 시청자들은 싸움 구경만 할 뿐이다.

무엇을 위한 Fact인가?

미디어 토론이 활성화되었던 시기와 맞물려 유행했던 단어가 있다. 바로 Fact이다. Fact는 통상 '사실'이라는 단어로 번역되지만 여기서의 Fact는 궁극적으로 '근거'에 해당한다. 잘못된 근거가 아닌 실제 검증 가능한 근거만을 가지고 이야기하라는 맥락에서 Fact라는 단어가 나온 것이다. 그런데 Fact에 대한 이야기가 시작되면 십중팔구 논점이 흐려진다. 잘못된 사실은 바로 잡으면 될 것이고, 토론 내에서 확인될 수 없는 사항은 추후에 논의하면 될 것을 먹이 쟁탈전처럼 물고 뜯는다. 물론 토론의 핵심이 되는 사항이라면 사실 확인이 필요할 것이다. 그런데 그런 중요한 Fact를 왜 토론장에서 확인해야 할까? 그리고 왜 토론의 중심 주제가 아닌 논거, 즉 Fact에 집착할까?

이유는 다양하겠지만 여기서 Fact의 기능은 앞서 이야기한 말싸움을 위한 재물이다. 그래서 토론자이든 시청자이든 Fact에 집착하는 것에 아무도 의문을 가지지 않는다. 애초에 목적이 토론을 통한 문제의 이해와 해결책 마련이 아니었기 때문이다. 사람들이 바라는 것, 토론자들이 하려는 것은 다른 데에 있다.

미디어 토론 후 각종 포털 사이트 등에서 이루어지는 네티즌들의 관련 논쟁들도 사실은 중심 주제에 대한 의견이 아닌 Fact에 대한 이야기가 대부분이다. 어떤 토론자의 의견이나 대안이 중요한 것이 아니라 누가 이기고 지는지가 중요한 사람 중심의 싸움장이기 때문에 가능한 일이다. 그리고 그 싸움을 구경하러 온 이들이기 때문에 지속 가능한 일이다.

토론에서 왜 맞장을 뜨는가?

미디어 토론은 시청률을 올리기 위한 말싸움이라는 말에 부정적 견해를 보이는 이들도 있다. 말싸움 형식 토론은 소수에 불과하며 오히려 미디어 토론을 통해 토론의 활성화에 기여한 부분이 더 크다는 주장도 있다. 그런데 정말 말싸움 토론이 소수에 불과할까?

언어는 의식적이든 무의식적이든 인간 사고의 표층과 심층을 포함한다. 또한 어떤 조직, 크게는 세계의 변화를 언어로 알아볼 수도 있다(최근 빅데이터를 활용한 언어 연구의 예 등). 미디어 토론도 사용하는 언어를 통해 그 성격을 반영한다. 물론 '소수'에 해당하겠지만 미디어 토론의 성격이 말싸움을 지향하고 있다는 것을 잘 드러나는 예들도 있다. 가장 대표적인 예로 '맞장'을 들 수 있다. '맞장'은 국어사전에 없는 속어(俗語)이다. 보통 '맞장 뜨다'의 구조로 쓰이는 '맞장'은 청소년들 사이에서 '서로 만나 싸우다'라는 의미로 쓰인다. 이때의 싸움은 특별한 의미가 없는 치기 어린 싸움을 뜻한다. 그런데 놀랍게도 미디어 토론의 진행에서, 관련 기사에서, 그리고 심지어 토론 프로그램의 제목에서 '맞장'이라는 단어가 쓰인다. 간단한 예로 '맞장 토론', '토론으로 맞장 뜨다' 등을 들 수 있고 관련된 예로 '토론 배틀' 등이 있다. 많은 단어들이 '싸움'에 집중되어 있다. 미디어 토론에서 사용되는 이러한 단어 선택은 '주제가 아닌 토론자 위주의 말싸움과 싸움 구경',' 시청률을 올리기 위한 말싸움'이라는 논의와 직접적으로 연결되기도 한다.

물론 소수의 미디어 토론에서의 일이라고 생각한다. 하지만 한 가지 우리가 알아야 할 것이 있다. 보통 사람들이 천박하다고 일컫는 도박 격투가 성립하기 위해서는 관객이 있어야 한다는 것이다. 관객이 없는 도박 격투는 지속될 수 없다. 신성한 운동 경기가 될 것인지 천박한 도박 격투가 될 것인지는 사실 관객에게 달려 있다고 해도 과언이 아니다.

잠시 잊어버렸던 토론의 본질

> 당신이 옳을 수도 있고 내가 틀릴 수도 있다. 다만 서로 힘을 모으면 우리는 진리에 더 가까이 다가설 수 있을 것이다(Karl Popper).

토론은 이기기 위한 쟁의(爭議)이다. 그래서 토론은 이기기 위해 최선을 다 해야 한다. 하지만 승패보다 더 중요한 것은 최선을 다하는 과정을 통해 그 문제를 더 깊이 이해하는 것이다. 전자는 토론의 수단이고 후자가 진정한 목적이다. 우리는 싸우기 위해 토론하는 것이 아니다. 토론은 사고와 이해의 장이지 천박한 말싸움의 장이 아님을 명심해야 한다.

참고 논저

임칠성, 『토론 지도의 원리와 실제: 토론의 본질과 토론 지도』, 『화법연구』(한국화법학회) 18, 2011.
강태완 외, 『토론의 방법』, 서울: 커뮤니케이션북스, 2001.
칼 포퍼 저, 이명현 역, 『열린사회와 그 적들』, 서울: 민음사, 1998.

시너지를 만드는 토론의 방법

04

토론은 호흡이다.

호흡이란 숨을 내쉬고 들이 마시는 것이다. 내놓고 받아들이는 것을 반복하는 것이 호흡이다. '숨을 거둔다.'라는 말은 들이마시고 내놓지 않는 것을 말한다. 그것은 사망을 의미한다. 즉 받기만 하고 내놓지 않으면 죽은 것이다. 생명이 있는 모든 것은 받아들이고 내놓는 행위를 반복한다. 그것이 살아 있다는 증거이다.

우주는 살아 있으며 호흡한다. 호흡하지 않는 것은 이미 죽은 것이나 다름없다. 일출과 일몰, 하늘과 땅, 인간관계, 사랑 등 모든 생명체는 받아들이고 내놓으며 호흡한다. 대지에 비가 내리면 싹이 돋아나고 자라는 것, 썰물이 있으면 밀물이 들어오는 것, 밤이 있으면 낮이 있는 것, 겨울이 지나면 여름이 오는 것, 모든 것이 호흡이다.

태극기의 태극문양을 보면 서양의 여러 나라들의 삼색기(三色旗)와 달리 평행선이 아니라 조화의 모양이다. 이것이 바로 호흡이다.

수영선수가 수영할 때 호흡하는 것을 보면 물속에 얼굴을 파묻고 전력 질주를 하다가 산소가 부족할 때 고개를 돌려 순간적으로 숨을 들이마신다. 이것이 바로 호흡이다. 그 짧은 순간에 필요한 호흡을 모두 들이마신다. 그래서 비우는 것이 먼저다. 먼저 비우게 되면 채워지는 것은 저절로 채워진다. 비움과 채움은 삶의 철학이고 우주의 원리이다. 정상적인 호흡이 되면 자연스러운 '결'이 생긴다. 물결, 숨결, 바람결, 나무결, 마음결...... 결은 살아있다는 증거이다.

토론 역시 일종의 호흡이다. 다른 사람의 생각을 받아들여서 내 생각과 합쳐 열매를 만드는 것이다. 더 넓고 새로운 세상을 경험하기 위해서는 무엇보다 자기 스스로 갇혀 있는 단단한 껍질을 부숴야만 하는 것이다. 줄탁동기(啐啄同機)와 같이 병아리가 알에서 나오기 위해서는 새끼와 어미 닭이 안팎에서 서로 쪼아야 하듯 선생님과 학생, 타인과의 토론, 질문과 대답, 물음표와 느낌표...... 이것은 서로가 깨우치고 가르치는 행위다. 그것이 교육이고 배움의 본질이다. 잘 듣기(傾聽)와 제대로 말하기, 생각을 주고받는 것, 살아 있는 소통을 하는 것이 살아 있는 학습이며, 이것을 위해 토론을 하는 것이다.

토론은 시너지를 만드는 소통행위다.

첫걸음을 시작할 때 도착지가 어디인지 생각해야 하듯 토론을 시작할 때 목적을 생각해야 한다. 토론은 언쟁이 아니다. 승패를 가르는 전쟁이 아니다. 현재보다 더 나은 결과를 만들기 위한 조화와 소통의 과정이다. 참여자 모두가 기쁜 마음으로 에너지를 모을 때 토론의 목적인 시너지가 만들어 진다. 시너지는 기존에 없던 것을 만드는 가치창조 작업으로 새로운 패러다임이라고 할 수 있다. 갈등과 문제를 해결하고 통합하기 위해 토론을 한다는 것을 잊지 말아야 한다. 서로 다른 관점을 소중하게 생각하고 상대방의 의견을 경청하고 더 나은 결과를 만들기 위해 창조적인 사고를 함으로써 시너지는 만들어진다.

전투적이고 대립적인 관점으로는 시너지를 만들어 내지 못한다. 토론의 본원적 목적을 망각하고 승부에 급급한 대립토론은 오히려 서로에게 상처를 입히게 된다. 이것은 매우 비생산적이고 비교육적이라고 할 수 있다. 좋은 토론이 되기 위해서는 처음부터 승패가 아니라 시너지를 최종 목적지로 생각해야 한다.

소통과 설득을 위해서는 철저하게 논리로 무장된 언변이 아니라 상대방의 말을 제대로 들어주는 경청(傾聽)이 더 중요하다. 잘 듣는 것이 말을 잘 하는 것보다 훨씬 강력한 힘이 있다. 소통은 말하기 이전에 들음에서부터 시작하는 것이다. 주장하지 말고 질문하는 것이 더 좋다. 좋은 질문은 좋은 결과를 가져온다. 토론은 논리 이전에 신뢰다. 기술이 아니라 마음자세가 더 중요하다. 토론에 대한 새로운 패러다임, 생각을 바꾸어야 한다.

우리가 토론을 하는 이유는 결국 하나다. 서로에게 이익이 될 수 있는 것을 만들어보자는 것이다. 즉 시너지를 만드는 것이 토론의 목적이다. 토론이 일종의 전쟁과 같은 것으로 변질되어 있는 현상은 매우 안타까운 일이다. 누군가를 이긴다는 것은 어느 한쪽이 패배한다는 것을 의미한다. 눈앞의 단기적 승리는 결국 장기적인 관점에서는 모두가 패-패하는 것과 같다. 따라서 기존의 승-패를 가르는 이분법적 대립토론에 이의를 제기하면서 시너지를 위한 토론의 방법에 대해 생각해 보고자 한다.

토론의 새로운 패러다임

토론의 목적이 승-패를 가르는 것이 되는 것은 대화와 협력의 반대로 가는 것이다. 인류의 비극을 만들었던 수많은 전쟁을 생각해 보면 그 모든 전쟁은 대화와 협력이 아니라 대립의 극단적 모습이었다. 대립의 결과는 파괴와 고통 그리고 절망이었다. 승리한 쪽도 패배한 쪽과 크게 다르지 않을 정도의 피해를 보게 된다. 모두가 손해를 보는 것이 승-패를 가르는 것이다. 토론의 목적이 승-패를 가르는 것이 된다는 게 과연 타당한 것인가? 승-패는 제로섬 게임에 불과하다. 제로섬 게임은 누군가가 이익을 보거나 승리를 하면 다른 누군가는 손해를 보거나 패배하는 상황을 말한다. '가위-바위-보'처럼 승패를 가리기 위한 목적을 가진 행위가 바로 전형적인 제로섬 게임이다. 즉 1−1=0 이 되는 것, 즉 가치창출 효과가 무(無)인 것이다. 장기적인 관점에서 본다면 제로섬 게임은 '0'이 아니라 사실은 마이너스(−)일 수밖에 없다. 왜냐하면 그 시간에 대한 기회비용과 에너지 손실이 적지 않기 때문이다. 토론에 대한 패러다임을 바꾸지 않는다면 토론의 의미는 없는 것과 같다. 더 발전적이고 긍정적인 새로운 가치를 만들어 내려면 승-패가 아닌 승-승의 패러다임으로 토론의 목적과 형식을 바꿔야 한다. 토론에서 승-승을 생각하고 실천하는 것은 상당한 용기와 상대방에 대한 배려가 필요하다. 진정한 토론은 주제의 본질적 가치와 일치하는 시너지를 얻는 것이어야 한다. 승-승적 토론을 위해서는 자기 자신에 대한 자신감을 바탕으로 상대방에 대해 공감하면서도 사려 깊은 분별력을 가져야 한다.

승-승의 원칙에 입각한 토론을 위해 가장 중요한 핵심은 주어진 문제에서 어떤 시너지를 만들 것인가를 생각하는 것이다. 각자의 입장을 주장하기보다 서로의 이해관계나 공통 관심사에 초점을 맞추고 쌍방이 모두 이익을 볼 수 있는 대안을 찾아내고 그에 대한 객관적인 기준을 만들어 내야 한다. 그러므로 토론의 형식이 승-패를 가리는 것으로 끝나는 것이 아니라, 각자의 의견을 모으고 대안을 찾아내는 것에 이르러야 한다.

승-승을 위한 토론 방법은 다음과 같다.

1. 주제에 대해 상대방의 관점에서 생각한다.
2. 관련 주제의 핵심적인 쟁점과 관심사항을 꺼내놓고 공유한다.
3. 어떤 결과가 모두에게 수용 가능한 해결 방안이 되는지 결정한다.
4. 그러한 결과를 얻도록 해주는 방법이 무엇인지 찾는다.

이것은 처음부터 승-승을 생각하고 시작하는 것이다. 열린 마음으로 대안을 찾고 그것을 실천하기 위한 질문을 생각하는 것이 승-승 토론을 위한 원칙이다. 승-승을 위해서는 인내심이 필요하다. 모두에게 이익을 줄 수 있는 해결책을 서로가 진정으로 원해야 한다. 그리고 그것을 위해 포기하지 않고 계속 진지하게 노력해야 한다. 물론 모든 토론이 반드시 승-승일 수는 없다. 그러나 모두가 진심으로 승-승을 위한 방향으로 접근하도록 노력해야 한다.

시너지, 토론의 원칙이자 목적

시너지(synergy)란 전체가 각 부분들의 합보다 더 크다는 것을 의미한다. 토론에서도 역시 마찬가지이다. 토론이란 시너지를 만들기 위한 의미 있는 커뮤니케이션이 되어야 하는 것이다. 대립과 평가와 비판정신보다는 창의적 정신, 상상력, 지적인 교류가 시너지를 만든다. 시너지적인 커뮤니케이션은 상호작업을 통한 통찰, 발전을 위한 추진력을 만들게 된다. 시너지를 만드는 것은 서로의 차이점을 가치 있게 인정하는 것에서 출발한다. 성공하는 사람들의 공통점을 보면 상대방에 대해 겸손함과 존경심을 가지고 있었다. 그리고 자신의 생각이나 판단에 오류와 한계가 있음을 인정하는 자세가 되어 있었다. 이것은 다른 사람들의 마음을 읽고 그들과 생각을 나눔으로써 얻은 지식과 감정이 자신에게 참으로 소중하다는 사실을 인정하기 때문이다. 이렇게 차이를 소중히 여기는 자세가 현실에 대한 지식과 이해의 폭을 더욱 깊고 넓게 만들어 주는 것이다.

포커스 디베이트는 시너지를 최우선 가치로 생각한다. 이것은 동양적 철학 가치에 근거한 것이다. 동양적 사고는 개인의 판단도 중요하지만 공동체의 최우선 목적을 더욱 소중하게 생각한다. 그러한 동양적 사고를 이해할 수 있는 두 단어가 있다.

인간(人間)과 인(仁)이다.

먼저 인간(人間)이라는 단어를 깊이 생각해 보자. 인(人)은 두 사람이 서로 기대고 있는 모습이다. 혼자가 아니라 두 명 이상, 즉 단수가 아니라 복수다. 그리고 간(間)은 사이, 관계를 의미한다. 부모 사이, 친구 사이, 형제 사이, 이웃 사이, 스승과 제자 사이 등 모두 관계를 의미하는 것이 간(間)이다. 이것이 사람이 살아가는 모습이다. 혼자가 아니라 여러 사람들과의 관계를 어떻게 맺느냐가 삶의 모습이다. 그냥 개체로서의 사람이 아니라 사람과 사람 사이의 '상호관계'가 삶이다. 이처럼 인간이라는 말 속에는 공동체로서의 삶이 인간의 삶이라는 의미를 내포하고 있다. 영어에서도 비슷한 개념으로 '인간'이라는 개념을 설명하고 있다. 영어로 인간을 의미하는 단어는 'human-being'이다. 인간답게 존재하는 것, 즉 누군가와 상호관계를 맺으며 시너지를 만들어 가는 삶을 의미한다. 다니엘 디포의 소설 '로빈슨 크루소'를 보면 28년 동안 무인도에서 혼자 살았던 주인공의 인간적 고뇌를 이해할 수 있다. 로빈슨 크루소는 사실 무인도에서 모든 것을 자급자족하며 그 어떤 사람과도 관계를 맺지 않고 갈등을 만들 일도 없는 생활을 했다. 어쩌면 그 섬에서 왕이나 다름없었다. 그러나 로빈슨 크루소는 매일 매일 일기를 쓰고 날짜를 계산해 가며 단 하나의 소원을 잊지 않고 살았다. 그것은 바로 사람들 속으로 다시 복귀하는 꿈이었다. 결국 그의 소원을 이루면서 이 소설은 막을 내린다. 로빈슨 크루소는 왜 그렇게 복잡한 인간들의 삶으로 복귀하길 바랐을까? 어쩌면 무인도의 생활이 훨씬 편했을 텐데도 말이다.

인간의 삶이라는 것은 결국 아무리 힘들고 괴로운 일이 있더라도 누군가와 공동체를 이루며 살아가야 하는 것이다. 그렇다면 어떻게 살아가는 것이 가장 이상적인 삶일까? 지금부터 약 2,500년 전 공자는 열국을 순회하며 인(仁)을 전파하였다. 그 당시는 수많은 나라들이 이합집산을 하며 서로의 이익을 위해 다툼을 벌이는 춘추전국 시대였다. 그 시대에 공자가 설파하는 인(仁)이라는 개념은 어디에서도 환영받지 못하는 개념이었다. 무력을 통한 전쟁이 판을 치는 시대와 전혀 맞지 않는 철학이었기에 공자는 거의 거지와 다름없을 정도로 어려운 형편을 이어갈 수밖에 없었다. 그러나 시간이 흐르면서 공자가 말하는 인(仁)은 동양사상의 원형이 되었다. 인(仁)이라는 글자는 사람 인(人)변에 두 이(二)가 붙어 있는 글자다. 사람이 둘 이상 함께 모여 있는 모습을 의미한다. 한문의 의미를 보면 인(仁)은 '어질다'라는 의미 외에도 과실의 씨앗을 의미하기도 한다. 그래서 한약재에는 인(仁)자가 들어간 약재가 적지 않다. 예를 들어 행인(杏仁)은 살구 씨앗, 도인(桃仁)은 복숭아 씨앗, 산조인(酸棗仁)은 멧대추 씨앗을 말한다. 그런데 왜 씨앗을 인(仁)이라고 할까? 씨앗과 '어질다'라는 것이 어떻게 같은 단어로 사용되는 걸까?

하나의 씨앗이 있다. 이 씨앗이 그냥 그릇에 담겨 있다면 싹을 틔우지 못하고 그냥 씨앗으로만 존재한다. 그런데 이 씨앗이 땅속에 들어가면 상황이 달라진다. 씨앗이 흙과 만남으로써 변화가 생긴다. 흙속의 각종 영양분과 적당한 수분, 그리고 수많은 미생물들과 만난 씨앗은 살아 있는 생명체로서 활동을 하게 된다. 뿌리를 내리고 싹을 틔우고 점차 줄기와 잎이 자란다. 잎은 공기와 태양을 통해 광합성 작용을 하면서 어느 순간이 되면 꽃을 피우고 열매를 맺는다. 하나의 씨앗이 홀로 있을 때는 아무런 변화가 없지만 흙속의 미생물들과 만나 교감을 나눔으로써 자신의 분신인 수많은 씨앗을 만들어 내는 것이다. 열매를 맺는 것, 이것이 바로 인(仁)이며 '어질다'라는 의미이다. 열매는 새로운 생명이며 또 다른 생명을 품고 있다. 씨앗이 뭔가와 교감이 되었을 때 싹이 나고 열매를 맺을 수 있다. 여러 사람이 서로 긍정적인 소통을 할 때 시너지가 만들어지는 것, 이것이 바로 토론이며 그 자체가 의미를 가지게 된다. 씨앗이 흙과 만나는 것은 새로운 생명을 만들기 위함이지 흙과 대립하고 다투기 위한 것이 아니다. 이것이 바로 우주적 소통의 원리이며 토론의 원칙이다. 토론을 통해 상대방을 이기려는 시도를 하는 것은 참으로 어리석은 짓이다. 그러한 토론은 상대방을 죽이는 동시에 자신도 죽게 되는 결과를 초래한다. 흙이 씨앗을 품어주지 못하고 씨앗이 흙을 거부한다면 그 어떤 열매도 만들어지지 않는다. 아까운 씨앗이 그저 죽어갈 뿐이다.

공자는 대립과 전쟁으로 서로가 서로를 죽이는 시대에 어떻게 공생하고 인간다운 삶을 살 수 있는지를 말하려 했던 것이다. 그러나 아무도 귀를 기울이지 않았고 너무나 많은 사람들이 이유도 모른 채 의미 없는 전쟁을 하며 죽어갔다. 역사를 뒤집어 만일 그 시대에 누군가의 생각을 바꿔어 진정한 시너지를 만드는 관계를 만들려고 노력했더라면 어떻게 되었을까? 분명히 역사는 많은 부분에서 바뀔 수 있지 않았을까? 그렇다면 과거의 역사를 교훈삼아 현재를 살아가는 우리가 소통의 방식을 바꾼다면 어떨까? 대립을 위한 토론이 아니라 시너지를 만드는 토론으로 소통 방식을 바꾼다면 현재의 역사는 엄청나게 달라질 것이다. 내 삶과 함께하는 사람들의 삶은 소통 방식에 따라 전혀 달라질 수 있음을 과거 역사를 통해 배워야 하지 않을까? 왜 토론을 대립과 승부를 목적으로 하는가? 참으로 안타까운 모순이다. 시너지를 목적으로 하는 토론은 그 자체가 아름다운 창조임을 생각하자.

시너지를 위한 토론의 방법, 포커스 디베이트

토론의 최종 목적은 시너지를 만드는 것임을 앞서 이야기하였다. 시너지가 무엇이며 어떤 환경에서 어떤 방식으로 소통을 했을 때 만들어지는지 생각해 보았다. 지금부터는 어떤 방법으로 토론을 하는지 구체적으로 5단계 형식을 통하여 살펴보도록 하자.

먼저, 일반적으로 토론을 한다고 했을 때, 가장 대표적인 것이 학교 현장에서 이루어지는 디베이트라고 할 수 있다.

디베이트(debate)에 대한 정의를 살펴보면 '하나의 주제를 정해 대립하는 두 팀으로 나눠 일정한 규칙에 따라 쟁론을 벌여 이기고 지는 쪽을 결정하는 것'이라고 할 수 있다. 하지만 앞서 이야기한 것처럼 시너지를 위한 토론이 되고자 할 때는 승-패에 집중하기보다는 여러 사람의 '나'가 모여서 생각을 공유하고 서로에게 중요한 가치들을 모아서 최선의 결과를 만드는 것에 집중해야 한다. 따라서 토론의 출발과 목적을 시너지에 집중하는 포커스 디베이트의 5단계 과정을 살펴볼 필요가 있다.

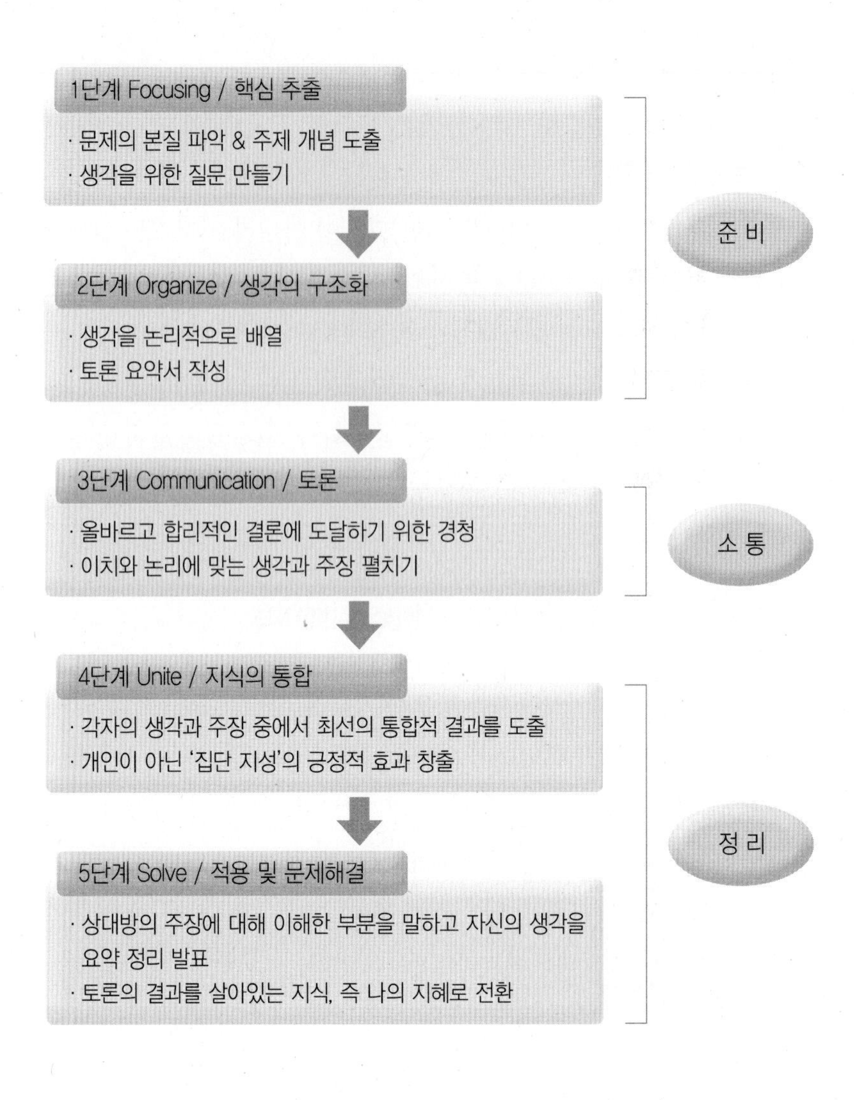

1단계 Focusing 논제의 본질 파악 및 주제 개념 도출

먼저 토론을 하고자 할 때는 어떤 주제나 상황 혹은 문제에서 가장 핵심적인 부분에 생각의 초점을 맞추고 그것의 본질적인 의미를 생각하는 것이다. 즉 핵심가치에 집중하는 것이다. 우리가 토론을 한다고 할 때, 토론의 주제는 개인적인 문제이기보다는 사회적 문제로 여러 사람의 이익과 결부되어 있을 때 토론에 부치게 된다. 또한 현재 상황에 대한 만족보다는 불만족, 변화 의지가 있을 때 토론을 하게 된다. 토론의 주제와 그 주제가 주어진 목적을 생각하는 것이 토론이 되어야 하는데 그러자면 가장 중요한 첫 번째 조건이 바로 상대방의 생각을 제대로 이해하는 능력이다. 내면에 감춰진 핵심과 본질을 파악하는 것이 선행되어야 한다. 그러기 위해서는 제대로 된 준비가 되어야 한다. 포커스 디베이트는 크게 '준비 · 소통 · 정리'의 과정을 거친다. 준비단계 중 먼저 1단계인 Focusing에서는 주어진 문제, 즉 논제의 본질을 파악하고 주제 개념을 도출하는 단계다. 본격적인 쟁론에 임하기 전에 토론의 주제인 논제가 왜 주어졌는지를 생각하고 그 논제를 통해 어떤 결과를 만들 수 있는지를 먼저 생각한다. 스티븐 코비가 자신의 저서인 『성공하는 사람들의 7가지 습관』에서 두 번째 원칙으로 강조하고 있는 '끝을 생각하면서 시작하라.'는 의미와 같은 것이다. 모든 일이 그러하듯이 토론 역시 목적을 생각하지 않으면 토론 그 자체에 매몰될 수 있다. 토론이 시너지를 만드는 것이 아니라 토론을 통해 승-패를 판단하는 것으로 왜곡되는 현상은 과정 그 자체에만 매몰되기 때문에 생기는 것이다. 어떤 논제가 주어졌다면 그 논제에는 해결해야 할 내용이 있다는 것이고, 그 이면에 숨어 있는 해법을 찾아내서 더 좋은 결과를 만들어 내자는 암묵적인 합의하에 토론을 하는 것이다. 그러한 결과를 만들 수 없는 논제는 토론에 부칠 가치가 전혀 없는 것이다. 목적이 없는 행위를 왜 한단 말인가?

1단계 Focusing에서 토론 전체 과정의 방향과 내용이 결정되기 때문에 논제가 주어진 이유를 생각해 보아야 한다. 일반적으로 책을 읽고 논제를 정할 때는 주제와 연관되어 저자가 궁극적으로 말하고자 하는 주제와 상반되거나 좀 더 주제를 확장시켜 보고 싶은 내용을 논제로 정한다.

2단계 Organize 생각의 구조화

주어진 논제가 어떤 이유 때문에 주어졌는지 정확히 이해했다면 그 다음 작업은 어렵지 않다. 그 논제에 대해 최선이라고 생각하는 방향으로 자신의 사고를 구조화하라. 일단 무작위로 마인드맵핑(mind mapping)을 하라. 그리고 중요한 순서대로 논리적 배열을 하라. 포커스디베이트에서는 주어진 논제에 대해서 긍정이나 부정의 양쪽의 의견으로 나뉘는 양자토론과 다양한 관점에서 하나의 논제를 가지고 토론하는 다자토론의 두 가지 양식이 있다. 주어진 논제에 대해 긍정이나 부정, 혹은 갈등 상황에 처한 다양한 입장이 되어 논점을 제시해 본다.

다양한 관점에서 생각하면서 모순이나 불합리한 점이 없는지 자세히 살펴보라. 그리고 그에 대한 객관적인 근거나 합리적인 논리를 어떻게 펼칠 것인지 정리한다. 자신이 상대방에게 혹은 상대방이 자신에게 어떤 생각과 주장을 할 것인지 예상해 보고 그에 대한 다양한 질문을 준비한다. 그것을 토론요약서에 담아라. 논제에 따른 의문문 형태의 논점 3가지를 주장하고 그에 따른 객관적 근거를 책에서 찾아 토론요약서에 기록한다. 토론요약서에는 논제에 대한 용어정의와 배경을 생각하면서 논점 3가지씩을 기록한다. 이때에는 개인의 의견이 아니라 사실 중심의, 근거가 분명한 자료조사가 기본이 되어야 한다. 2단계에서 가장 중요한 것은 자신의 생각을 논리적으로 구조화하는 것이다. 여기까지가 토론을 위한 준비과정이다.

3단계 Communication 소통하기

이제 본격적으로 치열한 쟁론을 벌이는 단계다. 이 단계에서 가장 중요한 것은 '서로의 차이를 발견하는 것'이다. 토론이라는 것이 본질적으로 서로의 차이를 극복하고 더 나은 결과를 만드는 것이라고 했다. 서로의 차이를 극복하려면 우선 서로 다른 생각이 무엇인지 파악하는 것이 선결되어야 한다. 다른 것이 무엇인지 파악이 되지 않는다면 토론 자체는 무의미해진다. 서로 다른 생각을 가지고 있기에 더 나은 것을 만들 수 있는 것이고 시너지가 창출되는 것이다.

서로 다른 것이 무엇인지 파악하려면 무엇보다 중요한 것이 '공감적 경청'을 하는 것이다. 공감을 한다는 것은 '동감'과는 전혀 다르다. 동감은 상대방의 의견에 동의하는 것이고, 공감이라는 것은 상대방의 의견에 동의하지 않을지라도 '상대방의 입장에서 그럴 수도 있겠구나……' 하고 이해하는 것이다. 즉 공감적 경청이라는 것은 자신이 동의하는 것과 상관없이 일단 상대방의 생각을 진심으로 이해하는 것이다. 진정성을 가진 이러한 마음의 태도를 갖추지 않으면 시너지를 만드는 것은 불가능하게 될 뿐만 아니라 서로 극심한 대립상태를 피하기 어렵게 된다. 그럼 토론은 실패하게 된다.

각자의 생각을 치열하게 쟁론을 벌이되 상대방의 생각을 자신의 입장이 아닌 상대방의 입장에서 생각하는 것이 공감적 경청을 바탕으로 토론을 벌이는 올바른 태도다. 최대한 자신의 주장을 펴되 상대방의 주장 중에서 합리적이고 시너지를 만들 수 있는 것이 무엇인지 포착해내는 유연성을 가지는 것이 매우 중요하다. 토론에서는 자신감을 갖추는 것이 필요하다. 진짜 자신감은 상대방의 주장이 자신의 생각보다 더 합리적이고 더 나은 시너지를 만들 수 있다는 판단이 될 때 자신의 견해를 접고 상대방의 견해를 수용할 수 있다는 마음의 태도다. 토론의 목적은 자신의 주장을 관철시키는 것이 아니다. 더 나은 결과를 만드는 것이 토론의 목적이다. 그러한 최종목적을 위해 자신의 생각을 내려놓고 상대방의 생각을 받아들일 수 있다는 태도를 가지는 것이 진정한 토론의 모습이다.

3단계 Communication은 경청과 질문하기로 이루어진다. 입론과 상호질문, 반론, 최종입장정리 순으로 듣고 말하기를 한다. 입론에서는 논제에 대한 용어정의와 배경설명, 논점에 대한 문제가 되는 점 3가지를 의문문 형태로 문제제기를 한 후 주장을 한다. 이때에는 입론자의 명확한 주장을 듣고 전체적인 토론의 방향이 결정되기 때문에 ORP화법으로 주장과 이유, 요점강조의 순으로 정리해서 발표하는 것이 듣는 사람에게 제대로 전달될 수 있다. 팀끼리 상호질문을 하는 순서는 1차와 2차로 2라운드에 걸쳐서 진행된다. 1차 상호질문에서는 입론내용의 확인차원, 입장차이, 반론을 위한 질문을 통해 상대방과의 차이점을 명확히 하는 질문을 하는 것이 좋다. 질문이 두 번인 것은 그만큼 질문을 중요하게 생각하기 때문이다. 토론을 하는 목적은 상대방의 생각을 더 정확히 이해하기 위해서다. 즉 '공감적 경청'을 더 잘 하기 위해서 질문을 하는 것이다. 질문을 통해 나의 생각과 무엇이 다른지 정확히 파악할 수 있다. 상대방의 주장에 대해 다각도로 이해할 수 있는 핵심적 질문을 던지는 것이 매우 중요하다. 그리고 자신도 상대방의 질문에 대해 단순하고 명확하게 설명할 수 있어야 한다. 그래야 커뮤니케이션의 오류를 줄 일 수 있다.

반론에서는 상대팀이 주장한 입론의 내용과 상호질문을 통하여 제기한 질문의 논리적 문제 등을 하나씩 되짚어서 왜 잘못되었는지 근거를 들어서 반대주장을 펼치게 된다. 그리고 우리 팀에서 제시한 주장이 논리적으로 왜 옳은지를 증명하는 과정을 거치게 된다. 그러고 나서 상호질문 2차에서는 대안이나 해결책이 얼마나 실현 가능한지 등을 묻는 질문들을 하게 된다. 이러한 과정을 거치면서 최종입장정리의 순서가 되면 지금까지 해왔던 입론, 상호질문, 반론에서 양 팀의 차이점과 공감되는 점들을 정리해서 말하고 최종적인 결론을 발언하게 된다. 이러한 과정에서 Prep time(작전시간)을 상호질문 1차 때부터 30초 단위로 신청해서 쓸 수 있게 된다. 전략적으로 Prep time을 사용해서 주장을 명확히 할 수 있다. 이러한 불꽃 튀는 쟁론을 벌이며 질문을 통해 상대방의 주장을 냉정하게 검토하라. 그러나 무엇보다 중요한 목적인 시너지를 만들 수 있는 길이 무엇인지 늘 생각하라.

4단계 Unite 통합하기

3단계 Communication까지는 팀을 나눠 각자의 입장을 주장했다면 4단계부터는 모두가 하나가 되어 한 팀의 개념이 되어야 한다. 지금부터는 쟁론의 결과를 모아야 한다. 즉 3단계에서 치열하게 쟁론을 벌이며 서로가 주장하는 내용을 이해했다면 4단계에서는 3단계의 내용 중에서 시너지를 만들 만한 내용들을 모으는 것이다. 토론이 자신의 주장을 하는 것으로만 그친다면 토론의 근본적인 목적을 달성할 수 없지 않은가?

여기에서 잊지 말아야 할 중요한 것은 모두가 한 팀이라는 생각을 하는 것이다. 한 팀이 된다는 것은 '나'가 아닌 '우리'가 되는 것이다. 서로가 지금까지 주장한 내용을 관철하는 것보다 더 중요한 것은 '우리'에게 무엇이 더 가치 있는지 판단하는 것이다. 토론은 가치판단 능력을 높여주는 긍정적인 효과가 있는데, 특히 4단계에서는 시너지를 만들 수 있는 주장이나 근거들이 무엇일까를 판단해야 한다는 것이다.

'나'에서 '우리'가 되는 것이 포커스 디베이트(Focus Debate)에서 추구하는 토론의 묘미다. 처음부터 토론의 목적을 승-패를 나누는 것이 아니라 승-승의 결과를 만드는 것이라고 했기에 '나'가 아닌 '우리'가 될 수 있는 것이다. 이 얼마나 아름다운 모습인가? 대립이 아닌 소통, 분열이 아닌 통합, 굴복이 아닌 화합, 누구도 패배하거나 좌절하지 않는 토론을 한다는 것은 단지 토론만이 아닌 우리 삶이 추구해야 할 근본적인 모습이 아닌가? 우리는 토론을 통해 삶의 지혜를 만드는 법을 배워야 한다. 토론은 삶의 지혜를 배우고 만드는 기술이다. 누구도 패배하지 않는다면 무한한 창조성을 발휘할 수 있지 않을까? 선혈이 낭자한 전쟁이 아니라 따뜻한 가슴을 맞대는 지극히 인간적인 관계를 만드는 것이 포커스 디베이트(Focus Debate)다.

5단계 Solve 적용 및 문제해결

이제 토론의 열매를 거둘 때가 왔다. 1,2단계에서 토론을 준비하고 3단계에서 치열하게 쟁론을 벌이며 서로의 차이를 확인하고 이해했으며, 4단계에서 모두가 한 팀이 되어 가치 있는 주장들을 모았다. 이제 5단계에서는 4단계의 주장들 중에서 가장 중요하고 가치를 크게 만들 수 있는 3개의 최종 선택을 하는 것이다.

3개를 선택하는 이유는 3의 법칙에 근거한 것이다. 선택되지 않은 다른 주장들은 일단 보류하거나 포기하고 선택한 것에 집중해야 한다. 3개의 최종선택에 대해 어떻게 적용하거나 생각의 에너지를 집중할 것인지 모두가 한 팀이 되어 지혜를 모아 실천전략이나 해법을 강구한다. 이런 과정을 통해 정리된 결과물이 토론의 열매다.

시너지를 만드는 것은 마치 농사를 짓는 과정과 같다. 하나의 씨앗인 논제를 토론이라는 땅에 묻어 풍성한 열매로 수확하는 과정, 즉 농사를 준비하듯 토론을 준비하고(1,2단계), 씨앗이 흙 속의 많은 유기물들과 서로 소통하듯 섞이는 과정(3단계)을 통해 싹이 나고 줄기가 자라(4단계), 열매를 수확(5단계)하는 것이다. 이것이 바로 시너지가 만들어지는 과정이다. 씨앗이 흙속의 다양한 유기물들과 하나가 되어 섞이지 않는다면 어떻게 싹이 돋아 자라서 열매를 만들 수 있을까? 토론이란 생명을 잉태하고 창조하는 과정과 전혀 다를 바가 없다. 결국은 이편도 저편도 없는 것이다. 모두가 하나가 되어 한 호흡으로 새로운 가치를 만드는 것이 토론이다.

독서는 사람을 충실하게 만들고
담화는 사람을 민첩하게 만든다.

F. 베이컨

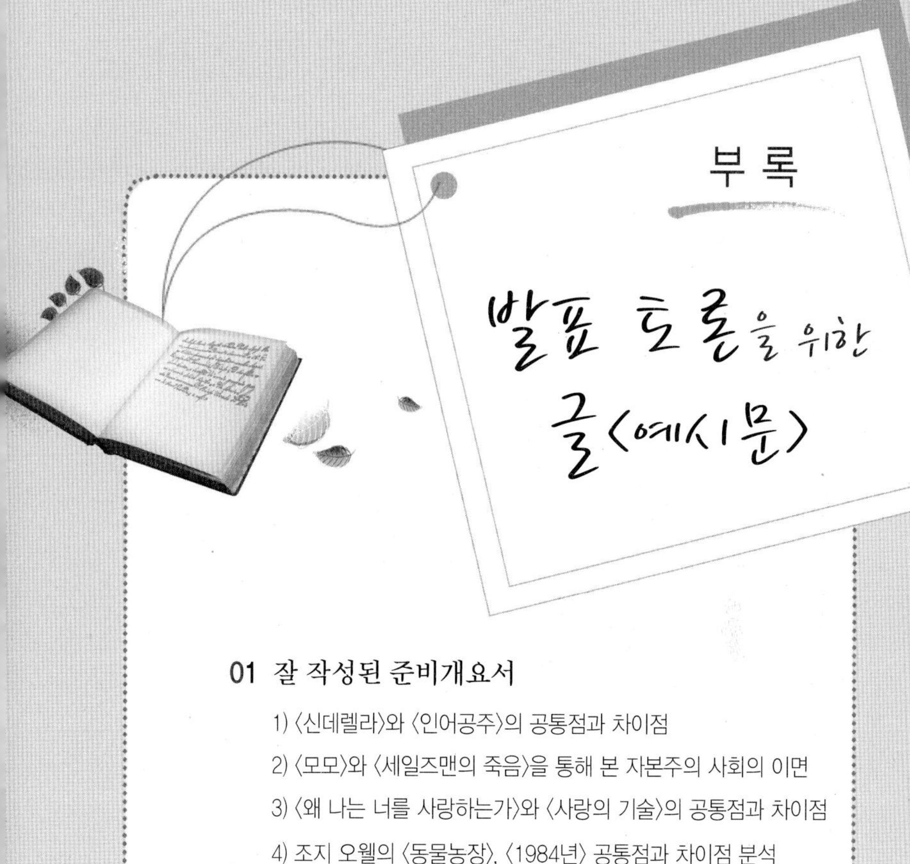

부록

발표 토론을 위한 글〈예시문〉

01 잘 작성된 준비개요서

1) 〈신데렐라〉와 〈인어공주〉의 공통점과 차이점
2) 〈모모〉와 〈세일즈맨의 죽음〉을 통해 본 자본주의 사회의 이면
3) 〈왜 나는 너를 사랑하는가〉와 〈사랑의 기술〉의 공통점과 차이점
4) 조지 오웰의 〈동물농장〉, 〈1984년〉 공통점과 차이점 분석

02 토론 내용 구성 준비표

1) 북한 경제 지원 계속되어야 한다. 〈찬성측〉
2) 북한 경제 지원 계속되어야 한다. 〈반대측〉

03 SU 독서인증제에 관하여

잘 작성된 준비개요서

▷ **주제 : 신데렐라와 인어공주의 공통점과 차이점**

- 개괄적 목적 : 정보제공
- 구체적 목적 : 청중들에게 새로운 시각에서 본 신데렐라와 인어공주의 공통점과 차이점을 설명하기 위해
- 주제문 : 우리가 어려서부터 접해왔던, 그리고 많은 사람들에게 알려진 동화 신데렐라와 인어공주를 현대적 관점에서 보았을 때 여러 가지 공통점과 차이점이 있다.

서론

Ⅰ. (수사적 질문)우리가 어려서 접했던 동화들 중에 기억에 남는 동화가 있으신가요?

1. 많은 동화가 있겠지만 신데렐라와 인어공주는 누구나 알고 있는 동화입니다.
2. 실제로 신데렐라와 인어공주는 애니메이션, 뮤지컬, 영화 등 다양한 문화 컨텐츠로 발전하여 우리에게 오늘날 까지도 많은 사랑을 받고 있는 동화입니다.

Ⅱ. 그런데 요즘 우리 사회가 너무 삭막해 우리가 어렸을 때 감동받았던 이러한 동화들을 잊고 사는 것은 아닐까요?
Ⅲ. 저는 이제 신데렐라와 인어공주의 공통점과 차이점을 현대적 새로운 시각에서 발표함으로써 여러분의 감성을 자극 시켜 드리겠습니다.

본론

공통점

1. 욕심이 있다 - 자신의 위치는 고려하지 않은 채, 신데렐라는 파티에 가고 싶은 욕심이 있었고, 인어공주는 인간세상의 왕자에 대한 욕심이 있었다.
2. 남들과 다른 굴곡진 인생을 살았다 - 신데렐라는 계모를 만나 다른 언니들과는 다르게 불평등한 대우를 받으며 살아가지만 성실한 태도로 왕자의 마음을 얻었다. 인어공주 또한 인간의 다리를 갖기 위해서 목소리를 바꾸는 등 굴곡진 인생을 살았다.
3. 남자에게 쉽게 넘어갔고, 외모지상주의자다.
   - 신데렐라는 파티에서 한번 만난 왕자와 사랑에 빠졌다.
   - 인어공주는 멀리 배에서 파티를 하고 있는 남자를 보고 한 눈에 반해 목소리를 마녀에게 파는 실수를 범했다.
   - 과연 이것이 현실에서 가능하다고 보는가? 한번 본 남자에게 반할 수 있는가? 그녀들은 왕자들의 인성을 보고 반했을까? 결국 이것은 두 공주 다 왕자의 외모를 보고 반했다고 할 수 있으며 외모 지상주의가 시작되었음을 알 수 있다.
4. 헤픈 여성이다.
   - 신데렐라는 처음 본 왕자에게 끌려 12시간까지 들어와야 했음에도 불구하고 늦게 집에 도착했다. 만약 12시가 넘어서도 마법에 풀리지 않았다면 신데렐라는 과연 집으로 돌아갔을까 하는 의문이 남는다.
   - 인어공주는 배 위에서 파티를 하고 있는 남자를 한번 보고 쉽게 사랑에 빠져 버렸다.

(논의 전환사와 중간예고 : 지금까지 신데렐라와 인어공주의 현대적 새로운 시각에서의 공통점을 알아보았습니다. 그러면 이 두 공주 사이에는 어떤 차이점이 있는지 알아보도록 하겠습니다.)

차이점

1. Happy Ending / Sad Ending
   - 신데렐라는 왕자를 만나 행복하게 살았지만 인어공주는 목소리를 잃고 또한 왕자를 얻기는커녕 물거품으로 변하였습니다.
2. Come / Go
   - 신데렐라는 구두를 성에 두고 감으로써 왕자로 하여금 신데렐라에 대한 궁금증을 자극하였습니다. 그래서 하인들을 시켜 구두의 주인을 찾아오게 만들었습니다. 결국 왕자가 그녀를 찾아오게 만들었습니다.
   - 하지만 인어공주는 어떠하였습니까? 그녀는 왕자의 의사는 묻지도 따지지도 않고 무작정 그에게로 다가갔습니다. 당연히 왕자는 그러한 그녀를 받아들이기 어려웠겠죠. 신데렐라의 신비주의 작전이 통했던 것입니다.
3. Partial-in / All-in
   - 신데렐라는 파티에 가고 싶었지만 그녀가 해야 할 일을 모두 버리고 가진 않았습니다. 자신의 일을 모두 하려고 노력을 하였습니다. 다만 잃은 것이 있다면 구두 한 짝입니다. 하지만 그 구두 한 짝만으로도 왕자로 하여금 호기심을 유발하는 매개체가 되었습니다.
   - 반면에 인어공주는 자신의 목소리를 팔아서 다리를 얻었고, 왕자의 마음을 얻지 못해 물거품으로 변하였습니다. 자신의 삶을 모두 포기하면서 남자를 따라가는 일이 맞다고 생각하십니까? 또 구두라는 일부분을 잃은 신데렐라와 자신의 전부인 목소리와 다리를 맞바꾼 인어공주, 과연 여러분은 어떤 것이 맞다고 생각하십니까?
4. 친구의 유무
   - 신데렐라에게는 두꺼비와 요정이라는 좋은 친구가 있었습니다. 신데렐라가 주어진 일을 할 수 있도록 도움을 주었고 또한 파티에 갈 수 있

도록 옷과 마차를 주는 등 도움을 주었습니다.

- 하지만 인어공주에겐 부정적인 친구만이 있었습니다. 너가 왕자를 어떻게 만나겠느냐는 부정적인 의견만이 가득했었죠.

결론

Ⅰ. 이제 제 이야기를 마무리 하겠습니다.

Ⅱ. 지금까지 내용을 간단하게 정리해 드리겠습니다.

1. 신데렐라와 인어공주 둘 모두 남들과는 다른 굴곡진 인생을 살았으며, 자신의 상황을 고려하지 않은 높은 욕심이 있었습니다. 또한 남성들의 외모에 쉽게 넘어가는 외모 지상주의적인 모습을 보였으며, 왕자를 만나기 위해서라면 물불을 가리지 않고 행동하는 헤픈 여성의 모습을 보여 왔습니다.
2. 그러나 이 둘에게도 차이점은 있습니다. Happy Ending으로 끝나는 신데렐라와는 다르게 Sad Ending으로 끝나는 점은 가장 큰 차이점이라고 할 수 있겠습니다. 또한 신데렐라는 자신의 일을 모두 처리한 후 파티를 하러 갔으며 왕자로 하여금 자신을 찾아오게 만들었으나, 인어공주는 자신의 목소리를 잃어가며 자신을 버렸었고 왕자를 찾아가는 적극성을 보였습니다. 마지막으로 신데렐라에게는 그녀를 도와주는 두꺼비와 요정이라는 좋은 친구가 있었던 반면 인어공주의 곁엔 부정적인 말을 해주는 친구들과 그녀의 목소리를 노리는 마녀만이 있었습니다.

Ⅲ. 여러분이 생각했던 내용과 제가 발표했던 내용이 조금은 다를 수 있고, 오해가 있을 수 있습니다. 하지만 저의 발표로 여러분들이 신데렐라와 인어공주의 내용을 한번더 생각해 보는 시간이 되셨으면 좋겠습니다. 이러한 것은 여러분들의 메마른 감정을 조금 더 자극시킬 것이라 믿습니다.

▷ 주제 : **'모모'와 '세일즈맨의 죽음'을 통해 본 자본주의 사회의 이면**

- 개괄적 목적 : 설명
- 구체적 목적 : 청중들에게 '모모'와 '세일즈맨의 죽음'을 통해서 현대 자본주의 사회의 이면을 보여주고 알려주기 위해서
- 주제문 : 과거보다 살기 좋다던 자본주의 사회가 도래했지만 오히려 그에 따른 새로운 현대 사회의 문제점만 나타난다.

서론

Ⅰ. 여러분은 현대사회 즉 자본주의 사회라는 말을 들으면 무슨 색이 가장 떠오르나요?

1. 제가 소개하려는 두 책 '모모'와 '세일즈맨의 죽음'에 의하면 현대 자본주의 사회는 회색과 연관되어 있습니다.
2. '모모'에서는 시간을 훔치는 도둑을 회색신사들이라고 표현하였고, '세일즈맨의 죽음'의 전체적인 극의 분위기는 어두침침한 회색입니다.

Ⅱ. 이처럼 현대 자본주의 사회는 자유와 부를 가져올 수 있다는 그 이름과는 다르게 회색으로 표현되면서 자본주의 사회의 이면이 많이 존재한다는 사실을 보여줍니다.

Ⅲ. 따라서 이제부터 '모모'와 '세일즈맨의 죽음'을 통해 본 자본주의 사회의 이면, 즉 문제들을 알아보고자 합니다.

본론

(중간 예고와 논의 전환사 : '모모'와 '세일즈맨의 죽음'은 서로 공통점과 차이점이 있습니다. 하지만 그 전에 각각의 줄거리부터 알아보겠습니다.)

Ⅰ. '모모'와 '세일즈맨의 죽음'의 줄거리

1. '모모'는 시간 도둑들에게 도둑맞은 시간을 인간에게 찾아주는 어린소녀 모모에 대한 이야기입니다.
2. '세일즈맨의 죽음'은 1930년대 대공황시절 뉴욕 브루클린의 평범한 세일즈맨인 윌리 로만이 실직 후 좌절과 방황 끝에 자살을 택하는 내용입니다.

(중간 예고와 논의전환사 : 지금까지 줄거리에 대해 알아보았는데요, 이제 본격적으로 두 책의 공통점과 차이점에 대해 알아보겠습니다.)

Ⅱ. 차이점

1. 갈래
   1) '모모'는 소설로서 인물, 사건, 배경을 중심으로 서술됩니다.
      (1) 인물은 모모와 그의 친구들 기기, 베포, 카시오페아, 호라 박사 등이 나옵니다.
      (2) 사건은 회색신사들이 사람들의 시간을 빼어간 것입니다.
      (3) 배경은 커다란 도시의 모모의 집인 원형극장과 호라 박사의 집인 아무데도 없는 집입니다.
   2) 반면에 '세일즈맨의 죽음'은 극문학이기 때문에 해설, 지문, 대사로 이루어져있습니다.

2. 인물
   1) 모모
      (1) 모모는 다른 사람의 말을 귀 기울여 들어주는 재주를 가지고 있습니다. 이로 인해 "아무튼 모모에게 가보게"라는 말이 생겼습니다.
      (2) 다음으로 모모의 친구이자 말 없는 노인인 도로 청소부 베포와 말을 잘하는 청년 관광 안내원 기기가 있습니다.

(3) 그리고 시간을 관리하는 호라 박사, 호라 박사에게 안내해주는 거북이 카시오페아가 있습니다.
(4) 마지막으로 사건의 원인이 되는 사람들의 시간을 뺏은 회색신사들이 있습니다.

2) 세일즈맨의 죽음
(1) 이 극의 주인공인 윌리 로먼은 늙은 외판원으로 한때는 능력을 인정받았으나 시간이 지나 무능력해지는 현실을 부정하고 도피하여 결국엔 자살하는 인물입니다.
(2) 린다는 윌리의 아내로 윌리를 존경하면서 헌신하는 인물입니다.
(3) 비프와 해피는 윌리의 아들들로서 비프는 장남이고 과거에 인기가 많고 유능했으나 아버지와 더불어 형에 대한 기대감이 큰 인물입니다.
(4) 마지막으로 찰리는 인간성을 소유하고 있는 인물로 윌리를 동정하고 그의 아들 버너드 역시 비프에게 끊임없는 조언과 충고를 하는 인물입니다.

3. 이야기의 전개

1) 모모
(1) 인물, 사건들을 각 장마다 하나하나씩 소개해준다.
(2) 순차적인 전개로 이루어진다.

2) 세일즈맨의 죽음
(1) 인물, 사건에 대한 다른 설명이 없고 독자가 글을 읽어나가면서 파악해야한다.
(2) 순차적인 전개 사이사이에 자유자재로 과거와 환상의 장면이 나타난다.

(중간 예고와 논의전환사 : 지금까지 차이점에 대해 알아보았는데요, 이제 주제와 연관된 공통점에 대해 설명하겠습니다.)

Ⅲ. 공통점

1. 주제

1) 점점 삭막하게 변해가는 현대 자본주의 사회의 어두운 단면을 보여줍니다.

(1) 모모

- 회색신사들이 사람들에게 시간을 뺏는 모습으로 비유하여 표현하였습니다. 이 것은 자본주의 사회에서 사람들이 돈을 벌기위해 모든 시간을 투자하는 모습을 나타낸 것이라고 생각합니다.
- 그리고 모모의 재주는 남의 말을 경청하는 것입니다. 이는 개인주의가 만연한 현대사회에서는 볼 수 없는 것으로 작가는 모모의 재주를 이렇게 설정하여 서로가 도와가며 남의 말을 들어주는 태도가 필요하고 이것이 세상을 바꿀 수 있다고 말합니다.
- 결국에는 사람들이 돈을 벌기 위해 모든 시간을 투자한 결과로 대화가 줄어들고 교류가 줄어들기 때문에 회색신사들이 내뿜은 시가연기로 세상이 뒤덥힌 것처럼 회색빛 삭막한 세상이 되는 것입니다.

(2) 세일즈맨의 죽음

- 이 이야기는 현대적 비극으로써 고도의 발달한 산업 사회, 자본주의 사회에서 필연적으로 생기게 되는 물질만능주의나 소외당하는 인간, 생명의 존엄성을 말해줍니다.
- 물질주의의 희생물이 된 외판원 윌리 로먼을 중심으로 그가 그리워했던 행복했던 과거를 계속 보여주면서 현실의 삭막함과 어려움을 더 강조해줍니다.

결론

Ⅰ. '모모'와 '세일즈맨의 죽음'을 통해 바로 우리가 살고 있는 현대사회의 삭막한 단면을 알아보았습니다.

Ⅱ. 앞으로라도 삭막한 현대 사회가 아니라 따듯한 현대 사회를 만들기 위해 모모처럼 경청하고 여러분이 먼저 내가 먼저 타인에게 다가가는 것은 어떠할까요?

참고문헌 및 사이트

- 네이버 책
- 네이버 백과사전
- 네이버 블로그 하늘 밖으로 날다
- 다음 이미지
- 네이버 블로그 샤방샤방

▷ **주제 : '왜 나는 너를 사랑하는가'와 '사랑의 기술'의 공통점과 차이점**

- 개괄적 목적 : 정보제공
- 구체적 목적 : 동료학우들에게 두 저자가 이야기하는 사랑에 대하여 알려주기 위해서
- 주제문 : 사랑은 상대방에게 기쁨을 주고 상대방을 사랑함으로써 나 자신을 존재하게 하는 것이다.

서론

Ⅰ. 사랑에 대해서 생각해 본 적 있으신가요?

1. 저는 항상 사랑받고, 사랑받길 갈망하지만 정작 사랑에 대하여 깊이 생각해 본 적이 없었습니다.
2. 제가 이 책들을 선택하게 된 이유도 두 책에 대한 비교를 통해 사랑에 대하여 고민해 보고자 선택하게 되었습니다.

Ⅱ. 비교에 앞서, 두 책의 간략한 내용을 소개해 드리고자 합니다.

1. 첫 번째, 알랭 드 보통의 '왜 나는 너를 사랑하는가' 라는 책은 주인공인 '내'가 여자 주인공 클로이를 만나고, 이별하고 또 새로운 시작을 하게 되면서 겪는 이야기를 통해 사랑에 대하여 철학적으로 서술하고 있습니다.
2. 두 번째, 에리히 프롬의 '사랑의 기술'이라는 책은 저자의 관점에서 다양한 사상들을 예로 들어 사랑에 대하여 정의하고 있습니다. 연인과의 사랑이 아닌 부모자식간의 사랑, 나 자신에 대한 사랑 등을 다루고 있습니다.

Ⅲ. 두 책의 비교를 통해 저자가 말하는 사랑의 의미에 대하여 말씀드리고자 합니다.

본론

(중간 예고와 논의 전환사 : 두 책을 비교하기 위해선 공통점과 차이점을 들을 수 있는데, 우선 공통점에 대해서 살펴보기로 하겠습니다.)

Ⅰ. 알랭 드 보통의 '왜 나는 너를 사랑하는가'와 에리히 프롬의 '사랑의 기술'의 공통점

1. 두 책의 저자는 모두 철학가 이며 분석적입니다.
   1) 알랭 드 보통은 1969년 스위스에서 태어나 런던에 살면서 대학원생 철학 프로그램을 지도하고 있습니다. 따라서 그의 작품들을 보면 철학적이며 분석적인 것을 볼 수 있습니다.
   2) 에리히 프롬은 사회심리학의 개척자로 1900년에 독일 유대인 가정에서 태어나 '분석적 사회심리학의 방법과 과제'를 통해 새로운 사회심리학의 문을 열었습니다. 따라서 그의 작품은 인간의 심리에 대한 분석을 사회적 이념을 통해 풀어내고 있습니다.
2. 두 책은 '사랑'에 관하여 다루고 있습니다.
   1) 제목에서 알 수 있듯이 저자는 각자의 방식으로 사랑에 대하여 이야기 하고 있습니다.
   2) 두 책의 내용은 모두 진실한 사랑과 온 마음을 쏟는 사랑을 추구하고 있습니다. 물질적으로 상대방에게 모든 것을 쏟는 것이 아닌 나의 기쁨, 행복, 유머 등을 공유하고 너를 통해 나를, 나를 통해 너를, 너를 통해 세계를 사랑할 것을 말하고 있습니다.

(논의전환사 : 지금까지 두 책의 공통점에 대해서 살펴보았는데, 이제 두 번째 비교분석인 차이점에 대해서 말씀드리겠습니다.)

Ⅱ. 알랭 드 보통의 '왜 나는 너를 사랑하는가'와 에리히 프롬의 '사랑의 기술'의 차이점

1. 알랭 드 보통의 '왜 나는 너를 사랑하는가'는 이야기 형식의 소설이

고 에리히 프롬의 '사랑의 기술'은 이론을 통해 사랑에 대하여 분석하고 있습니다.

1) '왜 나는 너를 사랑하는가'에서는 주인공인 '나'가 클로이를 만나게 되는 과정에서부터 그녀에게 내가 반하고, 그녀에 대한 어떤 행동이나 말투, 계기 때문에 사랑하고 있는지 또 왜 사랑 하는지에 대하여 세세하게 이야기하고 있습니다. 일반적인 연인들이 하고 있는 사랑이야기를 재치 있게 해석하고 풀어나간 것이 이 책의 특징입니다.

2) '사랑의 기술'에서는 연인과의 사랑 이야기 보다는 다양한 살ㅇ에 대하여 저자의 생각을 담았다고 할 수 있습니다. 저자는 이 책을 통해 능동적인 자세로 사랑에 임하지 않은 이상 사랑하려고 애를 쓴다 해도 결국 실패하게 되며, 겸손, 용기, 신념과 같은 훈련이 업ㅂㅅ는 한 개인적인 사랑도 성공 할 수 없다는 것을 깨닫게 해 주려고 하고 있습니다.

2. '왜 나는 너를 사랑하는가'에서는 사랑을 주고받기를 원하고 있으나 '사랑의 기술'에서는 사랑은 일방적인 방식으로 원래 (주는 것)이라고 말하고 있습니다.

1) '왜 나는 너를 사랑하는가'에서는 주인공이 클로이와 이별하면서 그녀가 더 이상 자신을 사랑하지 않는다는 것을 깨닫고 난 뒤 상실감과 슬픔을 감당하지 못해 방황 합니다.

2) '사랑의 기술'에서는 사랑은 본래 주는 것이기 때문에 내가 사랑을 줌으로써 나 자신도 풍요롭게 한다고 설명하고 있습니다. 따라서 이별, 혹은 배신으로 인한 사랑의 끝은 설명하고 있지 않습니다.

결론

Ⅰ. 이제 제 이야기를 마무리 하겠습니다.

Ⅱ. 지금까지 말한 내용을 정리해 보겠습니다.

1. 공통점은 두 책의 저자는 철학가이자 분석적입니다. 따라서 책의 내용은 사랑에 대한 심리적 분석을 하고 있습니다. 또한 두 책은 나를 통해 너를, 너를 통해 나를 사랑하는 능동적인 사랑을 추구하고 있습니다.
2. 차이점은 '왜 나는 너를 사랑하는가'는 이야기 형식의 소설책이며 주인공의 맹목적인 사랑을 통해 상대방에게 사랑받기를 갈망합니다. 그러나 '사랑의 기술'은 이론을 담은 책이며, 사랑의 본질을 주는 것으로 보고 있습니다.

Ⅲ. 사랑을 정의하는 것은 어려운 것 같습니다. 이 책을 읽으면서 사랑하고 싶고, 사랑받고 싶었습니다. 그래서 두 책이 말하는 나를 통해 너를, 너를 통해 나를 사랑한다는 말이 마음에 많이 남습니다. 여러분들께도 지금 하시는 모든 사랑이 상대방을 통해 여러분 자신을 사랑 할 수 있는 계기가 되었으면 좋겠습니다.

참고문헌 및 사이트

- 알랭 드 보통, 정영목 역, 『왜 나는 너를 사랑하는가』, 도서출판 청미래, 2007.
- 에리히 프롬, 황문수 역, 『사랑의 기술』, 문예출판사, 2006.
- http://blog.naver.com/buruka88
- http://blog.naver.com/fydwjddbrja

▷ 주제 : **조지오웰의 〈동물농장〉, 〈1984년〉 공통점, 차이점 분석**

- 개괄적 목적 : 정보제공
- 구체적 목적 : 학생들에게 조지오웰의 동물농장, 1984년의 공통점과 차이점을 알려주기 위해서
- 주제문 : 두 작품은 전체주의 사회에서 권력에 의해 드러나는 인간의 악과 사회의 모순성을 비판하고 있다.

서론

Ⅰ. 여러분은 영화 '엑스페리먼트'라는 작품을 보신 적이 있나요?
  1. 이 영화는 한 실험을 통해 인간이 환경에 따라 행동이 달라진다는 실험결과를 보여주는 영화입니다.
  2. 권력, 혹은 그것의 유지라는 것이 인간사회를 얼마큼 황폐하게 만들 수 있는지 보여주는 것입니다.

Ⅱ. 저는 조지오웰의 〈동물농장〉, 〈1984년〉의 공통점, 차이점을 분석하여 전체주의의 위험성에 대해 말씀드리고자 합니다.

본론

두 작품의 공통점과 차이점 중에 공통점에 대해서 살펴보기로 하겠습니다.

Ⅰ. 〈동물농장〉과 〈1984년〉의 공통점

1. 조지 오웰이라는 작가
  1) 조지 오웰은 인도에서 하급 공무원의 아들로 태어났습니다.
  2) 우울한 소년시절을 보냈습니다.
  3) 경찰로 근무하다가 스페인 내전에 참가를 전후로 민주적 사회주의를

자신의 신념으로 선택합니다.

4) 전체주의를 적으로 규정한 후 많은 에세이, 소설 등을 남겼습니다.

5) 젊을 때부터 앓아 온 폐병이 악화되어 47세로 생을 마감하였습니다.

2. 전체주의를 비판하는 주제

1) 동물농장- 소련의 전체주의를 비판하는 작품입니다.

동물농장은 말 그대로 동물들을 의인화시켜서 등장시키는 우화소설로서, 소련의 전체주의, 스탈린주의의 한계점을 폭로하는 작품입니다.

2) 1984년- 다수를 위해 소수를 희생시켜도 된다는 전체주의를 비판하는 작품입니다.

디스토피아 소설로서 한 개인이 절대적인 권력(빅브라더)에게 저항하다가 권력에 순응, 몰락되어 가는 과정을 쓰고 있습니다.

3. 몇몇 깨달은 민중의 비극적 굴복

1) 동물농장에서의 벤저민, 클로버 등은 나폴레옹의 체제에 의문을 가지기도 합니다.

그러나 그들의 그런 생각은 생각에서 끝날 뿐, 어떤 행동을 하지 않고 권력에 굴복합니다.

2) 1984년에서는 주인공이 빅브라더의 독재에 반항하고, 저항하지만 그것에 관계없이 국가에게 굴복하게 됩니다.

지금까지 두 작품의 공통점에 대해 말씀드렸는데, 이제 두 번째인 두 작품의 차이점에 대해 말씀드리겠습니다.

Ⅱ. 〈동물농장〉과 〈1984년〉의 차이점

1. 권력의 심화 정도 (체제의 강약 차이)

1) 동물농장에서의 나폴레옹이 가지는 권력은 막강하기는 하나, 나폴레옹에게 직접적인 위협(체제의 위협)을 가하지 않는다면, 노동을 제외한 나머지는 비교적 자유로운 편이었습니다.

2) 1984년에서 빅브라더가 가지는 권력은 절대적입니다. 밖에 나와서의 행동은 물론, 사생활, 심지어는 감정까지도 통제당하고 감시받는 사회를 보여줍니다.

2. 두 작품의 결말

1) 동물농장에서 마지막 결말은 우매했던 군중들이 결국은 지배층의 비리와 실상을 깨닫게 됩니다.(그러나 그를 뒤집지는 못합니다.)

2) 1984년의 마지막 결말은 주인공이 빅브라더에게 무조건적인 순종을 하고, 굴복을 하게 됩니다. 그리고 마지막에는 총살을 당하게 됩니다.

3. 작품 속에서의 전체주의 성격

1) 동물농장에서 보여주는 전체주의는 초기에 보여지는 전체주의의 성격입니다.
즉 순수한 이념을 보여주고 있고, 완벽한 이념, 완벽한 동물(인간)이 되기 위해 노력하는 모습이 보여져 있습니다.(다시금 나폴레옹으로 인해 실패합니다.)

2) 1984년에서는 전체주의가 이미 심하게 변질된 모습의 전체주의로 보여집니다.
순수한 이념은 없고, 권력유지가 목적이며 삶입니다.

결론

이제 제 이야기를 마무리하겠습니다.

Ⅰ. 지금까지 말한 내용을 정리해 보겠습니다.

1. 동물농장과 1984년에서 보이는 두 작품의 공통점은, 조지 오웰이라는 참전 중에 민주적 사회주의라는 이념을 가지게 된 한 작가가전체주의를 비판하는 하나의 주제로 글을 썼다는 것이며, 몇몇 깨달은 소수의 민중들이 있었지만 결국에는 권력 앞에 굴복하였다는 점입니다.

2. 동물농장과 1984년에서 보이는 차이점은, 권력의 엄격성은 동물농장보다는 1984년이 더 폐쇄적이고 강압적이라는 것, 그러나 1984년

에서는 무조건적인 순종을 하게 되고, 그로 인해 결국은 총살까지 당하게 된다는 점. 마지막으로 이 두 작품의 큰 부분이었던 전체주의에 있어서 동물농장은 초기의 전체주의가 가지고 있는 이념과 이상을 이야기 해준다는 점, 1984년에서는 이미 변질되어 버린 전체주의의 문제점만 보여준다는 점입니다.

Ⅱ. 우리가 살아가고 있는 대한민국은 민주주의 사회입니다. 이 두 작품을 읽은 뒤에 느낀 점은 이렇게 우리가 유지하고 있는 민주주의를 더욱 더 확고히 지킬 수 있도록 우리가 노력해야 되겠다 하는 점입니다. 민주주의 사회에서 살아가는 것이 얼마나 감사한 일인지 느끼고 싶으시다면 두 작품 중 어느 하나라도 꼭 읽어보시길 권합니다.

참고문헌 및 사이트

- 조지오웰 저, 도정일 역, 『동물농장』, 민음사, 1998.
- 조지오웰 저, 박경서 역, 『1984년』, 열린책들, 2009.
- 네이버 백과사전, 지식인
- cafe.naver.com/readbook/996373
- blog.naver.com/ddqqf/60133994252

02

토론 내용 구성 준비표

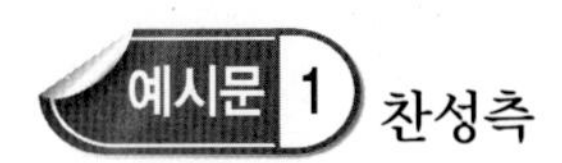

찬성측

▷ 논제: **북한 경제 지원 계속되어야 한다.**

〈토론 내용 구성 준비표〉 (찬성측)

1. 문제제기

(주요 용어와 개념정의, 문제의 역사적/이념적/철학적 근거)

주장 1) 대북지원 운동은 북한 동포들을 위한 인도주의 운동이다. 인도주의란 인간의 존엄성을 최고의 가치로 여기고 인종, 민족, 국가, 종교 따위의 차이를 초월하여 인류의 안녕과 복지를 꾀하는 것을 이상으로 하는 사상이나 태도이다.

주장 2) 햇볕정책은 조선민주주의인민공화국에 대한 대한민국의 대외 정책으로, 북한에 협력과 지원을 함으로써 평화적인 통일을 목적으로 하는 정책이다.

주장 3) 장기적 정책을 펴서 눈앞의 이익만 보지 말고 통일 비용과 민족의 미래를 고려하여 장기적인 안목으로 신중히 판단해야 한다.

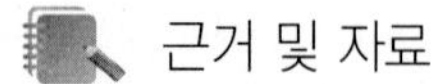 근거 및 자료

1) 독일의 통일 사례를 교훈으로 삼아야 한다. 서독이 동독에 연간 4조원 가량의 지원을 20여 년 동안 꾸준히 지원한 것이 결국 독일의 통일을 이끌어냈다. 김-노 전 정권 10년간의 약 3조 이상의 지원도 부족했던 것이라 판단하는데 현 정부는 오히려 후퇴하고 있다.
2) 이전에는 북한과의 관계는 형식적이고 교류가 이루어지지 않은 상태로 군사적 대치관계에 놓여 있었으나, '선 평화 후 통일'이라는 통일의 기본 원칙을 계승해 국민의 정부에 들어서 교류를 기반으로 한 화해, 협력 등을 강조한 포용정책으로 전환되었다. 현대아산을 비롯한 중소기업들이 참여하여 금강산 관광과 이산가족 상봉, 개성공단 조성 등 성과를 이뤘다.

2. 정당성/중요성/심각성/시의성

주장 1) 만에 하나 북한 경제가 경제 위기를 견디지 못하고 붕괴할 경우, 한반도에 더욱 위기 상황이 전개될 것임은 불을 보듯 명확하다.

주장 2) 북한의 주민은 우리의 적이 아니다. 불가피한 정치세력들의 싸움에 희생된 건 주민들이다. 북한 경제 지원을 해야 하는 것은 북한 주민들을 살리기 위함이다. 경제지원의 최종목적지가 북한의 정치세력을 지원하는 것이 아니라 권력자들의 정치 싸움에서 희생당한 주민들을 돕기 위한 것이라는 걸 명심해야 한다.

주장 3) 장기적으로 남한사회의 유지, 나아가서 장래 통일 후의 상황을 보더라도 지극히 정당하며 필요불가결한 사업이다.

주장 4) 우리가 직접 지원함으로써 주변 네 강대국들의 영향력을 점차 줄여나가야 한다.

근거 및 자료

1) 북한 주민의 3명 중 한명은 영양실조이고 1986년을 기점으로 쌀 생산량이 70% 이상 감소하였다.

2) 북한이 쇄국정책의 길로 들어서게 된 계기는 1994년 제네바 합의를 무시하고 북한에 중유를 제공하지 않은 미국의 책임이 크다. 물론 이후에 보여준 북한의 행동도 철없는 아이 같지만, 똑같이 대응 할 수는 없는 노릇이고, 우리가 그 근본적인 원인을 어느 정도 인정하고, 꾸준히 대북 지원의 길에 나서야 할 것이다.

3. 방안 제시

주장 1) 그들을 동포애로 감싸서 믿음과 신뢰를 바탕으로 한 지원이 되어야 한다.

주장 2) 지원 방식에 있어서 북한의 자력으로 식량문제 및 기타 인도적 상황의 개선을 추구 할 수 있도록 개발지원으로의 근본적인 전환이 모색되어야 한다.

주장 3) 지원이 군부대나 주민통제를 강화하는 수단으로 쓰이지 않도록 북한과 평화적 협의를 갖는다. 북한 대표들도 주민들의 경제성장을 바라고 있는 것은 분명하므로 지원과 지원비의 쓰임을 투명하게 한다면 문제 될 것이 없다.

근거 및 자료

1) 평화자동차가 흔들림 없이 북한당국의 지원을 받고 있는 것은 그만큼 신뢰가 깊기 때문이다. 문선명-김일성의 1991년 회담에서 형제애를 깊이 느낄 정도로 마음의 밑바닥까지 통했던 것이다. 그때 맺어진 이산가족 상봉, 금강산개발, 남북정상회담개최 등의 모든 약속이 지금까지 이어지고 있는 것은 신뢰의 기초를 쌓았기 때문이라고 봐야 한다.
2) 과거 서독은 동독 주민들을 돕기 위해 시장에 직접 자금을 투입했다. 또 비행기로 민간인 거주지에 식량을 떨어뜨렸다. 우리도 새롭고 창조적인 북한 지원 방법을 모색해야 한다.

4. 이익/ 부작용

주장 1) 북한과 평화적 관계가 될 시에 군사비가 경감된다.

주장 2) 북한 인민의 기근을 해소하고 국내산 쌀의 추곡수매 즉 정부구입을 원활 하게 하여, 결국에는 우리나라 농부들의 소득증대를 도모할 수 있다.

주장 3) 철도무역을 하게 되면 엄청난 경제적 이익이 생긴다.

근거 및 자료

1) 북한의 알곡 생산량을 살펴보면 쌀은 250만 톤 밀 · 보리 · 잡곡 등은 190만 톤이다. 수입 외부 지원 등은 20만 톤이고 총생산량은 460만 톤이다. 하지만 북한 2300만 인구들이 먹기에는 턱없이 부족한 양이다. 더 필요한 양은 북한 사람들이 배불리 먹으려면 현재 상황에 650만 톤이 더욱 필요하다. 굶어죽지 않으려면 520만 톤이 필요하다. 우리가 노무현 정권 때 1년에 밀가루 400만 톤, 비료는 30만 톤, 쌀은 150만 톤이 지원되어 북한은 고난의 행군을 거쳤지만 이명박 정권 때 다시 북한은 고난의 행군이 올수도 있다고 한다.
2) 한국의 무기 수입액은 세계적인 수준이다. 스웨덴 스톡홀름 국제평화연구소(SIPRI) 2011년도 연감에 따르면, 지난 5년(2006-2010년) 사이에 가장 많은 무기를 들여온 나라는 인도, 한국은 중국과 함께 공동 2위를 기록했다. 한국은 미국의 전체 무기 수출량의 14%로 1위를 차지한다. 한국의 국방예산은 30조원 규모, 10년 전인 2000년에 비해 두 배쯤 늘어났다. 전 세계적으로 보면 남한의 군사비 지출은 12위, 국내 총생산(GDP)에서 국방비가 차지하는 비중으로 잰다면 경제협력개발기구(OECD) 34개 회원국 가운데 미국, 영국에 이어 3위다. 그런데 사회복지 예산 비중으로만 본다면, 안타깝게도 한국은 OECD 34개 국가 중 꼴찌인 멕시코 다음 자리를 차지하고 있다. 만약 북한과 한국이 평화적 관계를 유지하여 군사비보다 사회복지 예산을 늘리게 된다면 더욱 한국 사회의 발전을 가져올 수 있다.

반대측

▷ 논제: **북한 경제 지원 계속되어야 한다.**

〈토론 내용 구성 준비표〉 (반대측)

1. 문제제기

(주요 용어와 개념정의, 문제의 역사적/이념적/철학적 근거)

주장 1) 북한 주민들에게 직접적인 혜택이 부여되지 않는 실속 없는 정책이다.

근거 및 자료

1. 북한은 '선군 정치'가 독재의 기반이기에 주민은 기아에 빠지더라도 군은 밥을 먹여야 한다는 생각이 있기 때문에 지원의 대부분은 군량미로 쓰인다.
2. 대북 경제 지원에도 불구하고 최근 북한 주민들의 아사율은 증가했다.
3. 북한에서 온 새터민조차도 북한에 대한 퍼주기 식의 대북지원 정책은 체제 확립을 도울 뿐이라고 한다.
4. 김정일 국방위원장의 건강이 염려스러워 대내적 강경책이 필요한 혼란기에 쌀이 지원되면 군에 지급될 것이 뻔하다.

주장 2) 무조건적 퍼주기 식의 지원은 국민들의 의견에 반한다.

근거 및 자료

1. 통일부가 금년 3월 31일 조사한 여론조사 결과를 보면 북한경제지원에 대하여 70%의 국민들이 반대를 한 반면 찬성은 27%였다고 말했다.
2. 우리 국민들은 북한의 도발에 대한 직접적인 사과를 바라고 있다.

주장 3) 무조건식 대북지원은 북한과의 관계에도 도움이 되지 않는다.

근거 및 자료

1. 대북 지원을 해도 돌아오는 건 박왕자 씨 피살사건(2008.7), 개성공단 현대직원 억류(2009.3), 장거리미사일 발사(2009.4), 2차 핵실험(2009.5), 천안함 사건(2010.4), 연평도 폭격(2010.11) 등 군사적 위협뿐이었다.
2. 북한경제가 비교적 좋을 때보다 가난에 허덕일 때 북한은 대화를 시도한다.

2. 정당성/중요성/심각성/시의성

주장 1) 중요성: 계속되는 경제지원에도 오히려 더 악화된 북한과의 관계 속에 다시 한 번 이 논점에 대하여 논의해볼 가치가 충분하다.

근거 및 자료

1. 최근 금강산 민간인 사격, 개성공단 폐쇄, 천안함 사건과 더불어 연평도 내전까지 벌어 졌다.
2. 대북경제지원관련 논점은, 북한에 새로운 정권이 들어서려는 현시점에 분명 다시 한 번 이슈가 될 문제이다.

주장 2) 지속성: 북한경제지원은 앞으로도 끊임없이 제기될 문제이므로 쟁점의 모호함을 분명히 할 필요가 있다.

근거 및 자료

1. 김대중 대통령 시기의 햇볕정책이 남북정상회담개최라는 성과를 본 후 계속된 지원을 했으나 현재까지도 대북관계에 대한 예측이 어렵다.

3. 방안 제시

주장 1) 경제지원을 약속하는 대신 실질적인 북한의 평화적, 체제적 변화를 보장받아야 한다.

근거 및 자료

1. 지원 경로의 투명화를 요구해 주민들에게 직접 수혜가 돌아가도록 약속 받는다면 처음 의도에 맞는 지원을 할 수 있다.
2. 더 필요로 하는 쪽은 북한이다.
3. 퍼주기 식의 지원에서는 얻을 수 없었던 대화의 시간을 얻을 수 있다.

주장 2) 이상주의가 아닌 현실주의 외교를 펼치는 것이 북한과의 관계 개선에 더 도움이 된다.

근거 및 자료

1. 이상주의는 보고 싶은 것만 보기 때문에 정치의 속성을 꿰뚫지 못한다.
2. 현실주의의 강점은 상대방의 속성을 현실적으로 파악한다는 점이다.
3. 전 세계에서 유례가 없는 3대 세습 체제를 구축 중인 독재 국가와의 관계를 이상적으로 판단하기에는 무리가 있다.

4. 이익/ 부작용

주장 1) 물론 북한의 난민들을 생각하면 경제지원이 당연하겠지만 실질적으로 그것이 그 난민들에게 돌아가지 않는다면 그 자금을 다른 쪽에 쓰는 것이 더 나은 길이다.

근거 및 자료

1. 지원된 식량의 일부만이 주민들에게 지급되며 대부분이 무기구입에 쓰인다.
2. 실제 북한의 고위층들은 호의호식하고 있다.

주장 2) 북한과의 장기적으로 대등하고 협력적인 관계를 만들려면, 당장의 국제적 비난과 같은 외교적 손실은 감수할 수 있어야 한다.

근거 및 자료

1. 국가 간의 관계는 장기적 계획 속에 결정된다.
2. 햇볕 정책 당시의 북한과의 관계는 단기적으로 호전되었으나 그 후의 결과는 또다시 예측하기 어렵고 협상은 더욱 어려워졌다.

03

SU 독서인증제에 관하여

1) 'SU 독서인증제' 시행세칙

1. 'SU 독서인증제' 취지 및 목적

21세기에 필요한 인재상은 전문지식과 상식 그리고 소통 능력을 갖추는 것이다. 이에 각 대학에서는 권장도서를 선정하여 학생들의 독서를 유도하고 있다. 삼육대학교 교양학부가 주관하는 '**SU 독서인증제**'는 삼육대학생의 인성교육을 강화하고, 대학생들의 독서 의욕을 고취하기 위해 마련된 제도이다. 이를 위해 삼육대학생들은 'SU **권장도서** 100'를 읽고, 자신이 읽은 책을 독서인증제를 통해 검증받을 수 있게 하였다. 학생들에게 필요한 다양한 책을 접할 기회를 제공하고 확인할 수 있는 'SU **독서인증제**'는, 삼육대학교 교양학부 교양과목인 〈글쓰기〉와 〈독서와 토론〉과 연계되는 제도이기도 하다. 또한 'SU **독서인증제**'는 매년 2학기에 실시되는 'SU **글쓰기 대회**'로 이어져 대학생들의 독서 능력과 글쓰기 능력 향상에 도움이 될 것이다.

2. 'SU 독서인증제' 시행세칙

1) 참여 대상

삼육대학교 재학생(1~4학년) 전체로 한다.

2) 참여 방법

(1) 'SU 독서인증제'에 참여하고자 하는 재학생들은 교양학부 홈페이지 게시판에 나온 'SU 권장도서 100'을 읽고 참가신청서를 교양학부 홈페이지 게시판이나 교양학부에 신청한다.

(2) 신청된 학생들은 교양학부 주관 하에 컴퓨터 실습실에서 제한된 시간인 2시간 안에 온라인 시험을 응시한다.

3) 참여 시기 및 장소

(1) 참여 시기는 년 2회(5월, 11월)에 걸쳐 시행한다.

(2) 참여 장소는 컴퓨터 실습실로 제한한다.

4) 평가 방법

(1) 'SU 독서인증제'에 참여한 재학생은 자신이 선정한 책과 관련된 랜덤 형식의 객관식 문제(권 당 20문제)를 풀어야 한다.

(2) 권 당 60점 이상의 점수를 받은 학생은 독서인증(합격)으로 처리한다.

(3) 독서인증 여부는 교양학부 홈페이지 게시판을 통해 확인할 수 있다.

5) 참여 혜택

'SU 독서인증제' 평가 인증(책 난이도에 따라 A등급 20마일리지/B등급 30마일리지 제공)을 받은 대학생은 삼육대학교가 시행하는 마일리지 혜택(500마일리지/1,000마일리지/1,500마일리지/2,000마일리지)을 받되, 4차례 평가 인증서를 받을 수 있다.

3. 주최 및 후원

(1) 주최는 삼육대학교 교양학부로 한다.

(2) 후원은 삼육대학교 도서관, 학생처, CTL(교수학습개발센터)로 한다.

2) 'SU 독서인증 권장도서 100' 리스트

번호	책이름	분야	지은이	출판사	등급
1	성서(창세기/마태복음)	종교		대한성서공회	B
2	생애의 빛		엘렌지화잇	시조사	A
3	각 시대의 대쟁투		엘렌지화잇	시조사	B
4	시대의 소망		엘렌지화잇	시조사	A
5	팡세		파스칼	민음사	B
6	우파니샤드			을유문화사	B
7	아함경		마스터니후미오	현암사	A
8	순전한 기독교		C.S.루이스	홍성사	A
9	목적이 이끄는 삶		릭 워렌	디모데	A
10	세계종교사상사2권		엘리아데	이학사	B
11	철학 VS 철학	철학	강신주	그린비	B
12	철학과 굴뚝 청소부		이진경	그린비	A
13	설득의 논리학		김용규	웅진지식하우스	A
14	정의론		존 롤스	이학사	B
15	강의		신영복	돌베개	B
16	국가		플라톤	서광사	B
17	니코마코스 윤리학		아리스토텔레스	길	B
18	순수이성비판		칸트	동서문화사	B
19	소유냐 존재냐		에리히프롬	범우사	B
20	일상에서 철학하기		로제폴드르와	시공사	A
21	사기1	역사	사마천	민음사	B
22	우리가 정말 알아야 할 삼국유사		고운기	현암사	A
23	역사란 무엇인가		에드워드 카	까치	B
24	숙명의 트라이앵글		노암 촘스키	이후	A
25	살아 숨쉬는 미국역사		박보균	랜덤하우스 코리아	B
26	뜻으로 본 한국역사		함석헌	한길사	A
27	르몽드 세계사		르몽드 디플로 마티크	휴 머니스크	B
28	사상의 자유와 역사		존 b 베리	바오	A
29	황금가지		제임스 조지 프레이저	한겨레	B
30	세계사를 움직이는 다섯 가지의 힘		사이토 다카시	뜨인돌	A
31	유동하는 공포	사회	지그문트 바우만	산책자	A
32	패스트푸드의 제국		에릭슐로서	에코리브로	B
33	왜 지구의 절반은 굶주리는가		장 지글러	갈라파고스	B
34	육식의 종말		제레미 리프킨	시공사	B
35	왜 가난한 사람들은 부자를 위해 투표하는가		토마스 프랭크	갈라파고스	B
36	마음의 사회학		김홍중	문학동네	B
37	건강과 질병의 사회학		조효제	한울 아카데미	A
38	파리를 생각한다		정수복	문학과 지성사	A
39	시간과 타자		레비나스	문예출판사	B
40	후회하지 않을 선택 29		닐클락워렌	죠이 선교회	A

번호	책이름	분야	지은이	출판사	등급
41	인간 불평등 기원론	정치 경제	장 자크 루소	펭귄클래식코리아	A
42	정의란 무엇인가		마이클 센델	김영사	B
43	다산선생 지식경영법		정민	김영사	B
44	호모사케르		조르주 아감벤	새물결	A
45	설득의 심리학		로버트 차일디니	21세기북스	A
46	그들이 말하지 않는 23가지		장하준	부키 출판사	A
47	경제 발전의 이론		조지프슘페터	지식을 만드는 지식	B
48	경제를 읽는 경제학		왕양	평단문화사	B
49	화폐전쟁		홍핑	랜덤 하우스	B
50	경제상식사전		김민구	길벗	A
51	문화콘텐츠, 스토리텔링을 만나다	문화 예술	최혜실	삼성경제연구소	B
52	국화와 칼		루스 베네딕트	을유문화사	A
53	서양미술사 100장면		최승규	한명출판	B
54	이탈리아 르네상스의 문화		야코프 부르크 하르트	한길사	A
55	세계의 문화 여행		원융희	두남	B
56	서양 고전음악 감상법		조성진	대원사	B
57	무량수전 배흘림기둥에 기대서서		최순우	학고재	B
58	놀이와 예술 그리고 상상력		진중권	휴머니스트	A
59	서울의 영감 풍경의 매혹		원제무	공간사	A
60	생활 속의 건축 이야기		장정제 외 2	spacetime	A
61	광장	한국 문학	최인훈	문학과지성사	A
62	엄마를 부탁해		신경숙	창비	A
63	내 생애 단 한번		장영희	샘터	A
64	인문학으로 광고하라		박웅현, 강창래	알마	B
65	새		오정희	문학과지성사	A
66	엄마의 말뚝		박완서	세계사	B
67	죽음의 한 연구(1,2)		박상륭	문학과지성사	B
68	난장이가 쏘아올린 작은 공		조세희	이성과힘	A
69	하늘과 바람과 별과 시		윤동주	깊은샘	A
70	그리고 아무말도 하지 않았다		전혜린	민서출판	A

번호	책이름	분야	지은이	출판사	등급
71	오만과 편견	세계 문학	제인오스틴	민음사	A
72	이반일리치의 죽음		톨스토이	작가정신	A
73	그리스인 조르바		니코스카잔차키스	열린책들	A
74	셰익스피어 4대 비극		윌리엄셰익스피어	민음사	B
75	이반 데니소비치의 하루		솔제니친	문예출판사	A
76	그리스로마신화		토마스불핀치	시간과 공간사	A
77	모파상 단편선		기드모파상	범우사	A
78	픽션들		보르헤스	민음사	B
79	변신		카프카	문학동네	A
80	허삼관매혈기		위화	푸른숲	A
81	과학혁명의 구조	과학	토마스 쿤	까치	B
82	파인만의 여섯 가지 물리 이야기		리처드 필립 파인만	승산	A
83	이중 나선		제임스왓슨	궁리	A
84	가이아 살아있는 생명체로서의 지구		제임스러브록	갈라파고스	B
85	인간은 호르몬의 노예인가?		미셸오트쿠 베르티스	민음인	A
86	정재승의 과학 콘서트		정재승	어크로스	A
87	콜레라는 어떻게 문명을 구했나		존 퀘이조	메디치 미디어	A
88	욕망하는 식물		마이클 폴란	황소자리	B
89	시간여행과 상대성 이론		뉴턴 코리아 편집부	뉴턴 코리아	B
90	생로병사의 비밀		오타유키코	문예출판사	B
91	침묵의 봄	기술	레이첼카슨	에코리브로	B
92	프랑켄슈타인의 일상		백영경, 박연규	밈	B
93	아톰으로 이루어진 세상		라이너 그리스 하머	생각의 나무	A
94	대중과 과학기술		스펜서 웨어트외	잉걸	A
95	디지털이다		니콜라스 네그로폰테	커뮤니케이션 북스	A
96	거의 모든 것의 역사		빌 브라이슨	까치	B
97	지식인의 서재		한정원	행성B잎새	A
98	무의식에로의 초대		김석	김영사	A
99	이기적 유전자		리처드 도킨스	을유문화사	B
100	이타적 유전자		매트 리들리	사이언스북스	B

참고문헌

E. H. 카, 『역사란 무엇인가』, 권오석 역, 홍신문화사, 1988.
계창호, 『한국인과 종교』, 미주개척출판사, 2001.
공하린, 『3일만에 읽는 과학사』, 서울문화사, 2006.
괴테, 『젊은 베르테르의 슬픔』, 홍신문화사, 2002.
권영필 외, 『한국의 미를 다시 읽는다』, 돌베개, 2005.
그라우트, 서우석 문호근 역, 『서양음악사』, 이앤비플러스, 2009.
그림 형제, 『그림동화집』, 시사영어사, 1976.
김기곤, 『비교종교학』, 시조사, 2002.
김명호, 『예수의 생애와 교훈』, 삼육대학교 출판부, 1989.
김병완, 『48분 기적의 독서법』, 미다스북스, 2011.
김병철, 『현대인을 위한 기독교』, 지샘, 2007.
김부식, 이우경 역, 『삼국사기』, 한국문화사, 2007.
김석철, 『20세기의 건축』, 생각의 나무, 2005.
김소월, 『진달래꽃』, 혜원출판사, 1997.
김은배, 『기독교 알아가기』, 삼육대학교 출판부, 2003.
김정환 역, 『은자의 황혼』, 서문문고 33, 서문당, 1972.
김형주, 『음악감상법』, 세광아트, 2011.
나이절 콜더, 김기대 역, 『아인슈타인의 우주』, 미래사, 1992.
나카야마 시게루, 김향 역, 『하늘의 과학사』, 가람기획, 1991.
다윈, 『종의 기원』, 윤소영 해설, 사계절, 2004.
데일 카네기, 최염순 역, 『카네기 스피치 & 커뮤니케이션』, 2004.
도스토예프스키, 『죄와 벌』, 혜원, 2006.
러셀, 안인희 역, 『러셀의 교육론』, 도서출판 서광사, 2011.

루쏘, 『에밀』, 한길사, 2007.
리오넬 오바디아, 양영란 역, 『종교, 신 없는 종교는 가능한가』, 웅신지식하우스, 2001.
막스 뮐러, 『독일인의 사랑』, 혜원출판사, 1998.
막스 뮐러, 『종교학 입문』, 동문선. 1995.
매트 리들리, 하영미 외 2 역, 『게놈』, 김영사, 2001.
멜빌, 『백경』, 혜원, 2003.
모티머 애들러, 민병덕 역, 『독서의 기술』, 범우사, 1986.
모하멧, 성문출판사 편집부 역, 『코란』, 114장 가운데 1~2장, 이슬람 출판국, 1992.
미하엘 엔데, 한미희 역, 『모모』, 비룡소, 1999.
박경리, 『토지』, 나남출판, 2002.
박보균, 『살아 숨쉬는 미국역사』, 랜덤하우스중앙, 2005.
박이문, 『종교란 무엇인가』, 도서출판 아름나무, 2008.
반덕진 편저, 『동서고전 200선 해제 1』, 가람기획, 1994.
백석, 『백석시집』, 문학동네, 2011.
버어튼, 김남석 역, 『아라비안 나이트』, 삼성출판사, 1975.
보들레르, 『악의 꽃』, 자유교양사, 1995.
볼핀치, 김명희 역, 『그리스 로마 신화』, 세계문학 18, 하서, 1991.
사마천(司馬遷), 김진연 · 김창 역, 『사기(史記)』, 서해문집, 2004.
생텍쥐페리, 『어린 왕자』, 문학동네, 2003.
서울대학교, 『대학생활의 길잡이』, 서울대 학생생활연구소, 2000.
서정주, 『화사집』, 문학수첩, 2004.
선지자들, 『성경』, '창세기'와 '마태복음'.
선지자들, 『성경』〈창세기〉와 〈요한복음〉.
성석제 외 182, 『21세기@고전에서 배운다』, 하늘연못, 1996.
소포클레스, 『소포클레스 비극전집』, 숲, 2008.
손자, 이민수 역, 『손자병법』, 혜원, 2006.
숙명여대, 『발표와 토론』, 숙명여자대학교 출판국, 2006.

슐라이어마허, 최신한 역, 『종교론』, 대한기독교서회, 2002.
승효상, 『빈자의 미학』, 미건사, 2002.
아나톨 프랑스, 이환 역, 『타이스』, 서울대학교 출판부, 1997.
아더 밀러, 오화섭 역, 『세일즈맨의 죽음』, 범우사, 1999.
아우렐리우스, 최복헌 역, 『준리대로 살아라』, 글읽는세상, 2003.
안데르센, 임지숙 역, 『안데르센 동화 32가지』, 세상모든책, 2003.
앙드레 말로, 최정순 역, 『인간조건』, 일신서적, 1993.
앙드레 지드, 『전원교향곡』, 일신서적출판사, 1990.
역사연구모임 저, 최용훈 역, 『상식으로 꼭 알아야할 세계의 3대 종교』, (주)
삼양미디어, 2006.
오주석, 『옛 그림 읽기의 즐거움』, 솔, 2007.
오현봉 외, 『화술의 원리』, 형설출판사, 1975.
우현민, 『육도삼략』, 박영문고74. 박영사, 1975.
원제무, 『서울의 영감 풍경의 매혹』, 공간사, 2004.
윌리암 카우델, 박만식 역, 『건축의 이해』, 기문당, 2012.
유홍준, 『나의 문화유산답사기』 1-6, 창작과비평사, 1993-2011.
윤용이, 『아름다운 우리 도자기』, 학고재, 1996.
이 · 지 · 화잇, 『인류의 빛』, 시조사, 2001.
이 · 지 · 화잇, 『교육』, 시조사, 1960.
이상철 외, 『스피치와 토론』, 성균관대학교 출판부, 2006.
이석래 교주, 『춘향전』, 범우사, 2009.
이원복 글 그림, 『신의 나라 인간 나라』, 두산동아. 2002.
이원복, 『신의 나라 인간 나라』, 두산동아, 2002.
이주영, 『신나는 음악치료 교육』, 파라다이스복지재단, 2011.
이지성, 『리딩으로 리드하라』, 문학동네, 2010.
고운기, 『삼국유사』, 현암사, 2002.
임두빈, 『한국미술사 101장면』, 가람기획, 2006.
임태섭, 『스피치 커뮤니케이션』, 커뮤니케이션북스, 2005.
장사훈, 『한국음악사』, 세광아트, 1991.

장정제 외 2, 『생활 속의 건축 이야기』, spacetime, 2010.
장정제, 『예술로서의 건축』, spacetime, 2009.
전국역사교사모임, 『처음 읽는 미국사』, 휴머니스트, 2010.
전상운, 『한국의 과학사』, 세종대왕기념사업회, 1974.
전영우 · 박태상, 『국어화법』, 한국방송통신대학 출판부, 1992.
정현주, 『음악치료 기법과 모델』, 학지사, 2006.
J. M. 데 바스 콘셀로스, 박동원 역, 『나의 라임오렌지나무』, 동녘, 2010.
제임스 글릭, 『뉴턴』, 승산, 2008.
제임스 레이디만, 『과학철학의 이해』, 이학사, 2004.
제임스 맥라클란, 이무현 역, 『갈릴레오』, 바다출판사, 2002.
조성진, 『서양고전 음악감상법』, 대원사, 2003.
조유희, 『조선후기 실학자의 자주적 음악사상』, 보고사, 2011.
조지 오웰, 도정일 역, 『동물농장』, 민음사, 1998.
조지 오웰, 정회성 역, 『1984』, 민음사, 2003.
존 듀이, 이홍우 역, 『민주주의와 교육』, 교육과학사, 1987.
존 보슬로우, 홍동선 역, 『스티븐 호킹의 우주』, 책세상, 1990.
진중권, 『놀이와 예술 그리고 상상력』, 휴머니스트, 2005.
찰스 램, 『셰익스피어 이야기』, 「로미오와 줄리엣」, 박영사, 1980.
채준식, 『한국의 종교, 문화로 읽는다 1,2,3』, 사계절, 1998.
최순우, 『무량수전 배흘림기둥에 기대서서』, 학고재, 2002.
최승규, 『서양미술사 100장면』, 가람기획, 1997.
최준석, 『어떤 건축』, 바다출판사, 2010.
크리스토퍼 베하, 이연 역, 『하버드 인문학 서재』, 2010.
클라이드 웹스터, 최종걸 역, 『처음부터 끝까지』, 삼육대지구과학연구소, 2008.
토마스 쿤, 『과학혁명의 구조』, 까치, 2005.
토인비, 김기덕 역, 『토인비와의 대화』, 민성사, 1999.
톨스토이, 『부활』, 혜원, 2005.
톨스토이, 최원준 역, 『안나 카레니나』, 홍신문화사, 2001.

파스칼, 권응호 역, 『팡세』, 홍신문화사, 1996.
편집부, 『불교성전』, 『1편의 '부처님의 생애'와 3편의 '대승경전' 몇 장』, 동국대 역경원, 2003.
플라톤, 박규철 역, 『국가』, 삼성출판사, 1983.
플로베르, 『보봐리 부인』, 홍신문화사, 1994.
한남대 교양교재편찬위, 『독서와 토론』, 역락, 2005.
한스 그라스만, 『쿼크로 이루어진 세상』, 생각의 나무, 2002.
한정선, 『오! 프리젠테이션』, 김영사, 1999.
한흥섭, 『한국의 음악사상』, 민속원, 2000.
헤로도토스(Herodotos), 『역사』, 천병희 역, 도서출판 숲, 2009.
헤르만 헤세, 『수레바퀴 밑에서』, 홍신문화사, 2006.
헤밍웨이, 『노인과 바다』, 혜원, 2006.
호머, 『오디세이』, 다락원, 2007.
호메로스, 김병철 역, 『일리아드』, 혜원출판사, 2001.
홍정수 · 김미옥 · 오희숙, 『두길 서양음악사 1, 2』, 나남출판, 2006.

찾아 보 기

ㅈ

ㅎ

기타

책과 작품

독서와 토론

2013년 8월 16일 초판1쇄 발행
2017년 2월 27일 초판4쇄 발행

저 자 독서와 토론 교재편찬위원회
펴낸이 임 순 재
펴낸곳 **주식회사 한올출판사**
등록 제11-403호
121 - 849
주 소 서울시 마포구 모래내로 83 (성산동, 한올빌딩 3층)
전 화 (02) 376-4298 (대표)
팩 스 (02) 302-8073
홈페이지 www.hanol.co.kr
e-메일 hanol@hanol.co.kr
정 가 18,000원

■ ISBN 978 - 89 - 98636 - 40 - 1